大唐朝初期疆域圖
(高宗總章二年,西元669年)
圖例
京師 都城
保定府 省級駐所
除州府 府級駐所
昌平州 其他居民點
國界
省界
地區界
京師 今首都
鄭州 今直轄市、省、自治區政府駐地
丹東 今市政府駐地
今其他居民點
安息州
康居都督府
姑墨州都督府
昆墟州都督府
月氏都督府
條支都督府
波斯都督府
大宛都督府
休循州
安西都護府
疏勒鎮
于闐鎮
且末城
典合城
西州
伊州
玉門關
沙州
大雪山
羅些城
西播城
德里
新德里
加爾各達
達卡
室利差呾羅
波斯
天竺
吐蕃
驃國

唐高祖傳

牛致功 著

導讀

提到唐朝的皇帝，我們最先想到的名字可能是唐太宗李世民、武則天和唐玄宗。李世民不但在建國戰爭中功業卓著，外交上還被北亞游牧民族尊為「天可汗」，而且有接納諫言的度量，最後留下「貞觀之治」的美名。武則天則是中國史上唯一登基稱帝的女皇。在唐玄宗治下，唐朝出現轉捩點，爆發了安史之亂。他和楊貴妃的故事，更被寫成文學作品，傳頌後世。相形之下，唐朝開國的第一位皇帝高祖李淵，較少受到重視，常常只是作為李世民之父的角色，融入兒子的生平背景，以致後人很難了解這位李唐王朝第一人的性格與作為。

之所以形成這種狀況，源頭在於李世民發動玄武門之變，殺死同胞兄弟，逼迫父親退位，自己登上皇位。這場軍事政變乃是兄弟爭奪帝位的流血衝突。雖然從現實政治的角度視之，爭奪權力乃人之常情，不擇手段亦不足為奇，但演變成誅滅兄弟全家，取父親之位而代之，在人情義理的正當性上很難自圓其說。當時經歷這場劇烈鬥爭的人們，即使在局勢底定後，迫於勝利者的權勢不敢多言，但心裏自有評斷，未必認同太宗的作為。這也在太宗心底投下了陰影。

李世民是個貴族階級的武人青年，屢立戰功打下江山，最後更排除對手，成為皇帝。因此他志得意滿，認為自己的功業無人可比。但他慢慢了解到傳統中國的政治文化有著「以史制君」的傳統，即君主的言行舉止，無論善惡對錯，都將記錄在史書中，留供後世評斷。當李世民的權勢達於顛峰，他更牽掛後世的名聲與評價，即歷史定位。而他最在意的事，就是自己取得皇位的正當性。所以在父親死後五個月，他開始想知道朝廷修撰的史書，如何記載和詮釋他取得皇位的過程和手段。

朝廷的史官編寫近現當代的史書，由於事涉在世的人物，為避免遭受當事人或後裔子孫的干擾，所以不讓外界得知內容。但太宗以絕對至上的權力提出要求時，史官終究屈服，上呈史書給皇帝。李世民讀後，特別針對玄武門之變的記載，下令重新編寫。由於後世所知有關唐初的歷史，追本溯源，大多來自這批資料，既然這些內容已經被太宗下令修改以符合他自己的觀點，那麼其中涉及父親李淵、長兄李建成的記載，從太原起事到玄武門之變這十年的史事，可能都被刻意改寫，以形塑李世民的正面形象，貶抑其父兄的性格與成就。因此宋代以降到現代的史家並不輕信這些記載，而是抱持批判的態度，對李淵父子開國到兄弟相殘、皇位交替的這段歷史，往往嘗試從被篡改的史書中找出殘留的跡證，重建歷史的真相，還給李淵和李建成一個公道。本書以李淵為主角，也秉持這個立場。讀者展卷之際，不妨思考李淵在唐朝建國的過程中，究竟扮演什麼角色，發揮哪些作用，以及他對兩個兒子的態度為何。

閱讀本書時，讀者除了可以體會作者如何回復李淵的清晰面目之外，還有兩點值得注意，即這個時代的歷史背景：地域上，關中地區與黃河下游之間敵對的歷史以及征服與被征服的關係；還有權力上，集權政府和地方社會的互動，以及統治與被統治階級的抗衡。

首先，關於地域。李淵身為隋朝的北疆重臣，從山西太原起兵，南下進入關中，奪取長安，以此作為逐鹿中原的基地。長安不只是隋朝的都城，更重要的是關中從北魏末年以降，孕育了一支強大的軍事力量——關隴集團。這個集團由北魏的鮮卑軍人領導，他們從外地來到關中，進一步與當地的漢人結合，建立北周政權。正是這一支軍事力量及其立足的根據地，在其後數十年間統一天下：北周先擊敗以洛陽為核心的北齊政權，將領土向東擴展到黃河下游。隨後，楊堅篡奪北周，建立隋朝，出兵征服南方的陳朝，重建統一帝國。當隋末陷入紛亂，最早爆發叛變的地方正是過去北齊的統治區域，尤其今山東、河北一帶，因為當地人民被強力動員去建設洛陽和運河、征伐高麗。對當地民眾來說，這是征服者的剝削和役使。對東向以臨天下的關隴集團來說，如何壓制被征服的土地，掌控和運用其人力與資源，則是關鍵的議題。從這個角度來看，隋朝之所以大興土木，建設難攻不落的洛陽城，興修倉儲屯積米糧，開鑿運河，都旨在控制黃河下游和江、淮這些被征服的土地和人民。讀者可在本書讀到以奪取洛陽為目標的眾多戰役，以及來自關隴的李唐軍隊如何一再出兵討伐山東、河北的軍事力量，其背後都有此一地緣政治的因素。甚至在唐朝開國之後，政權核心的關中，如何與山東、河北以及江、淮互動，始終都是關鍵的議題。

其次，關於權力。隋朝末年，各地出現的反抗勢力超過一百以上，從各自獨立到逐漸統合，規模約數萬到數十萬人。這些勢力之領袖的出身背景，有部分是隋朝的地方官員，還有部分是世家大族。兩者都是掌握權力的統治階級。相形之下，絕大多數反抗壓迫的地方勢力來自被統治的階級，即基層民眾的「叛亂」，本書多稱為「農民起義」。過去對這些叛亂或起義的解釋，多著眼於隋朝大規模動員百姓，徵調物資和人力，進行土木工程和發動戰爭。但這種觀點其實是將隋的興亡歸咎於帝王個人的性格與作為，即隋的國力富強是隋文帝節儉的成果，但毀於煬帝的奢侈揮霍。這個看法讓人忽略了重大的歷史變遷，即隋朝重建帝國，不只兼併各有不同歷史傳統的土地，而且建立中央集權的政府，推行統合的政策與劃一的制度，以強力的政令系統介入地方社會：一方面打擊在魏晉南北朝三百年間成長茁壯的世家大族，強化國家的權力，一方面將過去依附在世家大族之下的基層民眾予以解放，重新納入國家的支配。也就是說，隋朝不只建立新的政治秩序，同時重新架構新的社會秩序，調整國家、世家大族與基層民眾三者之間的角色、互動與關係。

當讀者留心歷史人物的階級與身份地位，對隋唐之際各股勢力的競逐，或將有不同的觀點。相較於李淵出身關隴集團，身兼隋朝的外戚與重臣，在北齊故地崛起的軍事力量皆以基層民眾為主力，其中有李密領導的瓦崗軍，以及竇建德與劉黑闥的勢力。瓦崗軍先後與隋朝的兩大軍團（守衛東都洛陽的兵力，以及隋煬帝死後、從江都北返中原的禁衛軍）拼鬥不休，可見其戰鬥力之強大。竇建德與劉黑闥更是李淵父子最大的勁敵，李世民、李建成先後出征，恩威並施，最後才平定這塊區域的獨立力量。如果隋末群雄之戰最終由李密或竇建德、劉黑闥勝出，這兩股以基層民眾為基礎的勢力，是否將揚棄關隴集團統治國家的政策方針，是否會和出身統治階級最頂端的李淵父子走出不同的道路，從而改寫七世紀以降的中國歷史？

雖然這是一本以皇帝為主角的傳記，但讀者不必站在帝王將相、成王敗寇的立場來看，畢竟絕大多數人都是普通百姓。對李淵父子來說，迫於生存、起而反抗的基層民眾都是「盜賊」。隋唐之際，對人民的動員與役使、鎮壓和屠殺，可說是非常嚴厲與殘酷。如果讀者不輕易將自己代入帝王將相的角度，將會發現歷史舞臺上還有形形色色的人物，散發無比的光彩，像是女性、奴婢、商人、胡人等；在這激變的大時代，各式各樣的人生也值得吟味，比如降將的際遇、野心家的奮起與叛徒的下場等。這些都是讀史的趣味。

歷史沒有理所當然的發展，前景從來都不明朗，有時瞬息之間，情勢大變。戰場上更有許多偶然、意外的因素，左右大局。本書在這些關鍵時刻，常列出當事人的不同想法及其彼此爭論。讀者此時不妨掩卷沉思，與其完全同意作者的分析，不如根據作者提供的訊息，在這分歧的岔路上停步思考，形成自己的判斷與決定之後，再移步到下一頁。願意緩步流連在歷史密林中的讀者，更可以細讀本書引用的史料，設法理解其意涵，必將產生更多的心得與見解。如此一來，將可邁入獨立思考、不為作者左右的境界。

本書作者牛致功教授生於一九二八年，在他二十歲以前的生涯，經歷了中日戰爭與國共戰爭。或許是親身經歷戰爭的洗禮，本書在分析李唐建國過程中政治與軍事的戰略與戰術時，多運用軍事分析的語彙與思考方式。標榜社會主義的中華人民共和國建國之後，史學界尤其重視基層民眾在歷史上的角色和地位，所以本書的討論也對農民起義多所著墨。以上兩點都是臺灣史學界較為欠缺的部分，所以本地的讀者也能受益於此書。

導讀者簡介

廖宜方，臺北淡水人，一九七三年生，男。國立臺灣大學歷史學博士，二〇一一年起任職於中央研究院歷史語言研究所。著有《圖解台灣史》（易博士，二〇〇四）、《唐代的母子關係》（稻鄉，二〇〇九）、《唐代的歷史記憶》（臺大出版中心，二〇一一）。

目次

第一章　初登歷史舞台

在唐代的皇帝中，唐太宗、唐玄宗早已家喻戶曉，史學界對其進行研究者也都取得了豐碩的成果，有關唐太宗、唐玄宗的專著也有多種。但是，對於開國皇帝唐高祖的認識，由於古代文獻貶低高祖，抬高太宗的影響，至今還沒有對其進行完全公正的評價。八〇年代以來，雖然已有一些學者開始注意這方面的問題，也出現了一部分較好的論文，但和對太宗與玄宗的研究來說，還是相形見絀。本書想根據筆者所掌握的資料，參考其他有關學者研究的成果，對高祖進行實事求是的評價，試圖糾正以往史籍貶低高祖的偏見，以便人們正確認識唐高祖在歷史上發揮的作用及其應有的歷史地位。

歷史進程的要求

唐高祖，姓李名淵，字叔德，因其死後的廟號是「高祖」，所以，後來的史書都稱其為唐高祖。唐高祖生於北周天和元年（五六六），死於唐貞觀九年（六三五），也就是從南北朝末期到唐朝初年。這段歷史，正是中國的歷史從分裂走向統一的時代。唐高祖正是在這一歷史進程中發揮了非常重要的作用。

（一）統一是大勢所趨

東漢滅亡以後，三國分裂的局面逐步形成，中間雖然經過西晉的短暫統一，但僅僅三十六年，又出現了東晉與十六國的並立，繼之又是南北朝的對峙。如果從西晉滅亡算起，持續二百七十多年的分裂狀態必須結束。這是什麼原因呢？

首先，長期以來形成的傳統文化使人們嚮往統一，反對分裂。中國的傳統文化，源遠流長，內容豐富。秦統一六國後，實行書同文、車同軌、行同倫，進一步提高了傳統文化的凝聚力。這種凝聚力就是統一的紐帶。例如，共同的文字，可使人們具有提高文化素質的同一手段，共同的道德觀念，可使人們具有相同的是非標準。對統治者來說，無不想取得為人們所公認的正統地位。南北朝時，南朝的《宋書》，視北魏為「索虜」，專立〈索虜傳〉敘述北魏的歷史。《南齊書》中有〈魏虜傳〉，顯然也是貶魏。該書對北魏建國稱「僭稱魏」，還有什麼「偽太子」、「偽太后」、「偽尚書」等稱謂，這樣寫的目的當然是要說明南齊的正統地位。反之，北朝的《魏書》也針鋒相對，反唇相稽。專立什麼〈僭晉司馬睿傳〉、〈島夷桓玄傳〉、〈海夷馮跋傳〉、〈島夷劉裕傳〉、〈島夷蕭道成傳〉、〈島夷蕭衍傳〉等等。同時，還譏諷司馬睿是「竊魁帥之名，無君長之實」，只不過是「一方小盜，其孫皓之不若矣」[1]。這無疑說明北魏也自認為是中國的正統王朝。統治者爭取正統地位，當然是為了要做統一國家的皇帝。

儒學是傳統文化的主要內容。南北朝時，由於政治上的分裂，儒學的發展也受到影響，有人指出：「南北所治，章句好尚，互有不同。江左《周易》則王輔嗣（王弼）、《尚書》則孔安國、《左傳》則杜元顗（杜預）。河、洛《左傳》則服子慎（服虔）、《尚書》、《周易》則鄭康成

（鄭玄）。《詩》則並主於毛公，《禮》則同遵於鄭氏。大抵南人約簡，得其英華，北學深蕪，窮其枝葉。」[2]按照著名史學家的解釋：「這些話實際是說，北方保持東漢（古文經學派）的學風，南方發展魏晉的學風。」南北差別很大，「北方經師說經，墨守東漢經師的家法，講明訓詁章句，不敢在家法外別出新義，是一種保守的停留在書面上的學風。南方經師，兼採眾說，闡發經義，貴有心得，不拘家法，是一種進展的從書面進入書裡的學風。大抵北方經學崇尚鄭（玄）學，排斥王（肅）學，當然更排斥玄學；南方經學不僅鄭王兼用，並兼採玄學。」[3]南北儒學的不同，自然各自認為自己代表儒學的正統，希望對方接受自己的觀念。南北人們觀念的差別，反映在史書中，又體現了史學家的不同的歷史觀。這一切說明，政治上的分裂，影響著文化的發展；文化的發展，從思想上要求政治上的統一。

其次，民族融合的發展需要統一。西晉以後，大量的少數民族進入中原地區，民族關係錯綜複雜，但在長期的共同生活中，由於中原地區先進的物質文明和精神文明的影響，再加互相通婚，到南北朝後期，民族界限就逐步縮小以至消失。但是，經過長期的民族融合以後，中原的地區文化已經不再是單純的漢族文化，而是在傳統的漢族文化中增加了許多少數民族文化的內容。這就是說，一方面是少數民族的漢化，一方面是漢族的胡化。這兩種傾向的互相結合，使傳統文化增加了新的內容。北魏開始的均田制，就是鮮卑貴族推行的促進民族融合的政策之一；西魏開始的府兵制度，就是鮮卑貴族與漢人上層分子在政治上合流的政策；關隴集團的形成與隋、唐皇朝的相繼建立，是鮮卑貴族與漢族統治集團合流的標誌。不難看出，從北魏開始的鮮卑族與漢族的民族融合，到隋、唐初兩族統治集團的合流，正是一個由分裂到統一的過程。從這個過程看來，民族界限的消失，意味著分裂因素的削弱；反之民族融合的發展，要求由分裂走向統一。

再者，政治經濟的發展更需要統一。南北朝後期，除了南方的陳朝以外，江陵（今湖北江陵）還有後梁，北方有北齊和北周。幾個政權同時並存，實際上是把中國分裂，幾個政權都是地方割據勢力。在割據勢力中，腐敗的政權嚴重地影響著社會經濟的發展。例如，北齊「自河清（五六二—五六四）之後，逮於武平（五七〇—五七五）之末，土木之功不息，嬪嬙之選無已，徵稅盡，人力殫，物產無以給其求，江海不能贍其欲。所謂火既熾矣，更負薪以足之，數既窮矣，又為惡以促之，欲求大廈不燔，延期過歷，不亦難乎」[4]！陳與北齊大體類同，「後主生深宮之中，長婦人之手，既屬邦國殄瘁，不知稼穡艱難。……賓禮諸公，唯寄情於文酒，昵近群小，皆委之以衡軸。謀謨所及，遂無魚鯁之臣，權要所在，莫匪侵漁之吏。政刑日紊，尸素盈朝，耽荒為長夜之飲，嬖寵同艷妻之孽，危亡弗恤，上下相蒙，眾叛親離，臨機不寤……」[5]這樣的政權，只能激化社會矛盾，阻礙生產的發展。

與此同時，北周則進行了多種社會改革，政治、經濟、軍事、文化各個方面都有新的起色。隋文帝滅北周後，又從刑法、吏治、選拔人才、發展生產、戶籍、兵制等各方面進行了改革。正因為如此，北周統一了北齊，隋統一了梁陳。這種統一，實際上是先進的政治、經濟、文化對落後地區的促進，也就是清除了相當廣大地區阻礙社會前進的障礙。無疑，完全符合歷史前進的要求。

歷史的前進需要全國統一。隋文帝順應了歷史前進的要求，完成了統一全國的任務。但是，統一國家的歷史作用尚未充分發揮，就被隋煬帝的倒行逆施所中斷了。要想使統一國家的歷史作用充分顯示出來的，必須再把統一局面恢復起來，唐高祖正是在這方面為歷史的前進做出了貢獻。

（二）恢復中斷了的統一

隋煬帝繼位以後，縱情聲色、窮奢極欲，特別是興師動眾，大肆徵發徭役，遠遠超出了勞動人民的承受能力。當時，隋朝有「戶八百九十萬七千五百四十六，口四千六百一萬九千九百五十六」，有關史書認為「隋氏之盛，極於此也」[6]。最盛之時，全國才有四千六百多萬人，僅進攻高麗的戰爭，直接、間接參加者就有三四百萬。其他方面，如修長城、開運河、建東都等等，更是難以計算。但是可以肯定，大部分青壯年勞力都離開了生產崗位。這是對生產力最嚴重的破壞。「耕稼失時，田疇多荒」[7]，正是生產力遭到破壞的實際情況。大量勞動者不能從事生產，直接的後果首先是勞動人民缺衣少食。《隋書・食貨志》載：「天下死於役而家傷於財。……疆埸之所傾敗，勞敝之所殂殞，雖復太半不歸，而每年興發，比屋良家之子，多赴於邊陲，分離哭泣之聲，連響於州縣。老弱耕稼，不足以救饑餒，婦工紡績，不足以贍資裝。……宮觀鞠為茂草，鄉亭絕其煙火，人相啖食，十而四五。」不僅如此，更加「重以官吏貪殘，因緣侵漁」，以致「百姓困窮，財力俱竭，安居則不勝凍餒，死期交急，剽掠則猶得延生，於是始相聚為盜」[8]。這樣一來，大規模的農民起義也就不可避免了。

農民起義爆發以後，隋朝的很多地方官員也都割據一方，稱王稱帝，使隋煬帝陷於眾叛親離之中。既然隋煬帝政權失去了控制全國的能力，不言而喻，統一國家的歷史進程自然中斷了。

隋末農民起義分布很廣，但沒有像秦末、漢末那樣，形成橫掃全國的強大力量，即使是最強大的瓦崗軍，也僅限於在中原一帶活動，至於竇建德的河北起義軍，杜伏威的江淮起義軍，更沒有超出太大的範圍。這樣，就給各地割據勢力的存在留下了空隙。農民起義軍與割據勢力並存，戰爭連綿不斷，使國家陷入四分五裂的局面。在這種情況下，很需要有人出來順應歷史前進的要求，結束這種分裂狀態。唐高祖正是這樣應運而生的人物。

唐高祖有遠大的政治眼光，他從太原起兵，避開農民起義軍的鋒芒，直取長安。在隋煬帝被殺後，他建立唐朝，成為唐朝的開國皇帝。但是，他並不滿足於皇帝的地位，而是逐步統一全國，恢復發展各種制度，使勞動者回到生產戰線上去，穩定社會秩序，為歷史的繼續前進開闢了道路，使統一國家的歷史作用得到充分發揮。當時，除了唐高祖以外，沒有第二個人在這方面顯示出才能。由於唐高祖完成了歷史所賦予的使命，所以，他的歷史功績是應當肯定的。

初露鋒芒

李淵出身於貴族家庭，他乘隋朝政權處於風雨飄搖之中的時候，對隋煬帝陽奉陰違，盡量爭取其信任，為後來實現自己的野心取得了立足之地。李淵妻竇氏，為李淵走上歷史舞台發揮了促進作用。

（一）家世

關於李淵的家世，不少學者都有深入的研究，有人「確認李氏出自拓跋族」。有人認為「李唐氏族若僅就其男系論，固一純粹之漢人也」[9]。但以「女系母統言之，唐代創業及初期君主，如高祖之母為獨孤氏，太宗之母為竇氏，即紇豆陵氏，高宗之母為長孫氏，皆是胡種，而非漢族」10。若追根溯源，「李唐血統其初本是華夏，其與胡夷混居，乃一較晚之事實也」。11胡如雷教授分析了各家的意見，然後做出結論說：「既然李氏一族在長期的民族同化過程中已經漢化了，即令他們在唐代還保留了某些胡族的習俗和遺風，我們也只能目之為純粹的漢人。更何況李氏自己也不願承認出自蕃姓呢？其次，就血統而言，子女的體貌特徵可以繼承父母雙方，且有隔代遺傳，既然李氏素與胡姓通婚，『狀貌類胡』亦可來自母系方面，所以不能斷定李氏祖先必係胡族。其實，竇氏，獨孤氏和長孫氏，本身也早已漢化，到隋唐更沒有理由把他們看作少數民族了。」12這個結論，符合魏晉南北朝以來民族融合的歷史進程，是科學的結論。

關於李淵的籍貫，《舊唐書》卷一〈高祖紀〉與《冊府元龜》卷一〈帝王部〉均記載其為隴西狄道（今甘肅臨洮）人，《新唐書》卷一〈高祖紀〉則記載其為隴西成紀（今甘肅秦安西北）人。據著名史學家陳寅恪先生考證：李唐先世「或為趙郡李氏徙居柏仁（今河北隆堯西南堯山鎮）之『破落戶』，或為鄰邑廣阿（今河北隆堯東）庶姓李氏之『假冒牌』。既非華盛之宗門，故漸染胡俗，名不雅訓。於北朝太平真君（四四〇），南朝元嘉（四二四—四五三，這裡具體指四四〇年）之世，曾參與弘農（今河南靈寶北）之戰，其後並無移鎮及家於武川（今內蒙古武川西）之事。迨李虎入關，東西分立之局既定，始改趙郡之姓望而為隴西，因李抗父子事蹟與其先世類似之故，遂由改托隴西，更進一步而偽稱西涼嫡裔。」13看來，史書記載李淵為隴西人並非沒有根據。

李淵家族雖然早已世代為官，但真正顯貴起來是在西魏時期，李淵的祖父李虎是其家族飛黃騰達的關鍵人物。西魏時，李虎被賜姓大野氏，官至太尉，與宇文泰、元欣、李弼、獨孤信、于瑾、趙貴、侯莫陳崇等人，共為八柱國。周閔帝時，李虎雖然已死，又被追封為唐國公。李虎子名李昞，襲唐國公，官至周安州（治所在今湖北安陸）總管、柱國大將軍，楊堅為相時，使其復姓李氏。

李昞就是李淵之父。

李淵於北周天和元年（五六六）生於長安（今陝西西安），七歲襲唐國公，成年後，灑脫豁達，性情直爽，寬仁容眾，不論貴賤，都可與其交往。隋代周後，他為千牛備身。隋文帝獨孤皇后是李淵的姨母，故而李淵頗受隋文帝青睞。他歷任譙州（治所在今安徽亳縣）、隴州（治所在今陝西隴縣）、岐州（治所在今陝西鳳翔）等三州刺史。大業（六〇五—六一七）初年，又先後為滎陽（治所在今河南滎陽），樓煩（治所在今山西靜樂）二郡的太守。大業九年（六一三），遷衛尉少卿。當隋煬帝進攻高麗時，李淵為之督運軍糧於懷遠鎮（在今遼寧遼陽市西北）。在楊玄感將要發動反對隋煬帝的戰爭時，其從征高麗的兄弟都從前方逃回，李淵有所覺察，向隋煬帝告密，隋煬帝很快班師。於是，隋煬帝以李淵為弘化郡（治所在今甘肅慶陽）留守，並命關右諸郡兵皆受其節度，以便防備楊玄感西進。

（二）賢內助竇氏

竇氏是京兆平陵（今陝西興平）人，其父竇毅，在北周為上柱國。竇毅妻是北周武帝的姊姊襄陽長公主，竇氏自然就是周武帝的甥女了。竇氏聰明賢慧，喜愛讀書，她讀過的書都不會忘記，所以武帝對其甚為喜愛，將其養於宮中。武帝不得已而以突厥女為皇后，當然很不滿意。竇氏勸其舅父必須委曲求全，以便減少北方的威脅，可全力對付北齊和南陳。後來，隋文帝取周而代之，竇氏憤憤不平地說：「恨我非男子，不能拯舅家禍。」竇毅立即掩其口道：「毋妄言，赤吾族！」[14]竇毅感到其女與眾不同，不可隨意許配於人，必須認真擇婿，遂於門屏畫了兩隻孔雀，約定凡射兩箭能各中一孔雀目者，方可為婿。前後有數十人求婚，均未如願。後來，李淵連發兩箭，各中孔雀一目，竇毅喜悅異常，遂將其女嫁於李淵。

竇氏對李淵在政治上的發展起了非常重要的作用。有一次，隋煬帝看到李淵面部皺紋很多，遂呼他為「阿婆」。李淵悶悶不樂地回到家裡，竇氏問其原因何在，他遲遲不作回答，迫不得已，最後才很不高興地說：「帝目某為阿婆面。」聰明的竇氏立即相賀道：「這是吉兆。你襲封唐國公，『唐』之為言『堂』也，阿婆面是『堂主』。」[15]言外之意，當然是指李淵應做皇帝了。實際上這是竇氏幫助李淵提高了應變能力。

竇氏喜愛書法，所書與李淵書法類似，有人難以辨別。在政治上，他極力促進李淵事業有成。大業年間，李淵有駿馬數匹。竇氏勸李淵道：「上好鷹愛馬，公之所知，此堪進御，不可久留，人或言者，必為身累，願熟思之。」李淵猶豫不決，果然為煬帝所指責。不久，竇氏去世，終年四十五歲。李淵回憶竇氏的建議，深感竇氏很有見地，遂多次求取鷹犬進獻煬帝，頗得煬帝歡心，不久，李淵即升為將軍。於是，李淵流著眼淚對諸子說：「我早從汝母之言，居此官久矣。」[16]由此可見，如果竇氏晚死數年，可能對李淵建唐有更多的幫助。

（三）走向時代的前沿

大業末年，因隋煬帝的暴政，引起天下大亂，一方面是農民軍遍地而起，一方面是統治集團內部離心離德，楊玄感等也起兵造反。於是隋煬帝對大臣多有猜疑。李淵由於善於和各方面人士交往，甚有威信，自然也在猜忌之列。有一次，煬帝召見李淵，李淵稱病未往，煬帝大為惱火。當時李淵有一姓王的外甥在其後宮，煬帝遂問其甥道：「汝舅何遲？」其甥答曰有病。煬帝怒氣不息的又問道：「可得死否？」[17]李淵知道此事後，忐忑不安，頗有大禍臨頭之感，遂縱酒沉湎，對人行賄以示其精神失常的假象。顯然，這是迷惑隋煬帝的一種手段。

大業十一年（六一五）四月，李淵為山西、河東撫慰大使，奉命黜陟選補郡縣文武官，並鎮壓當地反隋軍。八月，他在龍門（今山西河津）打敗了毋端兒領導的農民軍，十二月，又在絳郡（治所在今山西新絳）分化瓦解了敬盤陀領導的起義軍。本來，煬帝命民部尚書樊子蓋鎮壓絳郡起義軍，樊子蓋採用燒殺政策，汾水以北村塢盡焚，大量村民被殺，這樣，就激起廣大民眾更加激烈地反抗。後來，煬帝以李淵代替樊子蓋，李淵運用誘降、離間等軟的一手，瓦解了敬盤陀的隊伍。這樣一來，煬帝對李淵自然要刮目相看了。

大業十三年（六一七）初，李淵為太原留守。關於李淵為太原留守的時間，史書記載不同，《大唐創業起居注》，兩《唐書》的〈高祖紀〉，均記載為大業十三年，《資治通鑑》則記載為大業十二年（六一六）十二月。筆者為什麼相信是大業十三年呢？因為《大唐創業起居注》的作者是溫大雅，溫大雅是李淵從太原起兵的參與者，有關起兵前半年的事他不會記錯。那麼，為什麼又說是大業十三年初呢？

大概在李淵鎮壓歷山飛起義軍的時候，突厥進攻馬邑（今山西朔州），李淵派其副留守高君雅幫助馬邑太守王仁恭回擊突厥。此事發生的具體時間史書記載不詳，但「帝（李淵）遣副留守高君雅將兵與仁恭並力拒」[18]。突厥的記載，足以說明李淵這時已是太原留守了。因為李淵的太原留守，王威、高君雅的太原副留守是同時任命的。另據《隋書・煬帝紀》、《資治通鑑》、《大唐創業起居注》記載，王仁恭是在大業十三年（六一七）二月被劉武周所殺的。既然如此，那麼，王仁恭、高君雅和突厥作戰的時間必然在王仁恭死前的大業十三年的年初。這時，只有李淵是太原留守，才可能命副留守與王仁恭去回擊突厥。由此可見，確定李淵於大業十三年初為太原留守是完全可信的。就在這一年，李淵起兵反隋，開始了他改朝換代的事業，走向歷史的前沿了。

註釋

1《魏書》卷九六，〈史臣曰〉。

2《隋書》卷七五，〈儒林傳序〉。

3 范文瀾：《中國通史簡編》第二編，第四二五頁。

4《北齊書》卷八，〈總論〉。

5《陳書》卷六，〈總論〉。

6《隋書》卷二九，〈地理志上〉。

7《資治通鑑》卷一八一，大業七年十二月。

8《資治通鑑》卷一八一，大業七年十二月。

9 胡如雷：《李世民傳》，中華書局一九八四年版，第二一三頁。

10, 11 陳寅恪：《唐代政治史述論稿》，三聯書店一九五七年版，第一、一三頁。

12《李世民傳》，第四頁。

13《金明館叢稿》，上海古籍出版社一九八〇年版，第三〇三頁。

14《新唐書》卷七六，〈太穆竇皇后傳〉。

15《唐語林校證》，中華書局一九八七年版，第四〇三頁。

16《舊唐書》卷一，〈高祖紀〉。

17《舊唐書》卷一，〈高祖紀〉。

18《大唐創業起居注》，上海古籍出版社一九八三年版，第三頁。

第二章　從太原留守到大將軍

李淵做了太原留守，有了起兵反隋的基地。儘管他蓄謀已久，早已有了取隋而代之的野心，但他還是盡量不露聲色，好像若無其事一樣。實際上他從各個方面進行準備，在他認為條件成熟以後，誓師起兵，開始了反隋的行動，李淵由隋朝的太原留守而成為反隋的大將軍了。

準備行動而不露聲色

在全國反隋的浪潮日益高漲的時候，力勸李淵起兵反隋者接二連三，他故作鎮靜，既不表示起兵的打算，又對力勸者頗有好感。在大勢所趨的時候，他順水推舟，成為順從眾議的英雄。

（一）早有取隋而代之的意圖

當李淵去做太原留守的時候，被隋煬帝的暴政所激起的農民起義軍，正以不可阻擋之勢蓬勃發展。翟讓、李密領導的瓦崗軍，已在中原大地屢戰屢勝，逼近東都（今河南洛陽），致使「號為名將」，「威振東夏」[1]的張須陀也被打得落花流水，全軍覆沒。張須陀被殺以後，「所部兵晝夜號哭，數日不止，河南郡縣為之喪氣」[2]。豫章（今江西南昌）的林士弘，由於大敗隋軍，「豪傑爭殺隋守令，以郡縣應之。其地北自九江，南及番禺，皆為所有」[3]。江淮的杜伏威，河北的竇建德，也無不節節勝利，使隋煬帝束手無策。在統治集團內部，楊玄感的起兵，已是分崩離析的預兆。在這種危機四伏的情況下，隋煬帝已無力控制全國局面，李淵看到時機成熟，就大肆發展勢力，壯大自己，準備獨樹一幟了。

李淵另有打算，不是偶然的，早在他為太原留守的前四五年，也就是農民起義開始爆發，隋煬帝正在進攻高麗的時候，他就開始有取隋而代之的想法了。例如，當宇文士及投降唐朝的時候，李淵對裴寂說：「此人與我言天下事，至今已六七年矣，公輩皆在其後。」宇文士及與李淵確實早已有了很深的關係。當李淵為殿內少監，士及為奉御時，二人即「深自結托」。後來，宇文化及殺了隋煬帝。率領江都（今江蘇揚州）隋軍北返，宇文士及隨其兄宇文化及到達黎陽（今河南浚縣）時，李淵即「手詔召之」，宇文士及「潛遣家僮間道詣長安申赤心，又因使密貢金環」，李淵非常高興，對侍臣們說：「我與士及素經共事，今貢金環，是其來意也。」宇文士及到了長安，也向李淵表白說：「臣早奉龍顏，久存心腹，往在涿郡，嘗夜中密論時事，後於汾陽宮，復盡丹赤。」[4]宇文士及投降唐朝，是在武德二年（六一九）。這時，李淵說他六七年前與宇文士及談過「天下事」，當然是在他做太原留守前四五年的事了。前述隋煬帝召李淵赴行在，李淵稱病未往，隋煬帝對李淵甥王氏咒罵李淵的事，據《資治通鑑》記載是在大業九年（六一三）八月。這正是李淵為太原留守前四年的事，此事說明隋煬帝當時已猜忌李淵，李淵也和隋煬帝離心離德。如果說這時李淵有反隋煬帝的打算，正是形勢所迫，不可不信。由此可見，李淵與宇文士及因「素經共事」，並非無因之果，而是李淵迫於形勢，不甘坐以待斃的必由之路。所以，「夜中密論時事」，除了政治野心之外，還能是什麼呢？

另外，當李淵於河東鎮壓反隋軍時，以夏侯端為副將。夏侯端看到煬帝去了江都，反隋義軍遍地而起。遂勸說李淵道：「金（今）玉床搖動，此帝座不安。參墟得歲，必有真人起於實沉之次。天下方亂，能安之者，其在明公。但主上曉察，情多猜忍，切忌諸李。強者先誅，金才既死，明公豈非其次？若早為計，則應天福，不然者，則誅矣。」[5]李淵深感此話有理。夏侯端所說的金才，就是李渾。李渾官至右驍衛大將軍，隋煬帝以其門族強盛而忌之。當時，有一方士安伽陀對隋煬帝說：「李氏當為天子，應盡誅海內凡李姓者。」[6]左衛率宇文述乘機誣告李渾及其從子將作監李敏謀反，結果，李渾、李敏及其宗族三十二人被殺。鐵的事實不能不使李淵感到岌岌可危。再者，李淵的妻兄竇抗也曾藉楊玄感起兵事鼓勵李淵說：「玄感抑為發蹤耳！李氏有名圖籙，可乘其便，天之所啟也。」李淵對曰：「無為禍始，何言之妄也！」[7]李淵對所有勸他起兵反隋的建議都沒有斷然拒絕。反而對建議者都有好感，而且後來都加以重用。這正說明李淵在做太原留守之前確已有了背離隋煬帝的意圖。

（二）順水推舟，準備行動

李淵做了太原留守之後，更為積極地做反隋的準備，他雖然極力不露聲色，但他對所有勸他反隋者的好感，不能不對別人有所影響，所以，接連不斷地更有人推動他起兵反隋了。

鷹揚府司馬許世緒鼓動李淵說：「天道輔德，人事與能，蹈機不發，必貽後悔。今隋政不綱，天下鼎沸，公姓當圖籙，名應歌謠，握五郡之兵，當四戰之地。若遂無他計，當敗不旋踵。未若首建義旗，為天下唱，此帝王業也。」李淵非常重視這個建議，與許世緒「親顧日厚」[8]。

從李淵和武士彠的關係中，也可以看出李淵對這一問題的態度。武士彠，是并州文水（今山西文水）人，李淵「初行軍於汾、晉，休止其家，因蒙顧接，及為太原留守，引為行軍司鎧。時盜賊蜂起，士彠嘗陰勸高祖舉兵，自進兵書及符瑞，高祖（李淵）謂曰：『幸勿多言，兵書禁物，尚能將來，深識雅意，當同富貴耳。』」[9]既然李淵要武士彠「幸勿多言」，以免將來不能「同富貴」，可見李淵在這方面已是胸有成竹。

隋的戎州（治所在今四川宜賓）刺史唐鑒，素與李淵有交情。唐鑒子唐儉是孝子，對李淵當然頗為尊重。李淵為太原留守時，唐儉也在太原。唐儉也曾勸李淵說：「明公日角龍庭，李氏又在圖牒，天下屬望，非在今朝。若開府庫，南嘯豪傑，北招戎狄，東收燕、趙，長驅濟河，據有秦、雍，海內之權，指麾可取。願弘達節，以順群望，則湯武之業不遠。」唐儉雖然為李淵的必要行動做出了具體安排，但李淵還是很謹慎地回答：「湯武之事，非所庶幾。今天下已亂，言私則圖存，語公則拯溺，卿宜自愛，吾將思之。」[10]實際上唐儉的建議完全符合李淵的願望。一九七八年出土的〈唐儉墓志銘〉，記載了這些內容：「於時太武皇帝（李淵）發號晉陽，公（唐儉）之戾止，若合符契。以石投水，百中之策無遺，言聽計從，千里之勝斯決。」[11]李淵很快以唐儉為大將軍府記室參軍，正說明他們是不謀而合的。李淵看到有利的形勢，暗中積極準備，但不是鋒芒畢露，這正是一個深謀遠慮的政治家所具有的風度。《舊唐書》的作者說：「高祖審獨夫之遠去，知新興之勃興，密運雄圖，未伸龍躍。」[12]這種看法，是符合實際的。

李淵積極準備、發展勢力的事實也是多方面的。早在大業十一年（六一五）十二月，他取代樊子蓋去絳郡鎮壓敬盤陀起義軍時，他就用欺騙的手段誘使起義軍數萬人加入他的隊伍。後來，他到了太原，「以太原黎庶，陶唐舊民，奉使安撫，不踰本封，因私喜此行，以為天授。所經之處，示以寬仁，賢智歸心，有如影響。」[13]顯然這是為得到有利的地盤而暗暗自喜。溫大雅說：

李淵「素懷濟世之略，有經綸天下之心，接待人倫，不限貴賤，一面相遇，十數年不忘。」[14]由於他重視收羅人才，所以不少人來投靠於他。例如，隋右勛衛長孫順德，為「避遼東之役，逃匿太原，深為高祖（李淵）、太宗所親委。」[15]右勛侍劉弘基，「大業末，從征遼，貲乏，行及汾陰，度後期且誅，遂與其屬椎牛犯法，吏諷捕繫。歲餘，以贖論，因亡命，盜馬自給。至太原，陰事高祖」[16]。左親衛竇琮，也於「大業末，犯法，亡命奔太原，依於高祖」[17]。李淵欲用這些人統兵打仗，太原副留守王威、高君雅反對道：「弘基等皆背征三衛，所犯當死，安得領兵？吾欲禁身推核。」[18]李淵根本不理會這種反對意見，仍然重用這些犯了死罪的人，正說明他要與隋煬帝分庭抗禮。

《資治通鑑》的有關記載，似乎與以上內容有所出入。晉陽令劉文靜與李世民密謀道：「今主上南巡江淮，李密圍逼東都，群盜殆以萬數。當此之際，有真主驅駕而用之，取天下如反掌耳。太原百姓皆避盜入城，文靜為令數年，知其豪傑，一旦收拾，可得十萬人，尊公所將之兵復且數萬，一言出口，誰敢不從！以此乘虛入關，號令天下，不過半年，帝業成矣。」李世民說：「君言正合吾意。」不久，李世民勸李淵道：「今主上無道，百姓困窮，晉陽城外皆為戰場，大人若守小節，下有寇盜，上有嚴刑，危亡無日，不若順民心，興義兵，轉禍為福，此天授之時也。」李淵大驚道：「汝安得為此言，吾今執汝以告縣官！」李世民表示：「必欲執告，不敢辭死！」李淵馬上改口道：「吾豈忍告汝，汝慎勿出口！」所謂「慎勿出口」，與對武士彠說的「幸勿多言」，是同樣的心情，是謹慎從事的表現。待李世民進一步勸說：「今盜賊日繁，遍於天下，大人受詔討賊，賊可盡乎！要之，終不免罪。且世人皆傳李氏當應圖讖，故李金才（李渾）無罪，一朝族滅。大人設能盡賊，則功高不賞，身益危矣！唯昨日之言，可以救禍，此萬全之策也，願大人勿疑。」李淵就順水推舟說：「吾一夕思汝言，亦大有理。今且破家亡軀亦由汝，化家為國亦由汝矣！」[19]

從以上內容看來，好像李淵根本沒有起兵反隋的打算，其實不然。自太原起兵前的四五年以來，屢次有人勸他起兵反隋，他都未明確表示可否，只是對這些建議者表示好感，而且逐步加以重用，實際上正是他和這些人志同道合的具體表現。他明確地說李世民的意見「亦大有理」。正是他對長期以來勸他起兵反隋者的最好答覆。他要李世民為「破家亡軀」，或「化家為國」而努力，實際上就是公開表示可以把言論變為現實了。由此可見，《資治通鑑》的有關記載與其他史籍記載是殊途同歸的。王夫之說：「高祖猶慎之又慎，遲回而不迫起，故秦王之陰結豪傑，高祖不知也，非不知也，王勇於有為，而高祖堅忍自持，姑且聽之以靜鎮之也。」[20]這正是看清了李淵的內心世界。

（三）不可等閒視之

有人僅根據現象判斷李淵昏庸無能，無所作為，根本沒有創業才能，太原起兵主要是李世民的謀略。事實則完全相反，李淵是個深謀遠慮，能征善戰的軍事家、政治家，試舉一例，說明這個問題。

大業十二年（六一六），隋煬帝命李淵與馬邑太守王仁恭反擊突厥的進攻。這時，突厥異常強大。大業十一年（六一五），圍困隋煬帝於雁門時就有數十萬人。這次南進，人數也不可能太少。李淵、王仁恭共有兵力不足五千人。面臨強大的敵人，「仁恭以兵少甚懼」，但李淵卻對形勢進行細緻的分析，他認為，周秦漢魏以來，一直沒有解決北方匈奴南進的問題，隋煬帝害怕突厥，南走江都；農民起義，遍地而起。在此情況下，「我當用長策以馭之，和親而使之，令其畏威懷惠」。李淵看到了王仁恭的畏敵情緒，立即胸有成竹地告訴他：「突厥所長，惟持騎射，見利即前，知難便走，風馳電捲，不恆其陣，以弓矢為爪牙，以甲冑為常服，隊不列行，勝止求財，敗無慚色，無警夜巡晝之勞，無構壘饋糧之費。中國兵行，皆反與是。與之角戰，罕能立功。今若同其所為，習其所好，彼知無利，自然不來。……若不決戰，難以圖存。」王仁恭完全同意李淵的意見，派「兩千餘人，飲食居止，一同突厥，隨逐水草，遠置斥堠，每逢突厥候騎，旁若無人，馳騁射獵，以曜威武。……突厥每見帝（李淵）兵，咸為以其所為，疑其部落。有司帝而戰者，常不敢當，辟易而去。如此再三，眾心乃安，咸思奮擊。」李淵看到條件已經成熟，「縱兵擊而大破之，獲其特勤（可汗子弟官名）所乘駿馬，斬首數百千級。自爾厥後，突厥喪膽，深服帝之能兵，收其所部，不敢南入」[21]。這次作戰，李淵的措施機動靈活，所以能以少勝多，以弱勝強。這足以說明李淵足智多謀，勇敢善戰。一個庸庸碌碌，無所做為的人，絕不會有這樣的戰績。這樣的人，如果說他在起兵之前毫無思想準備，只是在四面楚歌聲中才被迫起兵，是不可思議的。

誓師起兵

經過充分準備，李淵決定起兵反隋。為了解除後顧之憂，他首先鎮壓了歷山飛起義軍，又取和於突厥，鞏固了自己的地盤。接著，又攻取西河，掃除了前進道路上的障礙。在一切條件成熟後，遂誓師起兵，宣布取消了隋煬帝的帝位，統帥大軍，直奔長安而去。

（一）鎮壓歷山飛起義軍

當李淵做了太原留守以後，北有突厥，南有歷山飛起義軍，都使他感到威脅。於是，他對其次子李世民說：「唐固吾國，太原即其地焉。今我來斯，是為天與，與而不取，禍將斯及。然歷山飛不破，突厥不和，無以經邦濟時也。」當時，「歷山飛眾數不少，劫掠多年，巧于攻城，勇於力戰。南侵上黨，已破將軍慕容、將軍羅侯之兵；北寇太原，又斬將軍潘長文首。頻勝兩將，所向無前」[22]。這就是說，在李淵看來，南不鎮壓歷山飛起義軍，北不解決突厥的問題，要想實現自己的抱負是不可能的。因此，他決定，自己和副留守王威共同帶兵前往消滅歷山飛起義軍；同時，派另一副留守高君雅和馬邑太守王仁恭共拒突厥。

歷山飛是一支農民起義軍領袖魏刀兒的別號，他率領的起義軍共有十餘萬人。李淵、王威率軍五六千人與歷山飛部二萬餘人大戰於河西郡（治所在今山西汾陽）的雀鼠谷（在今山西介休和霍縣之間）。王威看到雙方力量的懸殊，頗有懼色，李淵若無其事地對王威道：「鬥力而取，容未能克；以智圖之，事無不果。所憂不戰，戰必破之，幸勿憂也。」不久，歷山飛軍布陣十餘里長，向李淵進攻。李淵有計畫地把所有部隊分為兩陣，一陣曰大陣，以老弱兵居中，「多張幡幟，盡以輜重繼後，從旌旗鼓角」；一陣曰小陣，「以麾下精兵數百騎，分置左右隊」。大家都不理解李淵的用意，「莫識所為」。開戰後，李淵遣副留守「王威領大陣居前，旌旗從」[23]。歷山飛軍遙望，誤以為李淵在此，精銳之師競向前進，看見輜重馱，都去爭取。王威懼而落馬，幸被人救去，未曾被俘。李淵乘此機會，引小軍陣突然出擊，歷山飛軍措手不及，招致大敗。歷山飛軍人多勢眾，但缺乏嚴格訓練，組織性、紀律性較差，李淵不正面決戰，避開歷山飛軍的優勢，抓住其弱點，採取誘騙，突然襲擊的戰術，出奇制勝，可見李淵的指揮作戰藝術是比較成熟的。這次作戰的結果，歷山飛軍潰不成軍，李淵乘機收羅了許多潰散的敗兵，壯大了自己的隊伍。

（二）殺王威、高君雅，除心腹之患

在李淵與王威鎮壓歷山飛起義軍的時候，高君雅和王仁恭對突厥的戰爭遭到失敗，所以，隋煬帝要對李淵和王仁恭問罪。這可以說是李淵起兵的導火線。

當隋煬帝派人要逮捕李淵，解往江都的時候，李淵「自以姓名著於圖籙，太原王者（氣）所在，慮被猜忌，因而禍及，頗有所晦（悔）」。於是，他向李世民明確表示了他主張立即起兵的決心。他說：「隋歷將盡，吾家繼膺符命，不早起兵者，顧爾兄弟未集耳。今遭羑里之厄，爾昆季須會盟津之師，不同受孥戮，家破身亡，為英雄所笑。」非常明顯，李淵沒有及早起兵，是因為李建成、李元吉還在河東（今山西永濟西），力量過於分散。因此，在又得到隋煬帝的赦免以後，立即就通知李建成於「河東潛結英俊」，李世民「於晉陽密招豪友」。李建成、李世民都「傾財賑施，卑身下士，逮乎鬻繒博徒，監門廝養，一技可稱，一藝可取，與之抗禮，未嘗云倦，故得士庶之心，無不至者」24。李建成、李元吉很快從河東趕到太原，李淵之婿柴紹也同時從長安（今陝西西安）到了太原。

在李淵密謀策畫，準備起兵的同時，馬邑郡（治所在今山西朔縣）太守王仁恭因「多受貨賂，不能振施」，而被其鷹揚府校尉劉武周所殺。劉武周自稱皇帝，投靠突厥，割據一方。於是，李世民向李淵建議：「大人為留守，而盜賊竊據離宮，不早建大計，禍今至矣！」李淵偽似無可奈何地說：「朝廷用兵，動止皆稟節度。今賊在數百里之內，江都在三千里之外，加以道路險要，復有他賊據之；以嬰城膠柱之兵，當巨猾豕突之勢，必不全矣。進退維谷，何為而可？」[25]顯然這是說，除了起兵反隋別無他途了。於是，他命李世民、劉文靜、長孫順德、劉弘基等分頭募兵，很快募得幾萬人，加速了起兵的準備。

李淵起兵反隋，還有一個心腹大患，就是太原副留守王威、高君雅時刻在監視著他。王威、高君雅是隋煬帝的親信。在李淵命高君雅和王仁恭共同回擊突厥遭到失敗的時候，隋煬帝要對李淵和王仁恭進行處分，並未問罪於高君雅。當李淵欲追究高君雅的責任時，他又考慮到「雅是煬帝舊左右，慮被猜嫌，忍而弗問」。反之，高君雅對李淵是常「疑有異志，每與王威密伺帝（李淵）隙」[26]。由此可見，王威、高君雅正是李淵起兵的內部隱患。

為了排除這種隱患，李淵也頗費心機，他通過晉陽宮監裴寂結識了鄉長劉龍（劉世龍）。劉龍與高君雅過從甚密。於是，李淵通過劉龍掌握了高君雅與王威的動態。

大業十二年（六一七）五月十四日夜，李淵使李世民伏兵於晉陽宮城之外。次日早晨，李淵與王威、高君雅共同理事。劉文靜引開陽府（太原有十八府，開陽府是其中之一）司馬劉政會入立庭中，自稱有密狀要呈上。李淵要求當面呈狀，劉政會不立即呈狀道：「所告乃副留守事，唯唐公得視之。」李淵佯作吃驚道：「豈有是邪！」李淵看狀後宣布：「威、君雅潛引突厥入寇。」高君雅勃然大怒道：「此乃反者欲殺我耳。」[27]在這種緊張的氣氛中，李世民已經斷絕了外出的道路，劉文靜、劉弘基、長孫順德立即逮捕了王威與高君雅。十六日，突厥數萬人進攻太原。這樣就更使人相信王威、高君雅與突厥確有密謀。李淵利用這個有利時機殺了王威、高君雅。不難看出，殺王威、高君雅是李淵起兵的必要步驟，是其起兵反隋計畫的組成部分，絕不是偶然事件。殺了隋煬帝任命的官吏，無疑是以實際行動宣布他要推翻隋煬帝了。

（三）對突厥委曲求全

為了解除後顧之憂，李淵必須首先解除突厥的威脅。這時的突厥「其族強盛，東自契丹、室韋，西盡吐谷渾、高昌諸國，皆臣屬焉。控弦百餘萬，北狄之盛，未之有也。高視陰山，有輕中國之志」[28]。大業十一年（六一五），突厥圍困隋煬帝於雁門（今山西代縣），隋煬帝一籌莫展，「抱趙王杲而泣，目盡腫」[29]。可見，突厥異常強大，僅靠李淵的力量戰勝突厥是不可能的。正是這種原因，李淵對突厥採取了拉攏、利用的手段，穩定了太原的形勢。

大業十三年（六一七）五月，突厥數萬人進逼太原，李淵加緊守備，命裴寂、劉文靜嚴守諸城門，同時又令將城門大開，「不得輒閉，而城上不張旗幟。守城之人，不許一人外看，亦不得高聲，示以不測」。突厥自外郭城北門入，又從東門出，而未敢進內城。李淵於北門附近埋伏少數兵力，欲襲擊突厥軍尾部，遭到失敗。李淵又於夜間派兵出城，占據險要之地，早晨又改道入城，使突厥誤認為是另有援軍來到，更不敢輕舉妄動。這種不戰不和、虛張聲勢的空城計，使突厥可汗感到難以對付，從而主動撤兵，使太原圍解。這次太原之戰，又一次顯示了李淵是足智多謀的軍事家。

太原解圍了，但怎樣才能使突厥不再進攻太原呢？這是李淵必須解決的問題。所以，當文武官員入賀突厥退兵的時候，李淵說：「且莫相賀，當為諸官召而使之。」也就是說，他要使突厥為其所用。因此，他立即向突厥可汗寫信道：「當今隋國喪亂，蒼生困窮，若不救濟，總為上天所責。我今大舉義兵，欲寧天下，遠迎主上，還共突厥和親，更似開皇之時，豈非好事。且今日陛下雖失可汗之意，可汗寧忘高祖之恩也？若能從我，不侵百姓，征伐所得，子女玉帛，皆可汗有之。必以路遠，不能深入，見與和通，坐受寶玩，不勞兵馬，亦任可汗，一二便宜，任量取中。」信寫好後，「命封題署云某啟，所司報請云突厥不識文字，唯重貨財，願加厚遺，改啟為書。」李淵笑道：「何不達之深也。自頃離亂，亡命甚多，走胡奔越，書生不少，中國之亂，並在諸夷。我若敬之，彼乃未信，如有輕慢，猜慮愈深。古人云：『屈於一人之下，伸於萬人之上。』且『啟』之一字，未直千金。千金尚欲與之，一字何容有吝。此非卿等所及。」[30]李淵在信中向突厥提出了三點要求：一、恢復隋文帝時的和親政策；二、征伐中所得「子女玉帛」都歸突厥；三、請突厥不要深入內地，只坐享其成。

在給突厥可汗的信封上，是用「啟」還是用「書」，雖然有過爭論，但最後還是李淵堅持了自己的意見，用了「啟」字。「啟」有以下對上的意思，「下之達上，其制有六：一曰表，二曰狀，三曰箋，四曰啟，五曰辭，六曰牒。」[31]很明顯，「啟」在以下對上的文書中不是最高的級別，可見，李淵沒有把突厥可汗視為至尊的地位。但由於《貞觀政要》卷二〈任賢〉、《大唐新語》卷七〈容恕〉、《舊唐書》卷六七〈李靖傳〉、《新唐書》卷二一五〈突厥傳上〉等，均有李淵曾「稱臣於突厥」的記載，所以，司馬光也論道：「劉文靜勸李淵與突厥相結，資其士馬以益兵勢。淵從之，自為於啟，卑辭厚禮，遺始畢可汗。」對此，司馬光又在《考異》中說：「《創業注》云：『仍命封題，署云名啟。所司請改啟為書，帝（李淵）不許。』按太宗云：『太上皇（李淵）稱臣於突厥』，蓋謂此時，但溫大雅諱之耳。」[32]這就是說，因為李淵對突厥可汗的信中用了「啟」字，所以肯定李淵曾稱臣於突厥。當代著名史學家陳寅恪先生對此曾有專文論述，也肯定「獨唐高祖起兵太原時，實稱臣於突厥，而太宗又為此事謀主，後來史臣頗諱飾之，以至其事之本末不明顯於後世」[33]。

後來，另一位研究唐史很有成就的學者李樹桐先生，也對此事撰有專文。但李先生的結論與陳先生截然相反。李先生說：「當唐高祖起義於太原時，雄踞大漠南北的突厥，乘機南侵，抄襲太原。幸高祖早有防備，突厥不得逞而退。高祖起義的主要目的在於入關代隋，深恐西行之時，突厥再襲其後，遂乘突厥剛退，立即自手疏於突厥始畢可汗書，……始畢可汗得書後，認為是大好機會，答覆高祖表示願意擁護他做天子，實際上就是想逼他稱臣。始畢可汗復高祖書時，並說如果他答應了，即派達官往取進止，意思所指，就是要送狼頭纛來且行冊封的禮節。但是高祖力排臣下的意見，絕不接受突厥所給天子的名義，也就是絕不肯向突厥稱臣。經和他的長子建成及大臣等一再商議，決定將廢隋煬帝而立代王以及更換旗幟等事通知突厥。接著就於六月十四日建立大將軍府，自稱大將軍而不稱天子，也就是以實際行動來答覆突厥。」[34]從李先生的文章內容來看，這個結論應當可信。李淵給始畢可汗信的內容及格式，都說明李淵沒有奉始畢可汗為至尊，突厥提出的條件，李淵也沒有接受，可見，李淵沒有像劉武周、梁師都那樣做突厥卵翼下的天子，更沒有對始畢可汗唯命是從。他是按照自己的願望對突厥拉攏、利用，以便達到自己的目的。這和後面將要論述的李淵對李密的態度大體類似。李淵為了使李密為其所用，也用「卑辭推獎以驕其志」[35]的手法，麻痺了李密。這時為了不使突厥南進，又使用以下對上的詞語。這兩件事都發揮了使他順利進軍長安的作用，李密為他牽制了東都的隋軍，突厥減少了他的後顧之憂，其可謂殊途同歸。由此可見，司馬光根據李淵對始畢可汗的信封用了「啟」字，就肯定他稱臣於突厥，顯然是理由不夠充分。

（四）攻取西河，掃清前進的道路

李淵決定起兵後，遼山（今山西左權）縣令高斌廉和西河（治所在今山西汾陽）郡丞高德儒都持反對態度。高斌廉派人往江都向隋煬帝報告了李淵欲起兵的情況，隋煬帝命東都（今河南洛陽）、西京（今陝西西安）嚴加防守。李淵認真分析了當時形勢，因遼山位於太原東南，較為偏僻，故而他認為「遼山守株，未足為慮」[36]，而西河郡正值南進的交通要道上，必須首先拔掉這個釘子。於是，他命李建成、李世民率眾攻取西河。

初次進軍，李淵對兩個兒子還不放心，特派太原令溫大有為其參謀，並囑咐溫大有道：「吾兒年少，以卿參謀軍事；事之成敗，當以此行卜之。」溫大有當然盡量為其效力，李建成、李世民精力充沛，勇氣十足，他們與士卒同甘同苦，作戰身先士卒。所率軍隊紀律嚴明，「近道菜果，非買不食，軍士有竊之者，輒求其主償之，亦不詰竊者，軍士及民皆感悅。至西河城下，民有欲入城者，皆聽其入」。高德儒雖然閉城拒守，但終於城破被俘。李建成、李世民除了將高德儒一人斬首外，「自餘不戮一人，秋毫無犯，各尉撫使復業，遠近聞之大悅」。李淵高興地說：「以此用兵，雖橫行天下可也。」[37]初戰獲勝，更加堅定了李淵進軍關中的信心。

（五）太原起兵的重要成員

攻取西河以後，李淵又用開倉濟貧的辦法大量募兵，竭力擴充隊伍。又建大將軍府，李淵被尊為大將軍。李淵以裴寂為長史，劉文靜為司馬，唐儉、溫大雅為記室，溫大雅又與其弟溫大有共掌機密，武士彠為鎧曹，劉政會、張道源為戶曹，姜暮為司功參軍，殷開山為府掾，長孫順德、劉弘基、竇琮、王長諧、姜寶誼、陽屯為左右統軍。又命李建成為隴西公，左領軍大都督，李世民為敦煌公，右領軍大都督，各置官屬。還以柴紹為右領軍長史，劉贍為西河通守。以上人員，都是李淵在太原起兵時的直接參與者。在這些人員中，李建成、李世民、李元吉、裴寂、劉文靜等，是其骨幹成員。

在當時的社會條件下，李淵最信任自己的兒子，把李建成、李世民安排到重要崗位上，是容易理解的。另外，裴寂、劉文靜等人，也是極力促成李淵起兵的骨幹力量。

裴寂，字玄真，蒲州桑泉（今山西臨猗西）人。大業年間（六〇五—六一七）。歷任侍御史，駕部承務郎，最後為晉陽宮副監。李淵為太原留守後，兩人過從甚密。由於李淵最初欲反隋而不露聲色，李世民不解其意，遂使裴寂勸李淵道：「二郎（李世民）密纘兵馬，欲舉義旗，正為寂以宮人奉公，恐事發及誅，急為此耳。今天下大亂，城門之外，皆是盜賊。若守小節，旦夕死亡；若舉義兵，必得天位。眾情已協，公意如何？」由於李淵感到條件已經成熟，遂順水推舟說：「我兒誠有此計，既已定矣，可從之。」李淵決定起兵後，裴寂又「進宮女五百人，並上米九萬斛，雜彩五萬段，甲四十萬領，以供軍用」。裴寂所進的人和物，除了宮女以外，其他都是重要的軍需物資。由此可見，裴寂是以實際行動支持李淵起兵反隋的。

李淵取得長安後，不少人勸李淵取隋恭帝（代王侑）而代之，李淵一再辭讓。最後裴寂態度非常堅決地說：「桀、紂之亡，亦各有子，未聞湯、武臣輔之，可為龜鏡，無所疑也。寂之茅土，大位，皆受於唐，陛下不為唐帝，臣等去官耳。」接著，裴寂又「命太常具禮儀，擇吉日」。促使李淵做了皇帝。所以李淵說：「使我至此，公之力也。」

李淵稱帝後，拜裴寂為尚書右僕射，「高祖視朝，必引與同座，入閤則延之臥內，言無不從，呼為裴監而不名。當朝貴戚，親禮莫與為比。」[38]這些都說明裴寂對李淵建唐確實起了重要作用。

武德九年（六二六）十月，李世民已經做了皇帝，在定功臣封戶時，因「文靜已死，乃自寂而下差功大小第之，總四十三人。寂戶千五百，長孫無忌、王君廓、尉遲敬德、房玄齡、杜如晦戶千三百，長孫順德、柴紹、羅藝、趙郡王孝恭戶千二百，……」[39]這又說明，在武德年間，裴寂的地位的確是在眾臣之上。

其實，在李淵建唐的過程中，裴寂既未見有高明的政治見解，也沒有什麼戰功。在李淵大軍逼近河東（今山西永濟西）時，是先取河東，還是置河東於不顧，而先進兵長安，李淵部屬意見不一。裴寂主張先取河東，遭到李世民的反對，李淵還是先進兵長安了。後來，劉武周南進，威脅關中，裴寂主動請求出征，結果全軍潰敗。由此可見，裴寂在政治上，軍事上均無可言之功，他對李淵的主要貢獻，是推動李淵在太原起兵，後又促使李淵取隋而代之。也就是說，裴寂並沒有可稱道的歷史功績。

劉文靜，字肇仁，自稱彭城（今江蘇徐州）人，世居京兆武功（今陝西武功）。大業末年為晉陽令（今山西太原），與裴寂甚為友好。在李密公開反隋以後，因與李密連婚，受到牽連，劉文靜被隋煬帝下於獄中。李世民發現劉文靜是一個人才，可為其所用，遂入獄探視。劉文靜道：「天下大亂，非有湯、武、高、光之才，不能定也。」李世民立即表示，他入獄探視並「非兒女之情相憂」，而是「來與君圖大計」。劉文靜分析了當時的形勢，建議李淵立即起兵，乘虛入關。這與李淵、李世民父子不謀而合。劉文靜遂成為李淵集團的骨幹成員。

為了進一步鼓動群眾的反隋情緒，李淵命劉文靜偽造隋煬帝敕，內稱「發太原、西河、雁門、馬邑人年二十以上五十以下悉為兵，朝以歲暮集涿郡，將伐遼東」。隋末農民大起義的導火線就是進攻高麗，這時，在太原等地徵發民眾參加這場戰爭，必然激發了民眾的反隋情緒。「由是人情大擾，思亂者益眾」[40]，正是其必然結果。在這種有利形勢下，劉文靜夥同裴寂，更加積極地推動李淵起兵了。

李淵決定起兵後，劉文靜奉命出使突厥。臨行前，李淵表示：表面上是去求取援助，實際上是釜底抽薪，防止突厥南進。劉文靜很好地完成了這一使命，在李淵進軍至龍門（今山西河津）時，突厥使者康鞘利才隨劉文靜而來，所帶兵僅五百人，馬二千匹[41]。李淵對劉文靜此行非常滿意，認為突厥既來得遲，又是人少、馬多，所以他高興地稱讚道：「非公善辭，何以致此。」

大業十三年（六一七）十二月，劉文靜與隋將屈突通戰於潼關，劉文靜「苦戰者半日，死者數千人」，最後在隋軍稍怠時，出奇兵於隋軍之後，大敗屈突通部將桑顯和，俘虜大量隋軍。屈突通欲逃亡洛陽，「文靜遣諸將追而執之，略定新安以西之地」[42]。

李淵稱帝後，劉文靜為納言。劉文靜自以為才幹超過裴寂，又屢建戰功，而位居其下，甚為不滿。適逢其愛妾失寵，愛妾通過其兄誣陷劉文靜謀反。雖然李世民、蕭瑀、李綱等人都證明其非反，但李淵還是殺了劉文靜。

順者昌，逆者亡，封建皇帝莫不如此。李淵也不例外，劉文靜雖然才智優於裴寂，功大於裴寂，但他多有怨言，對李淵不滿，故而身首異處，與裴寂有不同的下場。

本來，「高祖論太原首功，詔尚書令秦王、尚書右僕射裴寂、納言劉文靜恕二死」[43]。由此可見，劉文靜和裴寂、李世民，都是太原起兵的「首功」者。不過，李淵並沒有實現自己的諾言，對其恕二死，而是一次就把劉文靜殺了。

除了上述「恕二死」者以外，還有「恕一死」者十四人，即左驍衛大將軍長孫順德、右驍衛大將軍劉弘基、右屯衛大將軍竇琮、左翊衛大將軍柴紹、內史侍郎唐儉、吏部侍郎殷開山、鴻臚卿劉世龍、衛尉少卿劉政會、都水監趙文恪、庫部郎中武士彠、驃騎將軍張平高、李思行、李高遷、左屯衛府長史許世緒。

長孫順德，是太宗文德皇后之族叔，隋末，為逃避進攻高麗的戰爭而匿於太原。他與劉弘基為李淵起兵招募了一萬餘人。在李淵從太原南進途中，平霍邑（今山西霍縣），破臨汾（今山西臨汾），下絳郡（今山西新絳），他均有戰功。後又與劉文靜大敗屈突通於潼關。李淵稱帝後，拜其為左驍衛大將軍，封薛國公。

劉弘基，雍州池陽（今陝西涇陽西北）人。因其父是隋河州（治所在今甘肅臨夏東北）刺史，故而因父蔭為右勛侍。隋末，因從征遼東誤期當斬，亡命太原。他除了募兵支持李淵起兵以外，還與長孫順德捕殺王威、高君雅，為李淵解除心腹之患。他參加過攻西河，戰霍邑，斬宋老生，「及破京城，功為第一」[44]。後又從李世民打敗薛舉，戰勝過東都隋軍。武德元年（六一八），為右驍衛大將軍。

竇琮，是李淵妻竇氏之族侄。隋末，因犯法亡命太原。他積極支持李淵、李世民父子的反隋謀略，參加過取西河、戰霍邑、打敗屈突通等重要戰役，武德初年，為右屯衛大將軍。

柴紹，晉州臨汾（今山西臨汾）人，娶李淵女平陽公主為妻。為了響應李淵起兵，他在長安辭別愛妻，奔赴太原。從太原南進途中，他偵察宋老生在霍邑的防禦形勢，為攻取霍邑提供了重要依據。繼又在下臨汾，平絳郡作戰中，衝鋒陷陣在前，又曾在剛渡河而西後大敗隋將桑顯和。武德元年（六一八）為左翊衛大將軍。

唐儉，并州晉陽（今山西太原）人。因其父唐鑒與李淵友好，故而在李淵為太原留守以後，他極力促使李淵起兵反隋。

殷開山，雍州鄠縣（今陝西戶縣）人，李淵從太原起兵，他「參預謀略，授心腹之寄，累以軍功拜光祿大夫」[45]。後進軍關中，他對招慰關中分散的起義軍發揮了重要作用。李淵建唐後，他為吏部侍郎。

劉世龍、劉政會，對除掉王威、高君雅起了關鍵作用。武士彠、許世緒，也是大力鼓動李淵起兵者。李思行，曾於起兵前赴長安偵察情況，為李淵所賞識。趙文恪、張平高、李高遷，都是李淵起兵的積極參與者。

以上這些人，都是李淵從太原起兵時的重要成員。所以，後來李淵稱帝，「論太原首功」，允許他們恕一死。由於裴寂、劉文靜和李淵父子在其中發揮了骨幹作用，所以對裴、劉二人特允其「恕二死」。事實上，這只是至高無上的統治者對他們口頭上的承諾，劉文靜被殺，趙文恪被賜死獄中，並沒有得到寬恕。

（六）誓師起兵

大業十三年（六一七）七月，李淵以李元吉為太原郡守，負責太原的一切有關事宜，自己親率大軍三萬人，誓師動兵，向關中進發。同時，發布檄文，宣布了欲尊隋煬帝為太上皇，立代王侑為皇帝的主張。

檄文中說：隋煬帝「飾非好佞，拒諫信讒。敵怨誠良，仇讎骨肉。巡幸無度，窮兵極武。喜怒不恆，親離眾叛。御河導洛，肆舳艫而達江；馳道綠邊，徑長城而傍海。離宮別館之所在，車轍馬跡之所向，咸塹山而陻谷，畢結瑤而構瓊。遼水屢征，殲丁壯於億兆；伊谷轉輸，斃老幼於百萬。禽荒罄於飛走，蠶食窮於水陸，徵稅盡於重斂，民力殫於勞止。十分天下，九為盜賊。荊棘旅於闕廷，豺狼充於道路」。既然隋煬帝已經天怨人怒，所以，他要廢昏立明，「興甲晉陽，奉尊代邸，掃定咸洛，集寧寓縣。放後主於江都，復先帝之鴻績」46。這就是說，李淵開始把他改朝換代的願望付諸實施了。

註釋

1《隋書》卷七一，〈張須陀傳〉。
2《資治通鑑》卷一八三，大業十二年十月。
3《資治通鑑》卷一八三，大業十二年十二月。
4《舊唐書》卷六三，〈宇文士及傳〉。
5《舊唐書》卷一八七上，〈夏侯端傳〉。
6《資治通鑑》卷一八二，大業十一年二月。
7《舊唐書》卷六一，〈竇抗傳〉。
8《舊唐書》卷五七，〈許世緒傳〉。
9《舊唐書》卷五八，〈武士彠傳〉。
10《舊唐書》卷五八，〈唐儉傳〉。
11《昭陵碑石》，三秦出版社一九九三年版，第一三〇頁。
12《舊唐書》卷一，〈史臣曰〉。
13《大唐創業起居注》，第一頁。
14《大唐創業起居注》，第四頁。
15《舊唐書》卷五八，〈長孫順德傳〉。
16《新唐書》卷九〇，〈劉弘基傳〉。
17《舊唐書》卷六一，〈竇琮傳〉。
18《舊唐書》卷五八，〈武士彠傳〉。
19《資治通鑑》卷一八三，義寧元年四月。
20《讀通鑑論》卷二〇，〈唐高祖〉。
21《大唐創業起居注》，第二頁。

22《大唐創業起居注》，第二–三頁。

23《大唐創業起居注》，第三頁。

24《大唐創業起居注》，第四–五頁。

25《資治通鑑》卷一八三，義寧元年二至四月。

26《大唐創業起居注》，第七頁。

27《資治通鑑》卷一八三，義寧元年五月。

28《舊唐書》卷一九四，〈突厥傳上〉。

29《資治通鑑》卷一八二，大業十一年八月。

30《大唐創業起居注》，第七–九頁。

31《新唐書》卷四六，〈百官志〉。

32《資治通鑑》卷一八四，義寧元年六月。

33《寒柳堂集》，上海古籍出版社一九八〇年版，第九七頁。

34《唐史考辨》，台灣中華書局出版，第二四〇頁。

35《大唐創業起居注》，第二五頁。

36《大唐創業起居注》，第一二頁。

37《資治通鑑》卷一八四，義寧元年六月。

38《舊唐書》卷五七，〈裴寂傳〉。

39《新唐書》卷八八，〈裴寂傳〉。

40《舊唐書》卷五七，〈劉文靜傳〉。

41 此據《大唐創業起居注》第三〇頁與《資治通鑑》卷一八四，義寧元年八月載。兩《唐書・劉文靜傳》均載是康鞘利領二千騎，又獻馬千匹。

42《舊唐書》卷五七，〈劉文靜傳〉。

43《新唐書》卷八八，〈裴寂傳〉。

44《舊唐書》卷五八，〈劉弘基傳〉。

45《舊唐書》卷五八，〈殷嶠傳〉。

46《大唐創業起居注》，第一九–二〇頁。

第三章　利用李密，排除關東的威脅

瓦崗軍是隋末最強大的一支農民起義軍，李密對瓦崗軍的發展壯大發揮了重要作用。但在他因功績卓著而取得瓦崗軍領袖地位以後，就得意忘形起來，他要求李淵尊他為反隋盟主。這時，李淵正在向長安進軍途中，無暇考慮關東的問題。於是，李淵抓住李密的弱點，採用「卑辭推獎以驕其志」的手段，表面上對李密大加吹捧，使其忘乎所以；實際上是利用瓦崗軍的強大力量牽制東都的隋軍，以便自己順利進軍長安。李密最後降唐被殺，正是他和李淵鬥智失敗的結果。

李密與瓦崗軍

李密在參加楊玄感起兵的戰爭中，未能施展其才能。參加瓦崗軍後，很快取代了翟讓的領袖地位，他積極進取，使瓦崗軍橫掃中原大地，直逼東都城下。

（一）李密參加瓦崗軍

李密，字玄邃，另字法主，其祖先是遼東人。由於其曾祖父、祖父、父親先後在北魏、西魏、北周、隋做官，遂定居長安。其父死後，以父蔭為左親侍。後因遭隋煬帝的歧視，稱病辭官，專以讀書為事。這個失意貴族，對於《漢書》尤感興趣。由於他專心讀書，得到了隋重臣楊素的賞識，從而使他有機會和楊素的兒子楊玄感成為好友。大業九年（六一三），李密參加了楊玄感推翻隋煬帝的戰爭。楊玄感失敗後，李密也曾被捕。在被解往高陽（今河北高陽東）去見隋煬帝的途中，他設法逃跑。當時，正是農民起義軍迅速發展的時候，他逃出了囚籠，就到各地農民起義軍中宣傳自己的主張。他先後到過郝孝德、王薄等起義軍，但他們都沒有重視他的主張，他最後加入了翟讓領導的瓦崗軍。

在此期間，李密非常明顯地表現出他的政治遠見。這就是他公開主張起義軍應以推翻隋煬帝政權為目標。當時，很多分散的農民起義軍領袖是沒有這種打算的。例如，平原（今山東平原）的郝孝德，當他聽了李密的意見後，很不以為然地說：「本緣饑荒，求活性命，何取別圖！」[1]另如翟讓，李密明確向他提出：「劉、項皆起布衣為帝王。今主昏於上，民怨於下，銳兵盡於遼東，和親絕於突厥，方乃巡遊揚、越，委棄東都，此亦劉、項奮起之會也。以足下雄才大略，士馬精銳，席捲二京，誅滅暴虐，隋氏不足亡也。」[2]翟讓的回答也大煞風景，他說：「吾儕群盜，旦夕偷生草間，君之言者，非吾所及也。」[3]不言而喻，郝孝德、翟讓都是沒有遠大政治目標的起義軍領袖。正因為如此，李密這個頗有政治遠見正在尋找發展機會的人加入瓦崗軍後，瓦崗軍的隊伍就迅速發展壯大起來了。

由於李密認清了當時的形勢，心懷奮鬥目標，要推翻隋煬帝的殘暴統治，所以，他後來雖然不該殺了翟讓，但還是責無旁貸地做了瓦崗軍的首領。

（二）李密在瓦崗軍中的作用

李密加入瓦崗軍後，在以下幾方面發揮了重要作用。

首先，他說服附近的一些小股起義軍，使其加入瓦崗軍，擴大了瓦崗軍的隊伍。

其次，是進兵滎陽（今河南滎陽），大敗張須陀。最初，瓦崗軍是靠截劫運河船隻維持局面的。這當然不是長久之計，針對這種情況，李密建議：「今兵眾既多，糧無所出，若曠日持久，則人馬困弊，大敵一臨，死亡無日矣！未若直取滎陽，休兵館谷，待士勇馬肥，然後與人爭利。」[4]翟讓接受了這個建議，破金堤關（今河南滎陽北），攻下了滎陽郡諸縣。進軍滎陽，擴大了地盤，有了「休兵館谷」之地，壯大了聲勢，同時，也直接威脅到洛口倉和東都了。瓦崗軍的不斷勝利，使隋朝的滎陽太守楊慶束手無策。隋煬帝遂派張須陀為滎陽通守，繼續鎮壓瓦崗軍。張須陀因鎮壓農民起義有功而號稱名將，他和翟讓先後三十餘戰，是瓦崗軍最兇惡的敵人。在多次作戰中，翟讓深知自己難以打敗張須陀，因而有遠避張須陀的打算。李密鼓勵翟讓說：「須陀勇而無謀，兵又驟勝，既驕且狠，可一戰而擒。公但列陣以待，保為公破之。」[5]根據李密的部署，翟讓先和張須陀接戰，佯裝敗退，李密於大海寺（今河南滎陽和金堤關之間）北樹林中設下埋伏，待張須陀進入埋伏圈時，李密突然率軍從後面殺出。張須陀腹背受敵，被瓦崗軍所殺。張須陀被殺，使隋軍大為震動。

在戰爭環境中，領袖的勇氣和智慧，都要通過戰爭表現出來，戰爭的勝負，是檢驗領袖人物的勇氣與智慧的尺度。瓦崗軍戰勝張須陀，非常明顯地表現了李密的組織領導才能。

再者，是奪取洛口倉，威振東都。大業十三年（六一七）二月，李密對翟讓說：「今東都空虛，兵不素練；越王沖幼，留守諸官政令不一，士民離心。段達、元文靜，闇而無謀，以僕料之，彼非將軍之敵。」要求翟讓進攻東都。同時，還派人去探聽東都虛實。東都隋軍發覺了李密的動向，加強了守備。既被敵人發覺，李密請翟讓先發制人，不要被動挨打。他說：「事勢如此，不可不發。兵法曰：『先則制於己，後則制於人。』今百姓饑饉，洛口倉多積粟，去都百里有餘，將軍若親率大眾，輕行掩襲，彼遠未能救，又先無預備，取之如拾遺耳。比其聞知，吾已獲之，發粟以賑窮乏，遠近孰不歸附！百萬之眾，一朝可集。枕威養銳，以逸待勞，縱彼能來，吾有備矣。」翟讓回答說：「此英雄之略，非僕所堪；惟君之命，盡力從事，請君先發，僕為後殿。」[6]非常明顯，李密目光遠大，有膽有識，敢於和敵人鬥爭，善於捕捉戰機；而翟讓則誠懇樸實，不嫉賢忌能，坦率地承認自己不如李密，甘願聽從李密指揮。這兩位領袖人物的合作，是戰爭取得勝利的保證。李密、翟讓帶精兵七千人，繞道陽城（今河南登封東南），向北越過方山（今河南登封北），突襲洛口倉（今河南鞏義境內）。然後「開倉恣人所取，老弱襁負，道路不絕，眾至數十萬」[7]。東都隋軍雖然組織反攻，但還是大敗而歸。

瓦崗軍屢戰屢勝，越來越顯示出了李密的作用。沒有李密，瓦崗軍不可能有這樣迅速的發展。這一點，翟讓是深有體會的。所以，他曾一再表示要推李密為主。例如，關於攻取洛口倉的問題，《通鑑考異》引《革命記》說：李密曾向翟讓建議：「洛口倉米逾巨億，請公發一札之令，使密奉之，告諸道英雄，就倉吃米，必當雲合響應，受命於公，然後稱帝號以定中原。」翟讓回答說：「就倉食米，實是上計。自顧庸賤，寧敢別創餘心；必如此謀，顧奉公為主。」[8]在取得洛口倉後，他又一次推李密為主，號為魏公。「密辟不受，諸將等固請，乃從之」[9]。

大業十三年（六一七）二月，李密於鞏縣（今河南鞏義）設壇場，即位，稱元年，其文書行下稱行軍元帥魏公府。拜翟讓為上柱國、司徒、東郡公，以單雄信、徐世勣為左右武侯大將軍。從此以後，「趙魏以南，江淮以北」的農民起義軍「莫不響應」。「道路降者不絕如流，眾至數十萬」[10]。李密又派其護軍田茂廣築洛口城，方四十里，作為瓦崗軍的政治中心。李密就這樣「後來居上」，成了瓦崗軍的領袖。

智勝李密

李淵起兵後的第一件大事，是處理和李密的關係。李密在瓦崗軍中雖然頗有建樹，但在和李淵較量中卻顯得相形見絀。

（一）李密欲為反隋盟主

翟讓雖然是主動讓位於李密的，但李密卻根本不相信翟讓那種讓賢的真心誠意。所以，溫大雅說：「密雖為讓所推，恐其圖己，恭儉自勵，布衣蔬食，所居之室，積書而已。子女珍玩，一無所取。振貸貧乏，敬禮賓客。故河汴間絕糧之士，多往依之。密又形儀眇小，讓弗之忌，遂謀殺讓，而并其眾。」這時，李密躊躇滿志，自以為「煬帝不來，翟讓已死，坐對敖倉，便有自矜之志」，於是，他致書李淵，「以天下為己任，屢有大言」。其書的大致內容是：「欲帝（李淵）為盟津之會，殪商辛於牧野，執子嬰於咸陽。其旨以殺後主（隋煬帝），執代王為意。」[11]

這時，李淵剛剛起兵，正在挺進關中途中。收到了這封來信，內心暗暗自喜。他認為這正是利用遍地反隋的熊熊烈火達到自己目的的大好機會。於是，他對親信們說：「密誇誕不達天命，適所以為君拒東都之兵，守成皋之厄，更覓韓、彭，莫如用密。宜卑辭推獎，以驕其志，使其不虞於我。（我）得入關，據蒲津而屯永豐，阻崤函而臨伊洛。東看群賊鷸蚌之勢，吾然後為秦人之漁父矣。」[12]非常明顯，李淵要利用瓦崗軍為其「拒東都之兵，守成皋之厄」，也就是他要利用瓦崗軍和東都的隋軍相持不下的機會，乘虛入關，占據長安，然後視瓦崗軍與東都隋軍互相拚殺，均遭損失的結果，坐收漁人之利。為了達到這個目的，他要對李密「卑辭推獎，以驕其志」，促使李密得意忘形，以便自己從中撈取實惠。

（二）將計就計，利用李密

大將軍府記室參軍溫大雅，根據李淵的意圖向李密寫了回信。信中說：「大會義兵，綏撫河朔，和親蕃塞，共匡天下，志在尊隋……天生烝民，必有司牧，當今為牧，非子而誰！老夫年逾知命，願不及此。欣戴大弟，攀鱗附翼，唯冀早膺圖籙，以寧兆庶！宗盟之長，屬籍見容，復封於唐，斯足榮矣。殪商辛於牧野，所不忍言，執子嬰於咸陽，非敢聞命，汾晉左右，尚須安輯，盟津之會，未暇卜期。」在這封信中，李淵對李密的吹捧，達到了無以復加的地步，同時說明自己沒有取隋而代之的打算。這種「卑辭推獎以驕」李密的手段，既是為了麻痹李密，利用李密，也是為了掩蓋其要實行改朝換代的野心。李密得信後，欣喜若狂，將信示於部下道：「唐公見推，天下不足定也。」於是，他「注意東都，無心外略」[13]。瓦崗軍專心致力於中原，李淵當然可以放心進兵關中了。

關中，歷來是兵家必爭之地。劉邦奪得關中，戰勝項羽；諸葛亮屢奪關中不成，最終蜀被魏所滅亡；隋以關中為根據地，再次統一全國。隋朝末年，關中更顯得重要。因為：其一，長安是首都所在，頗有政治影響；其二，隋煬帝建東都，修運河，進攻高麗等勞民傷財，破壞生產的活動，對關中影響較小，因而社會相對較為安定，可以做為穩定的根據地；其三，面對社會矛盾激化，戰火燃燒的山東來說，有黃河、函谷關、潼關等險要屏障，進可以攻，退可以守，有利於軍事行動。這樣一來，當時的關中必然是各家爭奪的地方。李淵把關中當作獵取的目標，也就顯得他確有遠見了。

大業九年（六一三），楊玄感起兵時，李密曾提出上、中、下三策，就是以進攻關中作為中策的。李密說：「關中四塞，天府之國……若經城勿攻，西入長安，掩其無備，天子雖還，失其襟帶。據險臨之，固當必克，萬全之勢。」[14]當楊玄感圍攻東都失敗的時候，李子雄也建議道：「不如直入關中，開永豐倉以賑貧乏，三輔可指麾而定。據有府庫，東面而爭天下，此亦霸王之業。」[15]楊玄感雖然最後採納了這個建議，但為時已晚了。

大業十三年（六一七）五月，正當李淵積極策畫起兵，瓦崗軍圍攻東都不下的時候，柴孝和又向李密建議道：「秦地阻山帶河，西楚背之而亡，漢高都之而霸。如愚意者，令仁基守回洛（倉），翟讓守洛口（倉），明公親簡精銳，西襲長安，百姓孰不郊迎，必當有征無戰。既克京邑，業固兵強，方更長驅崤函，掃蕩東洛，傳檄指撝，天下可定。但今英雄競起，實恐他人我先，一朝失亡，噬臍何及！」在這方面，李密優柔寡斷，缺乏遠見，所以他說：「君之所圖，僕亦思之久矣，誠乃上策。但昏主尚存，從兵猶眾，我之所部，並是山東人，既見未下洛陽，何肯相隨西入？諸將出於群盜，留之各競雌雄。若然者，殆將敗矣！」[16]首先，李密認為進占關中是「上策」，可見，李密在這方面的認識是前後一致的。但他又不願入關，主要是他缺乏統率部眾的能力，他認為山東人在未攻下洛陽之前不一定隨他西上，留於中原者也無人能統一指揮。這說明李密缺乏像李淵那樣，有李建成、李世民、劉文靜等一批骨幹力量，同時也不能團結一致，所以他貽誤了戰機，把進兵關中的機會輕易讓給李淵了。

武德四年（六二一），當河北農民軍的領袖竇建德與李世民率領的唐軍相持武牢（虎牢）的時候，凌敬又向竇建德建議道：「大王悉兵濟河，攻取懷州、河陽，使重將守之，更鳴鼓建旗，逾太行，入上黨，徇汾晉，趨蒲津，如此有三利：一則蹈無人之境，取勝可以萬全；二則拓地收眾，形勢益強；三則關中震駭，鄭（洛陽王世充）圍自解。為今之策，無以易此。」[17]如果竇建德威脅關中，就可以使唐軍後撤，以解洛陽之圍。可見，唐視關中為有關國家安危之地，也說明關中地位的重要。但這種「無以易此」的策略，卻也未得到竇建德的重視，因而不僅他失敗了，同時也促使李世民對東都王世充更快地取得了勝利。

在進攻關中的問題上，李淵比楊玄感、李密、竇建德等人都顯得善於捕捉戰機，更有遠見。李淵改朝換代的成功，與此有重要關係。這也說明，李淵是當時少有的政治家。

李淵攻取了關中，立代王侑為帝，首先得到了挾天子以令諸侯的權力；繼而又取代王侑而代之，名正言順地建立了堪稱「正統」的唐皇朝。由此可見，李淵對李密的勝利有非常重要的意義。

落井下石，謀殺李密

李密在中原戰場失敗，被迫向唐投降。不料，李淵視他為喪家之犬，無可用之處。李密對此極為不滿，欲東山再起，捲土重來，李淵對其卻欲擒故縱，乘機將其殺害。

（一）走投無路，被迫降唐

武德元年（六一八）九月，瓦崗軍與隋軍在洛陽的殘餘勢力王世充軍作戰失敗。李密到河陽（今河南孟縣）去見瓦崗軍將領王伯當。本來，李密還想「南阻河，北守太行，東連黎陽，以圖進取」。這種東山再起的主張，遭到部下諸將的反對。這些人勸李密道：「今兵新失利，眾心危懼，若更停留，恐叛亡不日而盡。又人情不願，難以成功。」李密無可奈何，只得決定前往長安，投靠李淵。其府掾柳爕又極力促進道：「明公與唐公同族，兼有疇昔之好；雖不陪起兵，然阻東都，斷隋歸路，使唐公不戰而據長安，此亦公之功也。」這又說明，李淵「卑辭推獎以驕」李密，利用李密，確是他順利奪取長安，建立唐朝的有效措施。

李密於十月帶領兩萬人入關的時候，李淵派人迎接，冠蓋相望，隆重異常。李密非常高興，洋洋得意地到了長安。李淵對李密非常尊重，對話常呼為弟，並將其表妹嫁給李密。但其他人就沒有這份待遇了，李密一到長陽，「有司供待稍薄，所部兵累日不得食，眾心頗怨」。而且，「朝廷又多輕之，執政者或來求賄」。這種只有李淵一人「親禮之」的情況，無疑是個陰謀，實際上是蓄意製造事端，藉故殺害李密。在政治鬥爭中，李密和李淵比較，顯然是相形見絀。兩人於大業十三年（六一七）第一次書信來往時，李淵就抓住了李密妄自尊大的弱點，以明裡恭維，暗中利用的手段取得了勝利。這時，李密已經自投羅網，當然可以任其擺布了。

正當李淵要製造事端的時候，李密卻「自負歸國之功，朝廷待之不副本望，鬱鬱不樂」。同時，又認為李淵對他大材小用，對於給他的光祿卿（掌皇宮之膳食的官）職務「深以為恥」。於是，他和王伯當密謀，打算返回山東，利用徐世勣在黎陽的軍隊，聯絡河南一帶原有的力量，企圖捲土重來。他們向李淵表示，自己願回山東，收撫其部下，幫助李淵攻取東都。李淵答應了他們的要求。有人不理解李淵的用意，認為李淵此舉是投魚於水，放虎歸山。

李淵為了表示對李密的信任，特意為他餞行，並且告訴李密：「有人確執不欲弟行，朕推赤心於弟，非他人所能間也。」

李密剛到長安時，李淵視其為上賓，但同時「朝臣又多輕之，執政者或來求賄」，隨同李密的軍隊連飯都吃不上。李密要離開時，李淵和其臣下又是截然不同的兩種態度。不難看出，李淵來軟的一手，其臣下來硬的一手，軟硬兼施，迫使李密跳入陷阱。封建社會的皇帝，有至高無上的權威，其臣下無不看其臉色行事，如果李淵要真正抬舉李密，其臣下對李密絕不敢是另一種態度；其臣下既然敢對李密另眼看待，必然是得到李淵支持的。否則，李淵這個有至尊地位的皇帝為什麼對和自己持相反態度的臣下沒有任何表示呢？

（二）欲擒故縱，謀殺李密

李密帶王伯當等人離開長安，正要出關的時候，李淵突然命令李密將其部下留一半在華州（治所在今陝西華縣），僅帶其一半出關。這時，和李密同行的長史張寶德向李淵告密，言稱李密將要叛亂。於是，李淵命李密所部慢行，並令李密單騎入朝，更受節度。這時，李密已經到達稠桑（今河南靈寶北）。這種使其中途復返的詔令，不能不使李密感到大禍將要臨頭。事實上這又是李淵的陰謀，因為張寶德告密是「恐密亡去，罪相及」，可見，他負有李淵要他監視李密的使命。既然李淵派人監視李密，當然，李密的行動必然在李淵的掌握之中。

李密感到形勢嚴重，遂殺了李淵的使者，襲取了桃林（今河南靈寶），然後，「直趨南山，乘險而東，遣人馳告故將伊州（今河南臨汝）刺史襄城張善相，令以兵接應」18。唐將盛彥師看清了李密的動向，於山中險要之處設下埋伏。但李密在進山以後，卻自以為已經脫險，擁眾徐行。不料，盛彥師率唐軍突然襲擊，李密措手不及，與王伯當等戰敗被殺。時在武德元年（六一八）十二月。

當李淵要利用李密為其牽制關東隋軍，以便順利攻取長安的時候，他用明推獎、暗利用的陰謀手段，欺騙了李密；當他改朝換代取得基本勝利，瓦崗軍遭到失敗的時候，他又用當面說好話、暗中下毒手的伎倆，殺害了李密。這說明在隋末唐初的複雜環境中，各種力量都在政治上、軍事上進行較量，各類人物都盡力施展才能，在你死我活的鬥爭中，削弱別人，壯大自己。李淵對李密在明爭暗鬥中取得勝利，充分顯示了李淵有較強的應變能力，也顯示了他足智多謀的政治才能。

註釋

1 《通鑑考異》引《革命記》語。
2 《資治通鑑》卷一八三，大業十二年十月。
3 《資治通鑑》卷一八三，大業十二年十月。
4 《舊唐書》卷五三，〈李密傳〉。
5 《隋書》卷七〇，〈李密傳〉。
6 《資治通鑑》卷一八三，義寧元年二月。
7 《舊唐書》卷五三，〈李密傳〉。
8 《資治通鑑》卷一八三，大業十二年十月。
9 《隋書》卷七〇，〈李密傳〉。
10 《資治通鑑》卷一八三，義寧元年二月。

11《大唐創業起居注》，第二四頁。
12《大唐創業起居注》，第二五頁。
13《大唐創業起居注》，第二五－二六頁。
14《舊唐書》卷五三，〈李密傳〉。
15《隋書》卷七〇，〈楊玄感傳〉。
16《舊唐書》卷五三，〈李密傳〉。
17《資治通鑑》卷一八九，武德四年四月。
18《資治通鑑》卷一八六，武德元年九月－十二月。

第四章　勇往直前，智取霍邑

李淵從太原起兵後，震動了隋在長安的代王侑，代王侑派虎牙郎將宋老生帶精兵二萬進駐霍邑（今山西霍縣），派左武侯大將軍屈突通進駐河東（今山西永濟西），企圖阻止李淵大軍南下。李淵從太原南下，霍邑首當其衝。在攻取霍邑的問題上，又一次顯示了李淵的政治和軍事才能。

進攻霍邑的決策

為了順利向長安進軍，李淵首先取和於突厥，解除了後顧之憂。在是否進軍霍邑的問題上，雖然有過爭論，但李淵認真考慮後，還是勇往直前，義無反顧地進攻霍邑。

（一）以求援之名阻止突厥南進

從太原起兵的時候，李淵曾派劉文靜去聯絡突厥。這次聯絡突厥，名義上是向突厥請求援兵，實際上是玩弄政治鬥爭的手段。當劉文靜臨行之時，李淵暗暗囑咐他道：「胡騎入中國，生民之大蠹也。吾所以欲得之者，恐劉武周引之共為邊患；又，胡馬行牧，不費芻粟，聊欲藉之以為聲勢耳。數百人之外，無所用之。」非常明顯，李淵的意圖是要劉文靜去要求突厥援助為名，行解除劉武周聯合突厥對太原威脅之實。

事實證明，李淵考慮得非常周到。當李淵第一次致書突厥始畢可汗，表示要「遠迎主上，復與突厥和親」的時候，始畢可汗答覆道：「苟唐公自為天子，我當不避寒暑，以兵馬助之。」接著，又派人向李淵當面表示：「許發兵送淵入關。」[1]始畢可汗要李淵自為天子，並且要「不避寒暑，以兵馬助之」，還要發兵送其入關，顯然是要李淵唯命是從。李淵當然不能接受。因為李淵起兵的目的，是要改朝換代，自己做統一國家的皇帝，絕不是想做割據太原一隅之地又受制於人的小天子。所以，他不希望突厥以大兵相助，只希望有數百人來壯壯聲勢就可以了。

劉武周為什麼會聯合突厥對太原形成威脅呢?劉武周原是隋鷹揚府校尉。大業十三年（六一七）二月，劉武周因與馬邑（今山西朔州）太守王仁恭的侍女私通，恐怕事洩而陰謀叛亂，他藉口王仁恭貪污受賄殺了王仁恭，自稱太守。同時，臣附於突厥。三月，突厥立劉武周為定揚可汗，劉武周也就自稱皇帝了。劉武周和突厥的關係如此密切，當然是李淵的後顧之憂。因此，李淵派劉文靜首先解決這個問題，無疑是非常正確的。

運用政治手腕解決和突厥的關係問題，是李淵的一貫思想。如前所述，在給突厥始畢可汗寫信時，用「啟」而不用「書」。又如，突厥派其柱國康鞘利送馬千匹，要與李淵進行貿易。李淵在表面上對康鞘利非常恭敬，並且還贈送康鞘利非常豐厚的禮物，但實際上只買了千匹馬中的一半較好者。有人不理解李淵的用意，認為正要起兵用馬的時候而不買馬是失策，要求用自己的私錢買下剩餘的馬匹。在不得已的情況下李淵才說出了心裡話：「虜饒馬而貪利，其來將不已，恐汝不能市也。吾所以少取者，示貧，且不以為急故也，當為汝貫之，不足為汝費。」[2]在正需要馬的時候又毫無急需用馬的表示，這和他既不願突厥以兵相助又欲藉突厥以壯聲勢，是一個問題的兩種表現。這種情況，說明對突厥是敬而遠之，表面上虛與委蛇，實際上是利用其某些方面，達到自己的目的。既然如此，劉文靜聯絡突厥的結果如何，李淵當然是非常關心的。

攻取霍邑以後，李淵兵經臨汾（今山西臨汾），又攻下絳郡（今山西新絳），到達龍門（今山西河津）。這時，劉文靜引康鞘利等突厥兵五百人，馬兩千匹來到這裡。李淵高興異常，對劉文靜說：「吾已及河，突厥始至，馬多人少，甚愜本懷。」[3]同時還稱讚劉文靜說：此「皆君將命之功也」[4]。所謂「甚愜本懷」，是因為劉文靜完全按照李淵的囑咐辦事。李淵只希望藉突厥之兵，以張聲勢，「數百人之外，無所用之」，而且希望馬多人少，以免主受客欺。更可貴的是突厥來遲，一來攻取霍邑，直達黃河，均無突厥之功；二來消除了突厥聯合劉武周進攻太原的顧慮。這些情況，正說明李淵既要利用突厥，又不願受制於突厥的矛盾心情。只有深謀遠慮的政治家、軍事家，才能運用這種既擔風險，又收到良好效果的鬥爭手段。

（二）前進與後退的爭論

李淵時時刻刻不能忘記劉武周可能勾結突厥南進的問題，這個問題果然發生，從而干擾了他的前進。也許是有人故意動搖軍心，散布謠言，企圖阻滯李淵前進，以達釜底抽薪的目的。

當李淵大軍逼近霍邑時，忽然有劉武周聯合突厥進攻太原的傳聞。在這種情況下，是前進攻取霍邑，還是後撤救應太原，是需要當機立斷的。李淵召集其重要成員與兩個兒子李建成、李世民等商討對策。有人認為：「宋老生，突厥相去不遙；李密譎誑，奸謀難測；突厥見利則行；武周事胡者也；太原一都之會，義兵家屬在焉。」這是值得考慮的問題。這種意見的傾向性非常明顯，主張還救太原。李建成、李世民都反對這種意見。他倆認為：「武周位極而志滿，突厥少信而貪利，外雖相附，內實相猜。突厥必欲遠離（求利）太原，寧肯近忘馬邑！武周悉其此勢，必未同謀。又朝廷既聞唐國舉兵，憂虞不暇，京都留守，特畏義旗。所以，驍將精兵，鱗次在近，今若卻還，諸軍不知其故，更相恐動，必有變生，營之內外，皆為勁敵。於是突厥，武周不謀而至，老生、屈突（通）追奔競來。進闕圖南，退窮自北，還無所入，往無所之，畏溺先沉，近於斯矣。」這樣對各方面力量的分析，是比較符合實際的。對突厥和劉武周的關係，既看到他們有一致的一面，又看到有矛盾的一面，比前一種意見更符合實際。如果李淵撤退，隋軍出城追擊，的確可能使李淵陷入腹背受敵的危險。

另外，李建成、李世民還分析了進攻霍邑的有利因素，並表示了一定要取勝的決心。他倆說：「且今來禾菽被野，人馬無憂，坐足有糧，行即得眾。李密戀於倉米，未遑遠略。老生輕躁，破之不疑。定業取威，在茲一決。諸人保家愛命，所謂言之者也。兒等捐軀力戰，可謂行之者也。耕織自有其人，請無他問，雨罷進軍，若不殺老生而取霍邑，兒等敢以死謝。」不考慮李密西進，完全正確。準備掠取田間的糧食，當然要損害廣大農民的利益，但這個主張卻使李淵看到了解決軍糧問題的途徑。這些因素，更加兩個兒子勇猛作戰的決心，促使李淵下定了攻取霍邑的決心。李淵非常高興地說：「爾謀得之，吾其決矣，三占從二，何藉輿言；懦夫之徒，幾敗乃公事耳。」[5]不久，太原的軍糧運到。八月，雨也停了；同時，也沒有出現劉武周勾結突厥南進的威脅。於是，李淵就開始部署進攻霍邑的戰鬥。

（三）史書的有關記載何以不同

關於進攻霍邑的決策問題，兩《唐書》和《資治通鑑》的記載與以上所引《大唐創業起居注》的有關記載有很大的差別。例如，《舊唐書》卷二〈太宗紀〉：「會久雨糧盡，高祖與裴寂議，且還太原，以圖後舉。太宗曰：『本興大義以救蒼生，當須先入咸陽，號令天下；遇小敵即班師，將恐從義之徒一朝解體。還守太原一城之地，此為賊耳，何以自全！』高祖不納，促會引發。太宗遂號泣以外，聲聞帳中。高祖召問其故，對曰：『今兵以義動，進戰則必克，退還則必散。眾散於前，敵乘於後，死亡須臾而至，是以悲耳。』高祖乃悟而止。」《新唐書》的有關記載與此大體類同。二者與《起居注》記載所不同者，是李世民一個人向李淵建議，不要回師太原；李淵不聽，李世民號哭於軍帳之外，感動了李淵，才無可奈何地說：「起事者汝也，成敗惟汝。」[6] 司馬光不同意這種看法，但他在《通鑑》中的記載和《創業注》也有區別。他認為反對回師太原的是李世民，李建成只不過是「亦以為然」，同意李世民的意見罷了。其他有關記載均與兩《唐書》基本一致。兩《唐書》與《通鑑》對有關此事的記載與《起居注》不同的關鍵，是怎樣看待李淵在太原起兵中的問題。

兩《唐書》抬高了李世民的作用，降低了李淵的作用，否定了李建成的作用。兩《唐書》的內容，必然來自《太宗實錄》。因為《通鑑考異》明確指出，關於此事「《太宗實錄》盡以為太宗之策，無建成之名，蓋沒之耳」。修撰《太宗實錄》的人，在李建成被殺，李世民取得最高統治權力以後，倍加讚頌李世民是完全可以理解的。雖然李建成與李世民共同表示願為攻取霍邑：「捐軀力戰」，而且共同：「夜追左軍復還」[7]，但把李建成與至高無上的皇帝相提並論還是不可能的。

不過，當司馬光明確表示他：「今從《創業注》」的時候，他卻遠遠離開了《創業注》的內容。例如，《創業注》中清楚地說明，是李建成、李世民共同反對從霍邑前線回師太原，而《通鑑》則認為是李世民提出了自己的主張，李建成只是表示贊成。《創業注》載，李淵非常高興地接受了兩個兒子的意見，並罵勸他回師太原的人是「懦夫」，而《通鑑》則載為李淵根本不聽李世民的建議，李世民再要陳述自己的意見時，李淵已經就寢，於是，李世民「號哭於外，聲聞帳中」，感動了李淵，他才被迫採納了李世民的建議。這些情節，和兩《唐書》的記載並無差別。不難看出，《通鑑》和《唐書》要把李淵寫成毫無推翻隋朝遠見，只是任人擺布的被動起兵者；李世民則「聰明勇決，識量過人」8，頗有政治遠見，但又事事服從其父，成全其父，成為一個標準的孝子。李淵就寢了，李世民為了其父的事業，竟然號哭於軍帳之外，取得了感動其父的效果，正說明這個問題。李淵「所以大會義兵」，「志在尊隋」9；李世民雖然有智有勇，超過其父，但又對其父一片孝心。由此可見，把李淵寫成忠臣，把李世民寫成孝子，充分反映了司馬光等人的立場和觀點。

後人為什麼要把李淵寫成忠臣，把李世民寫成孝子呢？是否可以說新、舊《唐書》和《資治通鑑》是故意要貶低李淵的作用呢？回答只能是否定的。

後晉時劉昫所修的《舊唐書》，主要的根據是唐朝的實錄、國史。《廿二史札記》卷一六〈舊唐書前半全用實錄國史舊書〉中說：「五代修唐書，雖史籍已散佚，然代宗以前，尚有紀傳，而庾傳美得自蜀中者，亦尚有九朝實錄，國史原文也。」既然如此，《舊唐書》的武德、貞觀部分也是照抄實錄、國史的。宋代成書的《新唐書》和《資治通鑑》的〈唐紀〉（前半部）部分，當然要把《舊唐書》做為主要的依據。既然三者的根據相同，結論一致，必然也共同反映了唐初實錄、國史撰者的歷史觀點。

唐朝人寫唐朝的歷史，一般說是要尊重當代皇帝的，特別是開國皇帝。李淵、李世民是共同建立唐朝的。貞觀年間的史官，如果要通過貶低李淵去抬高李世民，固然也是一種手法；但是，過於貶低李淵，對李世民也不一定光彩。封建皇帝只能美化其先人，不會貶低其先人。即使奉太宗之命修改實錄的史官也絕不會擺脫這種思想的束縛，去貶低「天資神武」的唐太宗的父親。最合乎情理的辦法是對他們都加以歌功頌德。兩《唐書》和《資治通鑑》正是繼承了唐代實錄、國史撰者的這種傳統思想的。

司馬光以夫婦關係比喻君臣關係：「婦之從夫，終身不改；臣之事君，有死無二。此人道之大倫也，苟或廢之，亂莫大焉！」因為「正女不從二夫，忠臣不事二君」是「大節」。忠臣應該「憂公如家，見危致命，君有過則強諫力爭，國敗亡則竭節致死」，否則，就是「求生害仁」[10]。按照這種理論，李淵是隋朝的地方官，即使是隋煬帝殘暴異常，胡作非為，也只能「強諫力爭」，不能起兵造反。司馬光在評論韓、趙、魏三家分晉時說：「不請於天子而自立，則為悖逆之臣，天下苟有桓、文之君，必奉禮義而征之。」[11]正是這種原因，《資治通鑑》和兩《唐書》把李淵主動起兵寫成為任人擺布者了。隋煬帝因為李淵派人對突厥作戰失利而要逮捕他，李世民、劉文靜、裴寂等人又設下圈套，使他走投無路，另外還有「李氏當應圖讖」[12]的輿論配合。在這種情況下，當然會使人覺得李淵並無意背離隋朝，況且，起兵時還曾揚言「欲大舉義兵，遠迎主上」[13]呢？後來到了長安，聽說隋煬帝被殺，還「哭之慟，曰：『吾北面事人，失道不能救，敢忘哀乎！』」[14]最後正式做了皇帝，是隋恭帝禪位，「高祖辭讓，百僚上表勸進，至於再三」[15]的結果。這樣一來，李淵真可謂忠臣了。同時，李世民也可謂孝子。當李世民勸李淵起兵反隋時，李淵故意大驚曰：「汝安得為此言，吾今執汝以告縣官！」李世民順從地說：「必欲執告，不敢辭死！」[16]服從父命至於死，當然是孝子。這正符合司馬光「父之命子不敢逆」，「逆父之命，子不孝也」[17]的思想。《新唐書》的作者歐陽修也說：「五代之際，君君臣臣父父子子之道乖，而宗廟、朝廷、人鬼皆失其序，斯可謂亂世者歟！自古未之有也。」[18]李淵在隋煬帝眾叛親離的時候還忠於他，李世民在李淵非常孤立的時候還絕對服從父命，當然是嚴守「君君臣臣父父子子之道」了。官修史書把李淵寫成「亂世」的忠臣，把李世民寫成頗有才幹的孝子，當然是對唐朝兩位皇帝的最高讚揚。顯然，這不是以拔高李世民的手段去貶低李淵，而是根據二人的不同地位和處境，給予了不同的榮譽。

關於進攻霍邑的決策，我們採用了《大唐創業起居注》的記載。因為該書的記載基本上是可信的。所謂基本上可信，是因為當時的溫大雅不可能沒有偏見。作為李淵起兵時大將軍府記室參軍，而且李淵又對他「厚禮之」[19]，當然他對李淵是會有傾向性的。例如，該書一開始就稱李淵為「帝」，顯然是不符合事實的。在這方面，《資治通鑑》是直到李淵做了皇帝以後才不再稱其為李淵的。但是，就溫大雅撰寫《大唐創業起居注》的時間看，他寫的是自己親身經歷過的歷史。《史通》卷一二〈古今正史〉載：「惟大唐之受命也，義寧、武德間，工部尚書溫大雅首撰《創業起居注》三篇。」顯而易見，溫大雅是在太原起兵過程中寫的《大唐創業起居注》。這時，李淵是以隋臣的身分，打著「尊隋」的旗號，向長安進軍的，對李淵不必有很多忌諱和顧慮，可以比較大膽地寫此書。另外，李建成、李世民爭奪太子地位的鬥爭還不存在，從而不會有什麼偏袒。例如該書中對李建成的戰功記載得不少，關於在霍邑前線是否回師太原的問題，就是把李建成、李世民相提並論的。這些問題，在當時和後來都沒有引起李世民的反感，甚至在李世民和李建成矛盾激化時，李世民還重用溫大雅，命溫大雅去鎮守洛陽，以利於他發動玄武門之變。《新唐書》卷九十一《溫大雅傳》還說：溫大雅出鎮洛陽，「數陳秘畫，多所嘉納」。由此可見，李世民對溫大雅相當重視。這都說明，《大唐創業起居注》對李世民的作用估計不像《資治通鑑》和兩《唐書》那樣高，也是符合事實的。否則李世民不會重用溫大雅，或者溫大雅也會修改此書，像兩《唐書》和《資治通鑑》那樣去突出李世民的作用。這些，都是促使我們相信《大唐創業起居注》的地方。

攻取霍邑

攻取霍邑，是李淵起兵後第一次和很有戰鬥力的隋軍進行較量。周密的軍事部署，以調虎離山之計，誘使宋老生出城，最後一舉將其殲滅，獲取全勝，正反映了李淵卓越的軍事指揮藝術。妥善處理善後問題，也體現了他的政治家風度。

（一）周密的軍事部署

本來，李淵進軍霍邑時，首先要經過賈胡堡（今山西汾西東北），賈胡堡位於霍邑西北，距霍邑五十里，傍山臨汾水，是險要之地。李淵估計宋老生要派兵堅守，但出乎所料，宋老生並未注意這個軍事重地，李淵大軍順利逼近霍邑。因此，李淵高興地說：「老生不能逆戰賈胡（堡），吾知無能為也。」

這時，李淵最擔心的是宋老生閉門守城，以致曠日持久，貽誤戰機。所以，他對兩個兒子說：「今日之行，在卿兩將。景色如此，天似為人。唯恐老生怯而不戰，閉門城守，其若之何？」李建成、李世民答道：「老生出自寒微，勇而無智，討捕小盜，頗有聲名，今來居此，必當大蒙賞勞。若不出戰，死在不疑。輕騎挑之，無憂不出。」[20]李淵對兩個兒子的分析，認為頗有道理，遂自引輕騎數百人，先到城東五六里處，以待步兵到來。另外，派李建成、李世民各率數十騎近城視察戰地。同時，又分其所部為十數隊，巡其城東南而轉向西南，似有安營攻城的架勢。宋老生在城上遙見李淵的部署，真以為李淵要近城安營，遂率軍三萬餘人，分別從東門、南門兩路出城。李淵又擔心宋老生不肯遠離城池，遂命李建成領左軍屯其東門，李世民領右軍斷南門之路。然後，他率軍後退。宋老生以為李淵畏己，直逼李淵軍。這時，李建成、李世民突然分別搶占東門和南門，斷宋老生歸路。在激戰中，李淵又散布動搖軍心的「已斬宋老生」之語。於是，隋軍潰亂，宋老生入城，城上守軍欲以繩引宋老生越城而入，待宋老生隨繩上城離地丈餘時，被李淵軍頭盧君諤等躍起而殺。李淵大獲全勝，隋軍全軍覆沒。「數里之間，血流蔽地，僵屍相枕」，李淵軍乘勝登城，「時無攻具，肉搏而上，自申至酉，遂平霍邑」[21]。順利攻取霍邑，證明李淵的軍事部署和指揮藝術都是值得讚揚的。

（二）戰後的積極策略

在這次戰鬥中，凡有戰功者，李淵都加以獎賞。但在執行這一措施時，有人不知道社會地位很低的「徒隸」是否應該同樣對待。李淵非常肯定地說：「義兵取人，山藏海納，逮乎徒隸，亦無棄者，及著功績，所司致疑。覽其所請，可謂太息。豈有矢石之間，不辨貴賤，庸勛之次，便有等差。以此論功，將何以功！黥而為王，亦何妨也。賞宜從重，吾其與之。諸部曲及徒隸征戰有功勛者，並從本色勛授。」[22]這樣一來，當然可以吸收更多的勞動人民加入其隊伍。在這方面，比起竇建德來，李淵就高明得多了。武德二年（六一九），唐朝滑州（治所在今河南滑縣）刺史王軌的奴隸殺了王軌；投奔竇建德，竇建德不僅不接受，反而說：「奴殺主為大逆」，「命立斬奴，而返軌首於滑州。」[23]顯然，竇建德受封建等級思想的束縛，不能打破貴賤有別的界限。在戰爭期間，李淵拋開這種封建思想的枷鎖，盡力吸收各層次的人員為其效力，擴大隊伍，提高軍人的戰鬥力，無疑是有利於自己改朝換代的。

對於戰敗者，李淵不僅未追究任何責任，反而安慰他們說：「老生之外，孤無所咎。縱卿不誠於孤，亦當以赤心相仰。」同時，「乃節級授官，與元從人齊等。其丁壯勝兵者，即遣從軍，配左、右領軍大都督，還取其同色同黨自相統處之，不為疑異。俘降之徒，不勝喜躍，欣若再生。其有關中人欲還者，即授五品散官放還。內外咸悅，咸思報效。」對宋老生仍以本官之禮進行安葬。自此以後，「未歸附者，無問鄉村堡塢，賢愚貴賤，咸遣書招慰之，無有不至。」[24]事實證明，李淵的這種安撫政策，發揮了瓦解隋軍，壯大自己隊伍的積極作用。

註釋

1《資治通鑑》卷一八四，義寧元年六月。
2《資治通鑑》卷一八四，義寧元年六月。
3《大唐創業起居注》，第三〇頁。
4《資治通鑑》卷一八四，義寧元年八月。
5《大唐創業起居注》，第二六－二七頁。
6《新唐書》卷二，〈太宗紀上〉。
7《資治通鑑》卷一八四，義寧元年七月。
8《資治通鑑》卷一八三，義寧元年三月。
9《資治通鑑》卷一八四，義寧元年七月。
10《資治通鑑》卷二九一，武德元年三月。
11《資治通鑑》卷一，威烈王二十三年。
12《資治通鑑》卷一八三，義寧元年四月。
13《資治通鑑》卷一八四，義寧元年六月。
14《資治通鑑》卷一八五，武德元年四月。
15《舊唐書》卷一，〈高祖紀〉。
16《資治通鑑》卷一八三，義寧元年四月。
17《溫國文正司馬公文集》卷七四。
18《新五代史》卷一六，〈唐家人傳記〉。
19《新唐書》卷九一。
20《大唐創業起居注》，第二七頁。
21《大唐創業起居注》，第二八頁。
22《大唐創業起居注》，第二九頁。
23《舊唐書》卷五四，〈竇建德傳〉。
24《大唐創業起居注》，第二九頁。

第五章　進軍關中，立代王侑為帝

奪取了霍邑以後，下一個軍事目標就是河東（今山西永濟西）。怎樣解決河東問題，雖然有過爭論，但李淵果斷決定，先監視河東，西取長安。然後兵分兩路，一路監視河東與關東隋軍的動向，一路向關中發展勢力，使李淵的隊伍迅速壯大起來。最後，兩路大軍會師，奪取隋大興城，立代王侑為帝。在這期間，李淵非常重視羅致人才，為後來實現統一，治理國家準備了許多文臣武將。

對河東攻而不取

李淵對隋河東守將屈突通的守城策略做了正確的判斷，同時，又和河西起義軍首領孫華進行聯絡，盡量爭取關中人們的支持，然後西渡黃河，進據關中。

（一）是否先取河東的爭論

當李淵兵臨黃河東岸時，河東（今山西永濟西）仍然為屈突通所據守。究竟是先西渡黃河，進據關中，還是先攻取河東，消滅屈突通所率的隋軍，是個值得考慮的問題。有一汾陰（今山西萬榮西南）人薛大鼎勸李淵道：「請勿攻河東，自龍門直濟河，據永豐倉，傳檄遠近，關中可坐取也。」李淵打算接受這種意見，但「諸將請先攻河東，乃以大鼎為大將軍府察非掾」。這就是說，李淵雖然沒有採納薛大鼎的意見，但卻任命他為大將軍府的監察官。實際上是表示重視他的意見。

接著，河東縣（即河東郡所在，今山西永濟西）戶曹任瓌又對李淵道：「關中豪傑皆企踵以待義兵。瓌在馮翊積年，知其豪傑，請往諭之，必從風而靡。義師自梁山濟河，指韓城，逼郃陽。蕭造文吏，必當望塵請服。孫華之徒，皆當遠迎，然後鼓行而進，直據永豐，雖未得長安，關中固已定矣。」李淵聽了，非常高興，立即以任瓌為銀青光祿大夫。並決定對河東攻而不取，主力部隊進軍關中。

當時，全國的形勢是農民起義軍遍地皆是，關中也不例外。而關中的多支農民起義軍中，以馮翊（今陝西大荔）孫華率領的一支隊伍比較強大。所以，任瓌在建議中特別提到孫華。李淵為了利用孫華，遂在汾陽致書於孫華。在李淵進軍至壺口（今山西吉縣西）時，孫華自郃陽（今陝西合陽）輕騎渡河見到李淵。「淵握手與坐，慰獎之，以華為左光祿大夫，武鄉縣公，領馮翊太守，其徒有功者，委華以次受官，賞賜甚厚。」然後，派孫華先回關中，準備迎接李淵渡河。接著，又派左右統軍王長諧、劉弘基及左領軍長史陳演壽、金紫光祿大夫史大奈，率步騎兵六千人自梁山（在今陝西韓城境內）渡河，駐軍於河西（今陝西大荔東舊朝邑），以待大軍。臨行時，李淵還囑咐王長諧道：「屈突通精兵不少，相去五十餘里，不敢來戰，足明其眾不為之用。然通畏罪，不敢不出，若自濟河擊卿等，則我進攻河東，必不能守，若全軍守城，則卿等絕其河梁（指蒲津橋），前扼其喉，後拊其背，彼不走必為擒矣。」[1]看來，李淵考慮非常周到。他想到了屈突通有戰與不戰的兩種可能，如果屈突通渡河而西，阻擊王長諧等，李淵就進攻河東，如果屈突通固守河東，王長諧等即可斷蒲津橋，使其孤立於河東，走投無路，既不能過河攔截李淵軍西進，又使其有腹背受敵的危險。

（二）對河東攻而不取

果然不出所料，屈突通派桑顯和率軍數千人夜襲王長諧軍。王長諧初戰不利，後因孫華、史大奈從背後襲擊，桑顯和大敗，逃回河東，並自斷蒲津橋。這時，李淵認為，「屈突通遣兵此行，事不獲已，今若進逼圍之，必不敢出。」這正是西渡黃河不可錯過的良機。於是，李淵親自率軍圍攻河東，他命李建成、李世民、裴寂等人，各率所部守備一面。自己親自登城東原上，「西望城內所為，屈突通果不敢出兵，閉門自守，城高甚峻，不易可攻。」但他看到軍人士氣高昂，遂命試登城牆，南面有千餘人應時而上，恰逢天降大雨，李淵命令登上城的軍士迅速撤下。有人不解其意，李淵向部下解釋道：「屈突（通）宿衛舊人，解安陣隊，野戰非其所長，嬰城善為捍禦。我師常勝，人必輕之，饒銳先登，恐無還路。今且示威而已，未是攻城之時。」[2]顯而易見，李淵這樣做的目的並非要真正攻取河東，而是要使不善於野戰，僅能守城的屈突通不敢出城，以使自己能順利渡河而西。所以，他說這只是「示威而已」。

在李淵將要渡河的時候，馮翊太守蕭造歸附李淵。接著，華陰（今陝西華陰）縣令李孝常，獻境內永豐倉接應李淵。後來，又有京兆萬年（今陝西西安）、醴泉（今陝西禮泉）等縣，也相繼派人和李淵接頭。李淵感到時機已經成熟，遂率大軍渡河，進駐朝邑（今陝西大荔東舊朝邑）的長春宮。這時，「三秦士庶，衣冠子弟，郡縣長吏，豪族弟兄，老幼相攜，來者如市。」[3]不難看出，關中一帶的地方官吏和百姓，都已對隋煬帝失去信心，迫切希望李淵進行改朝換代。

（三）西渡黃河的地點

李淵大軍西渡黃河是分兩次進行的。第一次，是大業十三年（六一七）八月，李淵根據任瓌的建議，派王長諧、劉弘基、陳演壽、史大奈率步騎六千人自梁山渡河。梁山位於韓城縣境內也無可惑疑。史書對這次渡河的記載是清楚的。第二次是在九月，關於這一次渡河的地點，史書都無明確記載，《大唐創業起居注》僅載：「率諸軍以次而渡。」兩《唐書・高祖紀》與《資治通鑑》也都只記載其時間，未記載其具體地點。針對這一問題，方亞光先生有專文論述。方先生認為「如果把淵軍主力所經之地作為其渡河入關的標誌，那麼，其地點應以河東郡城為宜」[4]。方先生的論證是可信的。司馬光在敘述此事時說：李淵「留諸將圍河東，自引軍而西（渡河）」。接著，就是朝邑法曹靳孝謨，「以蒲津、中潬二城降，華陰令李孝常以永豐倉降」。根據胡三省的注，蒲津，在朝邑（今陝西大荔縣東舊朝邑）境內，蒲津橋西；中潬，是在修建蒲津橋時所形成的水中小洲上所建[5]。既然如此，只能是李淵從河東郡渡河時，蒲津、中潬才首當其衝，被迫投降。永豐倉在華陰東北，距朝邑不遠，是李淵進據關中首先要奪取的目標，所以，在蒲津、中潬相繼投降後，華陰令以永豐倉降，也順理成章。

根據以上情況，把李淵率主力大軍渡河的地點確定在河東郡和朝邑之間，是最為合適的。

（四）陳叔達、于志寧、顏師古、長孫無忌來歸

在這期間，李淵不放鬆任何機會羅致人才，凡是他認為的有用者，都要盡力使其加入自己的集團。正因為如此，一些名人學士也都紛紛投靠李淵。

大業十三年（六一七）八月，李淵取得霍邑以後，接著進攻絳郡（治所在今山西新絳），絳郡通守陳叔達拒城固守。李淵攻克絳郡以後，認為陳叔達「有才學」，遂「禮而用之」[6]。

陳叔達，字子聰，陳宣帝第十六子。大業年間（六〇五—六一七），先為內史舍人，出為絳郡通守。歸附李淵後，「授丞相府主簿，封漢東郡公，與記室溫大雅同掌機密，軍書、赦令及禪代文誥，多叔達所為。」[7]武德元年（六一八），為黃門侍郎。

武德九年（六二六），太子集團與秦王集團矛盾激化，李淵欲問罪於李世民，陳叔達諫道：「秦王有大功於天下，不可黜也。且性剛烈，若加挫抑，恐不勝憂憤，或有不測之疾，陛下悔之何及！」[8]因此，李世民未被問罪。於是，貞觀年間（六二七—六四九），太宗在陳叔達有病期間還以他為禮部尚書，以表示答謝之意。太宗說：「武德時，危難潛構，知公有讜言，今以此拜（禮部尚書），有以相答。」[9]高祖信任陳叔達，不曾問罪於李世民，太宗視陳叔達為其恩人，加以重用。可見，在武德、貞觀年間，陳叔達一直是朝廷的重要成員。

于志寧，雍州高陵（今陝西高陵）人，其父于宣道是隋內史舍人。隋煬帝末年，于志寧為冠氏（今河北館陶）縣長。因反隋義軍渡河以後，他率眾於長春宮（今陝西大荔東舊朝邑境內）拜見李淵。李淵「以其有名於時，甚加禮遇，授銀青光祿大夫」。在後來的統一戰爭中，他隨李世民四方征戰，李世民為天策上將時，他為天策府從事中郎，「每侍從征伐，兼文學館學士」。貞觀三年（六二九），為中書侍郎。有一次，太宗於內殿宴請貴臣，未見于志寧，頗為奇怪，於是，有人奏道「敕召三品以上，志寧非三品，所以不來」[10]。太宗立即特令參加宴會，又加授散騎常侍（從三品散官），行太子左庶子。太宗非常重視他的諫言。高宗即位後，為了廢王氏，立武氏，特意徵求他和長孫無忌、褚遂良、李勣等人的意見。可見，他在武德、貞觀、永徽時期，都是頗為重要的人物。

顏師古，雍州萬年（今陝西西安）人，是北齊黃門侍郎顏之推之孫。本來祖居琅琊（今山東臨沂），北齊滅亡後，顏之推始居關中。「師古少傳家業，博覽群書，尤精詁訓，善屬文。」隋文帝時曾為安養（今湖北襄樊北）尉，後被免官回到長安，十年未曾為官，因其家貧，專以教授為業。

李淵渡過黃河後，他到長春宮歸附李淵，被授朝散大夫。攻取長安後，為敦煌公府文學，轉起居舍人，再遷中書舍人，專掌機密。「於時軍國多務，凡有制誥，皆成其手。師古達於政理，冊奏之工，時無及者。」

太宗即位後，因為：「經籍去聖久遠，文字訛謬，令師古於秘書省考定《五經》，師古多所釐正，既成，奏之。太宗復遣諸儒重加詳議，於時諸儒傳習已久，皆共非之。師古輒引晉、宋已來古今本，隨言曉答，援據詳明，皆出其意表，諸儒莫不嘆服。於是兼通直郎、散騎常侍，頒其所定之書於天下，令學者習焉。」[11]另外，他還為《漢書》作了注。

以上情況說明，顏師古在唐初，不僅在政治上發揮了重要作用，而且在文化上也有重要的貢獻。

長孫無忌，字輔機，北魏鮮卑貴族的後代，太宗文德皇后之兄。他：「貴戚好學，該博文史，性通悟，有籌略。」少年時代與李世民友好。李淵大軍渡河後，他於長春宮謁見李淵，被授渭北道行軍典簽。武德九年（六二六）六月，他參與了玄武門之變，為李世民奪取太子地位立下了汗馬功勞。

貞觀年間（六二七—六四九），他先後任吏部尚書，尚書右僕射，司空、司徒，封齊國公，實封一千三百戶。貞觀十七年（六四三），太宗命圖畫功臣二十四人於凌煙閣，長孫無忌為首。太宗臨終時還說：「無忌盡忠於我，我有天下，多是此人力。」[12]所以，他與褚遂良二人受遺令輔政。由此可見，長孫無忌在唐初，特別是貞觀年間，是舉足輕重的人物。

以上四人，都是後來唐初政權中的重要成員，他們在李淵建唐與統一戰爭中，以及在貞觀年間治理國家的過程中，都在不同方面發揮了重要作用。李淵收羅這些人才，正說明他有遠大的政治眼光。

兵分兩路，發展勢力

進軍關中後，李淵命李建成等駐永豐倉，監視關東與河東隋軍動向；又命李世民等率軍沿渭河以北西進，會合關中各路反隋力量，大肆擴充勢力，為進攻長安做好了準備。

（一）兵分兩路的決策

進入關中以後，下一步如何發展，是需要認真考慮的。李淵集團的骨幹人物之一裴寂建議：「屈突通擁大眾，憑堅城，吾捨之而去，若進攻長安不克，退為河東所踵，腹背受敵，此危道也。不若先克河東，然後西上。長安恃通為援，通敗，長安必破矣。」李世民立即反對道：「不然。兵貴神速，吾席累勝之威，撫歸順之眾，鼓行而西，長安之人望風震駭，智不及謀，勇不及斷，取之若振槁葉耳。若淹留自弊於堅城之下，彼得成謀修備以待我，坐費日月，眾心離沮，則大事去矣。且關中蜂起之將，未有所屬，不可不早招懷也。屈突通自守虜耳，不足為慮。」13李淵對裴寂、李世民的意見都加以認真考慮，最後決定：既要進軍長安，還要注意屈突通的動向。

李淵派李建成率司馬劉文靜，統軍王長諧、姜寶誼、竇琮諸軍數萬人，屯永豐倉，守潼關，注意關東，監視屈突通；又派李世民率統軍劉弘基，長孫順德、楊毛等諸軍數萬人西進，經高陵（今陝西高陵）、涇陽（今陝西涇陽）、雲陽（今陝西涇陽西北）、武功（今陝西武功西北）、盩厔（今陝西周至）、鄠縣（今陝西戶縣），迂迴長安。

李世民在西進途中，先在涇陽鎮壓了胡人劉鷂子的起義軍，接著又會合了李神通和平陽公主所率領的隊伍。

（二）李神通與平陽公主

李神通，名壽，字神通，是李淵的從弟，李淵從太原起兵時，他在長安。李淵起兵後，隋朝官吏要逮捕他，他就跑到京師西南的鄠縣（今陝西戶縣）山中，與京師大俠史萬寶、河東（今山西永濟西）人裴勣、柳崇禮等聚眾響應李淵。後來，他攻下戶縣，發展到一萬多人，自稱關中道行軍總管，以原樂城（今安徽亳縣東南）縣長令狐德棻為記室。在李淵過河後，他派人迎接李淵，被命為光祿大夫。

平陽公主是李淵的女兒，與丈夫柴紹本來也在長安。李淵準備起兵時，派人密召他們。柴紹對平陽公主說：「尊公將掃清多難，紹欲迎接義旗，同去則不可，獨行恐罹後患，為計若何？」平陽公主果斷地答道：「君宜速去。我一婦人，臨時易可藏隱，當別自為計矣。」柴紹遂秘密離京，奔赴太原。柴紹離京後，平陽公主就到戶縣自己的別墅，「遂散家資，招引山中亡命，得數百人，起兵以應高祖」[14]。這時，在盩厔（今陝西周至）司竹園有一西域的胡商何潘仁，正在領導著一支幾萬人的起義隊伍，自稱總管，獨立活動。平陽公主派家僮馬三寶聯絡何潘仁，幫助李神通攻下了戶縣。馬三寶還曾說服李仲文加入了平陽公主的隊伍。李仲文是李密的從父，因為李密加入瓦崗軍而受到牽連，所以他在鄠縣（今陝西眉縣東）聚眾四五千人，起兵反隋。另外，向善志、丘師利等人，也各率眾數千人進行反隋鬥爭，他們都在馬三寶的勸說下接受了平陽公主的領導。由於馬三寶東奔西走，有功於平陽公主，所以，後來李淵稱他為「英雄」，把他和西漢的家奴出身的大將衛青相提並論。

平陽公主在東起戶縣，西到眉縣的秦嶺山區，還有武功（今陝西武功）、始平（今陝西興平南）一帶，聚集七萬餘人，她「每申明法令，禁兵士勿得侵掠，故遠近奔赴者甚眾」，隊伍日益擴大；同時，其軍隊的戰鬥力也不斷增強。駐守長安的隋軍數次前往進攻平陽公主所部，屢次遭到失敗。馬三寶、何潘仁在對隋軍作戰中顯得非常勇敢。李淵聽到這些消息，興奮萬分。過了黃河以後，就派柴紹帶數百騎從華陰傍南山向西，去迎平陽公主。後來，這支隊伍在渭北與李世民會合，號稱「娘子軍」。由於平陽公主為李淵奪取關中立下了很大功勞，所以，在她死後安葬時，李淵破例下「詔加前後部羽葆鼓吹、大輅、麾幢、班劍四十人，虎賁甲卒。太常奏議，以禮，婦人無鼓吹」。李淵立即駁斥道：「鼓吹，軍樂也。往者公主於司竹舉兵以應義旗，親執金鼓，有克定之勛。周之文母，列於十亂，公主功參佐命，非常婦人之所匹也，何得無鼓吹！」[15]顯而易見，平陽公主在李淵進軍關中的過程中，確實發揮了重要作用。

另外，李淵還有個女婿叫段綸，這時也在藍田（今陝西藍田）一帶聚一萬多人，響應李淵。李世民在西進時，李神通、平陽公主、段綸所部，都先後加入了李世民的隊伍。致使李世民所部很快發展到十三萬人。

（三）令狐德棻與房玄齡來歸

令狐德棻，宜州華原（今陝西耀縣）人。由於他「博涉文史，早知名」[16]。隋煬帝末年他為藥城（今安徽亳縣東南）縣長，因為他感到隋已面臨末日，故而未去就職。李神通在鄠縣（今陝西戶縣）舉兵響應李淵後，自稱關中道行軍總管，以令狐德棻為其記室參軍。後隨李神通加入了李淵集團，被命為大丞相府記室。又歷任起居舍人，禮部侍郎。

他的主要貢獻是史學著述方面。他與陳叔達等人共撰類書《藝文類聚》，又建議高祖修撰梁、陳、周、隋等朝的歷史。貞觀年間（六二七—六四九），又參與修撰《周書》、《新禮》、《晉書》、《武德、貞觀實錄》等。

特別值得指出的是《晉書》，「尋有詔改撰《晉書》，房玄齡奏德棻令預修撰，當時同修一十八人，並推德棻為首，其體制多取決焉」。可見，他是修撰《晉書》的主要成員。

後來，他還修過《高宗實錄》三十卷。在晚年，「尤勤於著述，國家凡有修撰，無不參預」[17]。李淵收羅這樣的人才，對唐代史學的發展發揮了重要作用。

房玄齡，姓房名喬，字玄齡，齊州臨淄（今山東淄博東北）人，其父房彥謙，是隋朝的涇陽（今陝西涇陽）縣令。房彥謙死後，房玄齡被補為隰城（今山西汾陽）縣尉。李世民在西進途中，他於渭北拜謁軍門。李世民對這位自幼「聰敏，博覽經史，工草隸，善屬文」的知識分子，「一見便如舊識，署渭北道行軍記室參軍。房玄齡既遇知己，罄竭心力，知無不為。」在統一戰爭中，每次取得勝利，「眾人競求珍玩，玄齡獨先收人物，致之幕府。及有謀臣猛將，皆遇之潛相申結，各盡其死力。」[18]由此可見，房玄齡是頗有政治遠見的人物。

在玄武門之變中，房玄齡為李世民出謀畫策，立下大功，所以，貞觀年間他始終為相。而且為相的成績十分顯著。史載：「既總任百司，虔恭夙夜，盡心竭節，不欲一物失所。聞人有善，若己有之。明達吏事，飾以文學，審定法令，意在寬平。不以求備取人，不以己長格物。隨能收敘，無隔卑賤。論者稱為良相焉。」[19]貞觀十七年（六四三），他也是圖畫於凌煙閣的二十四功臣之一。晚年臨終前，太宗還親自前往與其握手敘別。死後陪葬昭陵。

房玄齡加入李淵集團，為唐初治理國家做出了重要貢獻。

奪取隋都

李世民隊伍的發展壯大，從西向東直逼長安，李建成奉命由東向西，與李世民會師於長安城外。守城隋軍，人心渙散，懼怕城陷。李淵周密部署，強攻破城，立代王侑為帝，實現了改朝換代的第一步。

（一）兩路大軍會師

李世民沿途會合各種反隋力量，於九月二十七日在盩厔（今陝西周至）派人向李淵請求，定期趕赴長安。這時，劉弘基、殷開山西取扶風（今陝西鳳翔）也獲勝而回，屯兵長安故城（即漢長安城，在今陝西西安西北）。新歸附的李仲文、何潘仁、向善志各部屯兵阿城（即秦阿房宮城，今陝西西安西）。接著，李世民也到達長安故城，與劉弘基、殷開山會合，從西和北兩個方面對長安形成了包圍。

李淵得知李世民西進的勝利消息，又看到屈突通無力量也不敢西援長安，遂命李建成駐永豐倉的主力部隊和自己一同前往長安。同時，延安（治所在今陝西延安）、上郡（治所在今陝西富縣）、睢陰（治所在今陝西綏德）諸郡，也都請降於李淵，更加擴大了李淵的勢力範圍。

十月四日，李淵到達長安，在春明門（長安外郭城東面的中門）外西北駐紮下來，李建成也進軍至西漢長樂宮（在今陝西西安西北未央區未央宮鄉）。這時，李淵把所有軍隊，會集在一起，共二十多萬。兵臨京師城下，隋代王侑的地位岌岌可危了。

（二）強攻隋都

十月十四日，李淵命各路軍圍城。十七日，李淵移居安興坊。安興坊在春明門內西北方向。在各路大軍圍城後，李淵移居安興坊，這說明外郭城並無隋軍防守。據考古工作者測定，隋大興城東西寬九七二一米，南北長八六五一・七米，周長三六・七公里[20]。在這樣大的範圍內，當時在京的隋軍極其有限，也根本無力防守。所以，李淵攻取隋京，主要是進攻皇城和宮城。

十月二十七日，李淵命令攻城。十四日李淵令諸軍圍城，二十七日才開始攻城，拖延這樣長時間，李建成、李世民都等不及了。他們共同向李淵請求道：「太原以來，所過未嘗經宿，長驅四塞，罕有不克之城。今至京師，不時早定，玩敵致寇，以挫兵鋒，又慮初附之人，私輕太原之兵無能為也。此機不小，請速部分。」李淵回答曰：「弘弩長戟，吾豈不許用之。所冀內外共知，以安天下。」正因為如此，他才屢次向守城隋軍宣布他的「尊隋夾輔之意」[21]。這就是說，李淵是希望先用政治手段解決問題，以便他能名正言順、輕而易舉地進入長安。顯然，他比李建成、李世民單純的軍事手段更為高明一些。

輔助代王侑留守長安的是刑部尚書領京兆內史衛玄，左翊衛將軍陰世師、京兆郡丞骨儀。衛玄，字文昇。隋煬帝進攻高麗時，命他輔佐代王侑留守京師，他曾積極參加鎮壓楊玄感的起兵而被隋煬帝譽為「社稷之臣」。但當農民起義遍地爆發的時候，他卻束手無策，無可奈何。大業十一年（六一五），他申請辭職，隋煬帝認為「京師國本，王業所基，宗廟陵園所在」[22]，便派人對他鼓勵一番，留任原職。當他聽說李淵兵向長安的時候，「禍恐及己，遂稱老病，無所干預」[23]。這個年逾古稀的老滑頭，就這樣為了保全自己不為其主子賣命了。

當李淵進攻長安的時候，只有陰世師、骨儀乘城拒守。李淵把李建成的兵力部署於城的東面和南面，把李世民所部安排於城的西面和北面。「城中見而失色，更無他計，惟冀屈突（通）及東都救援而已」[24]。其實，屈突通不敢離開河東，東都隋軍自身難保，當然不可能西援京師。所以，李淵攻破長安已是指日可待了。

十一月九日，軍頭雷永吉從景風門附近首先登城，衝入城中。景風門是皇城的東門，可見，首先突入城中的是李建成的部屬。李淵軍入城，隋軍很快土崩瓦解。李淵遂命：「封府庫，收圖籍，禁擄掠。軍人勿雜，勿相驚恐。太倉之外，他無所於。吏民安堵，一如漢初入關故事。」[25]

秦末，劉邦入咸陽，「封秦重寶財物府庫，還軍霸上」，當秦人向其軍士獻食時，劉邦辭而不受道：「倉粟多，非乏，不欲費人。」[26]因此，劉邦深得民心，最後戰勝項羽。李淵也重視軍紀，穩定民心，注意封存府庫檔案，他也像劉邦「還軍霸上」一樣，出城「舍於長樂宮，與民約法十二條，悉除隋苛禁。」[27]也為他取隋而代之做了準備。所以，李淵接收長安是「一如漢初入關故事」。

這時，衛玄已於城破之前憂懼成疾，病死家中；陰世師、骨儀等堅決守城者，李淵命李建成將其斬首於朱雀街道。戰爭結束了，怎樣處理和代王侑的關係，怎樣實現改朝換代，是李淵必須立即解決的問題。

(三) 立代王侑為帝

李淵打著「尊隋」的旗號起兵，這時他考慮到，以「尊隋」為手段實行改朝換代的時機還不成熟。所以，當文武將佐勸他不要像劉邦那樣，入關以後，「不即王位，項羽後至，悔無所及」的時候，他故意愀然改容道：「舉兵之始，本為社稷。社稷有主，孤何敢二，劉季不立子嬰，所以屈於項羽。孤今尊奉世嫡，復何憂哉？」[28]這段話的實質，是他認為劉邦「屈於項羽」的關鍵是沒有立子嬰為帝，所以不能挾天子以令諸侯。正因為如此，他立代王侑為帝，改大業十三年為義寧元年，遙尊隋煬帝為太上皇。實際上這是他在改朝換代道路上邁進的第一步。

十一月十五日，李淵迎代王侑即皇帝位於大興殿。代王侑時年十三歲。十七日，李淵自長樂宮入城。代王以李淵為假黃鉞，使持節，大都督內外諸軍事，尚書令，大丞相，進封唐王。以武德殿為丞相府，每天於虔化門視事。虔化門在大興殿前偏東。不難理解，在這裡視事當然是為了便於掌握小皇帝的動向。十九日，小皇帝又下詔：「軍國機務，事無大小，文武設官，位無貴賤，憲章罰賞，咸歸相府；唯效祀天地，四時禘祫奏聞。」[29]這就是說，一切軍政大權皆歸李淵，皇帝只是祭祀天地的傀儡。同時，丞相還有自己的官屬，如裴寂為長史，劉文靜為司馬。二十二日，以李建成為唐世子，以李世民為京兆尹、秦公，以李元吉為齊公。勿庸置疑，李淵的地位在皇帝之下已是無以復加了。

與此同時，正當李淵春風得意的時候，榆林（治所在今內蒙古托克托）、靈武（治所在今寧夏靈武西南）、平涼（治所在今寧夏固原）、安定（治所在今甘肅涇川）諸郡都遣使請降。這好像是為李淵擂鼓助威，搖旗吶喊，更加強了李淵的地位。

（四）姚思廉、李靖、李綱來歸

李淵進入長安後，繼續羅致人才，姚思廉、李靖、李綱，又先後加入了李淵集團。

姚思廉，字簡之，雍州萬年（今陝西西安）人。他「少受漢史於其父，能盡傳家業，勤學寡欲，未嘗言及家人產業」。在隋朝，先為漢王府參軍，後為代王侑侍讀。李淵攻破長安，「侑府僚奔駭，唯思廉侍王，不離其側」。在有軍士將登殿時，姚思廉厲聲呵斥道：「唐公舉義，本匡王室，卿等不宜無禮於王。」軍士皆愕然而立於庭下，允許姚思廉扶代王侑於順陽閣下，泣拜而去。後被稱為「忠烈之士」。武德四年（六二一），被李世民定為號稱「登瀛州」的十八學士之一。貞觀初年，又為著作郎、弘文館學士。褚亮曾稱讚他道：「志苦精勤，紀言實錄。臨危殉義，餘風勵俗。」[30]這正是太宗重用他的原因。

在史學方面，他修撰了《梁書》和《陳書》，受到賜彩絹五百段的獎勵。由此可見，在武德和貞觀初年，姚思廉對文化的發展是有重要貢獻的。

李靖，本名藥師，雍州三原（今陝西三原西北）人。他「姿貌瓌偉，少有文武材略」。其舅韓擒虎是隋朝名將，常常與李靖討論兵法，每次都對李靖大加讚賞，並撫之曰：「可與論孫吳之術者，惟斯人矣。」[31]

隋末，李靖為馬邑（今山西朔州）郡丞。他從李淵對突厥的作戰中，看出李淵頗有野心，他遂欲赴江都向隋煬帝告發李淵。但到長安後，因道路不通留居長安。李淵攻克長安後，執李靖欲斬，李靖大呼曰：「公起義兵，本為天下除暴亂，不欲就大事，而以私怨斬壯士乎！」李淵遂認為他是有用之人，將其釋放。在統一戰爭中，他輕騎經金州（今陝西安康）至夔州（今重慶奉節），沿江東下，平定蕭銑。後又東下，平定輔公祏。所以，李淵對其大加稱讚道：「李靖是蕭銑、輔公祏膏肓，古之名將韓、白、衛、霍豈能及也！」武德九年（六二六），玄武門之變爆發前，李世民曾徵求過李靖的意見，李靖表示不願參與其事。這說明李靖在當時是頗有影響的人物。

太宗即位，他又為大破突厥發揮了重要作用。貞觀十七年（六四三），他又是被圖畫於凌煙閣的二十四功臣之一。晚年，太宗稱讚他「南平吳會，北清沙漠，西定慕容」[32]，功大無比，由此可見，李靖在唐初的統一戰爭和對突厥的戰爭中是有重要貢獻的。

李綱，字文紀，觀州蓨（今河北景縣）人。他「少慷慨有志節，每以忠義自許」[33]，隋文帝時他為太子洗馬。隋末，他隱居於鄠縣（今陝西戶縣），後被起義軍首領何潘仁引為長史。李淵攻破長安後，他謁見李淵，受到歡迎，被授丞相府司錄。李淵稱帝後，為禮部尚書。

武德二年（六一九）八月，李元吉棄太原南逃，李淵欲問罪於輔佐守城的宇文歆。李綱反對李淵的做法。李綱認為輔佐李元吉守城的是竇誕和宇文歆二人，宇文歆曾多次批評李元吉的錯誤，並向他提出積極的建議，李元吉沒有理睬；竇誕對李元吉的錯誤聽之任之，沒有任何表示，責任在竇誕不在宇文歆。這對李淵是尖銳的批評。因為竇誕是李淵妻竇氏之侄，又是李淵女襄陽公主之夫，是平庸之輩。李淵不追究竇誕的責任，顯然有失公允。於是，李淵糾正自己的錯誤，不再追究宇文歆的責任。

後來，李綱又輔佐過太子李建成，提出過不少積極建議。太宗即位後，他又為太子少師，極力輔助太子，太宗對其也非常滿意。

看來，李綱也是唐初不可多得的人才。

從大丞相到皇帝

李淵欲做皇帝而先為大丞相是他玩弄政治手段。在隋煬帝死後，群僚們再三促進，他認為時機已經成熟的情況下，就名正言順地建唐稱帝了。隋、唐之際，各個割據勢力，稱王稱帝者很多，但有志於統一全國，做全國性的統一皇帝者，只有李淵一人。正因為如此，李淵順應了時代的要求，時代選擇了李淵。

（一）做皇帝的時機成熟

李淵是打著「尊隋」的旗號攻取長安的。「尊隋」，當然不能再尊隋煬帝。其一，尊隋煬帝就無法實現改朝換代；其二，隋煬帝已是天怒人怨，眾矢之的，既為廣大人民所反對，在統治集團內部也已眾叛親離，沒有任何號召力。因此，只有來一個過渡的辦法，先立代王侑為帝，然後再伺機取而代之。實際上這就是魏晉以來權臣準備取代皇帝的舊戲重演。

武德元年（六一八）三月，宇文化及等人在江都（今江蘇揚州）縊殺了隋煬帝，另立秦王浩（隋文帝第三子秦孝王俊之子）為帝。這時，長安有代王侑（隋煬帝長子元德太子昭之子），江都有秦王浩，同時都稱隋帝，當然是分庭抗禮。另外，洛陽還有個在王世充控制之下的越王侗（代王侑之弟），五月，隋煬帝被殺的消息傳到洛陽，越王侗即皇帝位，改元皇泰。除了這些打著隋朝旗號的皇帝之外，其他各地農民起義軍和地方割據勢力自稱帝或王者還為數不少。在這種情況下，李淵實行改朝換代，當然就不存在什麼篡權奪位的問題了。因此，李淵一面對隋煬帝之死假惺惺地表示萬分悲痛，一面就積極準備做皇帝了。正因為這樣，明清之際的王夫之認為：「廣已弒，代王不足以興，越王侗見逼於王世充，旦夕待弒，隋已無君，關東無尺寸之土為隋所有，於是高祖名正義順，蕩夷群雄，以拯百姓於凶危，而人得主以寧其婦子，則其視楊玄感、李密之背君父以反戈者，順逆之分，相去懸絕矣。」王夫之還認為：「解楊廣之虐政者，群盜也。」也就是說解除隋朝的暴政之苦是農民起義的功勞；但「救群盜之殺掠者，唐也；而予以宴安。惟唐俟之俟之，至於時至事起，而猶若不得已而應，則叛主之名可辭；而聞江都之弒，涕泗交流，保全代王。錄用隋氏宗支，君子亦信其非欺。人謂唐之有天下也，秦王之勇略志大而功成，不知高祖慎重之心，持之固，養之深，為能順天之理，契人之情，放道以行，有以折群雄之躁妄，綏民志於未蘇，故能折箠以御梟尤，而系國於苞桑之固，非王之所可及也」[34]。這種看法，非常正確。李淵抓住了有利時機，既可推卸以臣篡奪君位的責任，又能達到改朝換代的目的，何樂而不為呢？

在李淵準備做皇帝的過程中，也顯示出他頗有政治見解。武德元年（六一八）三月，代王侑感到大勢已去，以李淵「功德日懋，天曆有歸，欲行禪讓之禮」[35]；群僚也勸他順水推舟，接受帝位。但他卻認為時機不夠成熟。他對群僚們道：「魏氏以來，革命不少，鴻儒碩學，世有名臣。佐命興皇，皆行禪代，不量功業之本，推存揖讓之容，上下相蒙，遂為故實。寧有湯、武接於夏、殷，不憲章於堯舜；……且堯之禪舜，二聖繼踵；舜因讓禹，以明堯哲。示天下為至公，不私己於尊位。……是知非堯不能讓舜，非舜不能命禹。商、周德所不逮，有撥亂反正之功，順天行誅，逆取順守。咸以至誠兼濟，無隱神祇，三五帝王，稱茲四聖，英聲茂實，飛騰萬古。堯舜不及於子，讓德而稱帝；湯武不私於後胤，力取而為王。故道有降差，名有優劣，然立功立德，亦各一時。」在李淵看來，歷史不是一成不變的，堯舜讓位固然是美德，但湯、武稱王也有撥亂反正之功，只有堯舜時代才能出現禪位。因此，後來有人「擁兵竊命，托云輔政，擇立餘孽，頑嚚支庶，先被推崇，睿哲英宗，密加夷戮，專權任己，逼令讓位。雖欲己同於舜，不覺禪者非堯，貶德於唐、虞，見過於湯、武，豈不悖哉！魏、晉、宋、齊，為惑已甚，托言之士，須知得失」。這就是說，李淵認為魏、晉、宋、齊的禪讓，根本不同於堯舜的禪位，也區別於湯、武以功而取得王位。這種無功無德的勾當他是不幹的。這說明李淵認為歷史是發展的、變化的，不能用古代的辦法解決當前的問題。群僚們認為他的見解高明，所以私相謂曰：「相王（李淵）格論，絕後光前，發明典謨，申理誓誥，可謂君子一言，定八代之榮辱矣。」[36]這又說明李淵在統治集團中確有高明於別人之處。

隋煬帝在江都被宇文化及等謀殺以後，裴寂等二千人又一次上疏勸進曰：「臣聞天下至公，非一姓之獨有，聖人達節，與萬物而推移。故五運遞興，百王更王，春蘭秋菊，無絕終古。」言外之意，當然是要李淵對代王侑取而代之，但李淵還認為時機不夠成熟，故而「退所奏表」，同時又說：「吾知如是。」以下再無別的表示了。接著，裴寂等再次進見道：「臣等唐之將佐，茅土大位，受之唐國。陛下不為唐帝，臣等應須去官。伏願深思，容臣等有地。」這時，李淵才笑道：「裴公何相逼之深，當為審思。」李淵的態度雖然逐漸有所變化，但他仍未明確表示他要即皇帝位。最後，在裴寂等「言之甚切」再次勸進的時候，李淵的態度就明朗化了。他說：「所以逡巡至於再三者，非徒推讓，亦恐群公面訣，退為口實。」他又藉漢高祖的話說：「諸侯王推高於寡人，以為皇帝位，甚便宜於天下之民，則可矣。」[37]他表示自己和劉邦並沒有什麼區別。這是李淵內心世界的公開暴露。他之所以再三推辭者，並非不願做皇帝，而是顧慮擁戴他登皇帝位的臣僚們表裡不一，口是心非。在弄清了裴寂等人的真正心意以後，才表示他和劉邦一樣，同樣是樂意做皇帝的，但他必須在條件成熟後才公開表態。他所謂的條件成熟，一是指隋煬帝已經被殺，篡弒之罪已由宇文化及承擔；二是取得了臣僚們的真正支持。由此可見，李淵確有政治遠見。他不像李軌、王世充那樣，甘做一隅之主，而是名正言順地要做全國的皇帝。因此，在條件不成熟的時候，他絲毫不露聲色，把自己打扮成隋朝的忠臣。例如，當他剛打算從太原起兵的時候，他的態度是「大舉義兵，欲寧天下，遠迎主上」；當裴寂等人建議他「廢皇帝而立代王」時，他雖然也認識到這是「掩耳盜鐘」，但他還是說：「雖失意於後主（煬帝），幸未負於先帝（文帝）。」[38]這就是說，即使背叛隋煬帝，也不失是個忠臣。進兵長安後，他並不立即做皇帝，而是採用過渡的辦法，逐步實現其改朝換代的欲望。

（二）最有資格的取代隋帝者

李淵走完了改朝換代的過場，登上了皇帝的寶座。從其全部過程來看，李淵是最有資格成為新王朝的代理人的。因為：其一，他有政治遠見。當農民起義的烽火正在遍地燃燒的時候，他避開中原農民軍的打擊鋒芒，又利用瓦崗軍的強大力量為其牽制東都的隋軍，積極擴充勢力，壯大自己；還利用突厥為其壯大聲勢，但又不借其軍隊，以致既無後顧之憂，又不受制於人；同時，他又不像劉武周、李軌等人那樣，割據於一地，滿足於現狀，而是進軍京師，更有遠圖。其二，他積極爭取各階層人士的擁護和支持。在當時歷史條件下，「君為臣綱」的思想是占支配地位的。

隋煬帝儘管荒淫昏暴，官僚貴族也都視他為十惡不赦的罪人，但「君君、臣臣」的觀念還是根深蒂固的。因此，以臣弒君，不管在什麼情況下，都會認為是一種罪惡。宇文化及縊殺了隋煬帝，連農民軍領袖竇建德也說：「宇文化及弒逆，乃吾讎也，吾不可以不討！」[39]李淵正是在這種思想的支配下，他既不像劉武周、梁師都、李軌、薛舉那樣，割據一方，立即稱帝，成為一個地方君主；也不像宇文化及那樣，直接殺了隋煬帝，落得一個「弒逆」的罪名。他是打著「尊隋」的旗號，攻克京師，遙尊隋煬帝為太上皇，先從實際上取消了隋煬帝的帝位，又在別人殺了隋煬帝以後，受群臣擁戴而為皇帝。這樣一來，當然是名正言順地取得了統治階級的支持。其三，他做了皇帝以後，就開始統一全國。李淵剛到長安，就「以書諭諸郡縣」，使很多地方的隋朝官吏都歸附於他。另外，在打敗屈突通以後，還派李建成、李世民率軍十餘萬東征，打到洛陽附近，「東都閉門不出，遣人招諭，不應」。李世民認為：「吾新定關中，根本未固，雖得東都，不能守也。」[40]故而又撤軍西返。回到長安後，唐軍又西攻薛舉，穩定關中，為進一步取得隋朝的全部權力，統一中國打下了基礎。在這方面，不僅薛舉、李軌、梁師都、王世充等割據勢力望塵莫及，即使是李密、竇建德、杜伏威等農民起義軍的領袖也相形見絀。所以，李淵能夠實行改朝換代並不是偶然的。同時也可以說明，李淵絕不是庸庸碌碌、無所作為的任人擺布者，而是既有政治遠見，也有軍事才能的政治家、軍事家。

貞觀年間，唐太宗召見景城（在今河北滄州西）都督府錄事參軍張玄素，訪以政道。張玄素對曰：「自古以來，未有如隋室喪亂之甚，……臣又觀隋末沸騰，被於宇縣，所爭天下者不過十數人，餘皆保邑全身，思歸有道。」[41]這就是說，隋末起兵者很多，但真正有爭奪天下之意者不過十數人而已。其實，認為隋末爭奪天下的人不多是對的，但估計有十數人倒是言過其實了。如前所述，力量較大，占有一定地盤的李軌、薛舉、劉武周、梁師都、王世充、蕭銑以及農民軍領袖李密、竇建德、杜伏威等，都沒有根據可以說明他們有統一全國，建立全國政權的主張，更看不出他們有這方面的實際行動。只有李淵，在隋煬帝進攻高麗時就曾有對隋取而代之的打算，如果說那時還只是有所預謀而不敢明言想做皇帝的話，那麼，他不滿足於太原一隅之地，而起兵進攻長安，繼又統一全國的行動，就已經明白宣布了他的預謀。儘管起兵時還打著「尊隋」的旗號，但他要做皇帝的陰謀至是已暴露無遺了。他從太原起兵以後，就對建成、世民兩個兒子說：「天下神器，聖人大寶，非符命所屬，大功濟世，不可妄居。所以納揆試艱，虞登帝位；櫛風沐雨，夏會諸侯；自時厥後，膺圖甚眾。啟基創業，未有無功而得帝王者也。吾生自公宮，長於貴戚，牧州典郡，少年所為，晏樂從容，歡娛事極。饑寒賤役，見而未經，險阻艱難，聞而不冒。在茲行也，並欲備嘗。如弗躬親，恐違天旨。爾等從吾，勿欲懈怠。」[42]李淵要求兩個兒子，一定要艱苦奮鬥。他們是貴族家庭出身，懂得吃喝玩樂，沒有經過「饑寒賤役」，「險阻艱難」。所以，他要求兩個兒子要親經戰陣，知道創業的艱難與「未有無功而得帝王者」。顯而易見，李淵要艱苦創業，因功而為帝王。這種靠自己努力去實現做皇帝願望的創業者，比梁師都、劉武周依靠突厥而稱帝，比宇文化及窮途末路而稱帝，比王世充逼死越王侗而稱帝，比蕭銑靠梁宣帝曾孫的貴族身分而稱帝，當然顯得更有遠見。他有野心但不急於求成，而是胸有成竹地逐步去實現自己的計畫。由此可見，真正有資格取代隋煬帝而為全國皇帝的只有李淵一人。

武德元年（六一八）五月二十日，李淵即皇帝位於太極殿（即隋大興殿），改義寧二年為武德元年，改郡為州，以太守為刺史。從此，開始了以唐高祖為開國皇帝的唐皇朝的歷史。

註釋

1《資治通鑑》卷一八四，義寧元年八月。
2《大唐創業起居注》，第三二—三三頁。
3《大唐創業起居注》，第三三頁。
4 方亞光：〈關於李淵集團入居關中的兩個問題〉，見《齊魯學刊》一九八五年第三期。
5《資治通鑑》卷一八四，義寧元年九月。
6《資治通鑑》卷一八四，義寧元年八月。
7《舊唐書》卷六一，〈陳叔達傳〉。
8《資治通鑑》卷一九一，武德九年六月。
9《舊唐書》卷六一，〈陳叔達傳〉。
10《舊唐書》卷七八，〈于志寧傳〉。
11《舊唐書》卷七三，〈顏師古傳〉。
12《舊唐書》卷六五，〈長孫無忌傳〉。
13《資治通鑑》卷一八四，義寧元年九月。
14《舊唐書》卷五八，〈平陽公主傳〉。
15《舊唐書》卷五八，〈平陽公主傳〉。
16《舊唐書》卷七三，〈令狐德棻傳〉。
17《舊唐書》卷七三，〈令狐德棻傳〉。
18《舊唐書》卷六六，〈房玄齡傳〉。
19《貞觀政要》卷二，〈任賢〉。
20 安金槐：《中國考古》，上海古籍出版社一九九二年版，第六一六—六一七頁。
21《大唐創業起居注》，第三六—三七頁。
22《隋書》卷六三，〈衛玄傳〉。
23《隋書》卷三九，〈骨儀傳〉。
24《大唐創業起居注》，第三六頁。
25《大唐創業起居注》，第三七頁。
26《史記》卷八，〈高祖本紀〉。
27《資治通鑑》卷一八四，義寧元年十一月。
28《大唐創業起居注》，第三八頁。
29《資治通鑑》卷一八四，義寧元年十一月。
30《舊唐書》卷七三，〈姚思廉傳〉。
31《舊唐書》卷六七，〈李靖傳〉。
32《舊唐書》卷六七，〈李靖傳〉。
33《舊唐書》卷六二，〈李綱傳〉。
34《讀通鑑論》卷二〇，〈唐高祖〉。
35《大唐創業起居注》，第四六頁。
36《大唐創業起居注》，第五一—五二頁。

37《大唐創業起居注》，第五四-五七頁。
38《大唐創業起居注》，第九-一〇頁。
39《資治通鑑》卷一八七，武德二年二月。
40《資治通鑑》卷一八五，武德元年四月。
41《舊唐書》卷七五，〈張玄素傳〉。
42《大唐創業起居注》，第二一頁。

第六章　鞏固關中

唐高祖建唐稱帝，首先必須鞏固關中這塊根據地。當時，直接威脅關中的是河東（今山西永濟西）的隋軍和在金城（今甘肅蘭州）的割據勢力薛舉。河東位於東西兩京之間，原來李淵攻取長安時，就顧慮河東隋軍西進的威脅；現在建國稱帝，如果東進統一全國，河東又是前進的障礙，所以，要鞏固關中必須消滅河東隋軍。金城的薛舉，野心勃勃，時刻準備東下，進攻長安，更是高祖不可忽視的敵人。勿庸置疑，這兩項任務是鞏固關中的迫切問題。

奪取河東

本來，河東的隋軍守將屈突通在李淵西奪長安時欲援救長安，結果兵敗降唐。繼續駐守河東的堯君素在眾叛親離中被殺，餘部王行本等舉城投降，河東歸唐所有。

（一）迫使屈突通投降

李淵立代王侑為帝後，取得了挾天子以令諸侯的權力，於是，他「以書諭諸郡縣」，使「東自商洛，南盡巴蜀，郡縣長吏及盜賊渠帥，氐、羌酋長，爭遣子弟入見請降，有司復書，日以百數」1。其他各地儘管這樣順利，但河東的屈突通仍然堅持與其為敵。因此，解決河東的問題已是刻不容緩了。

李淵西進後，屈突通命堯君素留守河東，自己率軍數萬人西援長安，但為劉文靜所遏，遲遲不能前進。雙方在潼關相持一個多月，屈突通派桑顯和夜襲劉文靜營，劉文靜與左光祿大夫段志玄全力苦戰，大敗桑顯和而且盡俘其眾，屈突通感到唐軍勢不可擋，自己也面臨窮途末路。於是，有人勸他降唐。屈突通在忠君思想的支配下，痛哭流涕地說：「吾歷事兩主（文帝、煬帝），恩顧甚厚。食人之祿而違其難，吾不為也！」同時還自摩其頸曰：「要當為國家受一刀！」這樣的人，當然難以被勸說投降，當李淵遣家僮對其勸降時，屈突通立即將李淵家僮斬首。當他知道李淵已破長安，家屬已為李淵所俘時，乃留桑顯和鎮守潼關，自己引兵東去，欲赴洛陽。

屈突通剛離潼關，桑顯和即向劉文靜投降。劉文靜派遣竇琮與桑顯和率輕騎追趕屈突通，追至稠桑（今河南靈寶北），屈突通結陣防衛，竇琮命屈突通子屈突壽出面勸降。屈突通破口大罵，並命左右射箭。桑顯和知屈突通本人難以動搖，遂向其部眾說：「今京城已陷，汝輩皆關中人，去欲何之！」屈突通部眾眼看隋朝大勢已去，自己也走投無路，遂「皆釋仗而降」。在這種眾叛親離的情況下，屈突通只好束手就擒了。屈突通到了長安，李淵以他為兵部尚書，賜爵蔣公，兼秦公元帥府長史。

接著，李淵派遣屈突通到河東城下招諭堯君素，堯君素見屈突通，互相哭泣。屈突通對堯君素道：「吾軍已敗，義旗所指，莫不響應，事勢如此，卿宜早降。」堯君素對曰：「公為國大臣，主上委公以關中，代王付公以社稷。奈何負國生降，乃更為人作說客邪！公所乘馬，即代王所賜也，公何面目乘之哉！」2屈突通自感慚愧而退。

屈突通，雍州長安（今陝西西安）人，他「性剛毅，志尚忠慤，檢身清正，好武略，善騎射」[3]。在隋朝，忠於隋文帝、隋煬帝。歸附唐朝後，先後隨李世民西平薛舉，東征王世充，為高祖統一全國做出了重要貢獻。貞觀十七年（六四三），被唐太宗視為功臣圖形於凌煙閣。由此可見，高祖並未因為屈突通曾是頑固的敵人把他殺害或拒之門外，而是千方百計使他加入自己的集團並立即重用，正說明高祖是為了改朝換代的大業而不計較個人恩怨的政治家。

高祖使屈突通勸降堯君素雖然失敗，但劉文靜向東發展勢力卻有很大進展。出潼關，首先取得弘農郡（治所在今河南靈寶），繼又取得新安（今河南新安）以西的地方，顯然，矛頭已經指向東都洛陽了。

（二）王行本舉城降唐

在最後的一年中，高祖又多次派軍進攻河東，均未攻下。儘管如此，堯君素已感到岌岌可危。於是，他製一木鵝，將對越王侗的上表置於鵝頸，然後把鵝浮於黃河，順水而下，河陽（今河南孟縣）守者得木鵝，將其上表送往洛陽。越王侗雖知河東危急，但也只有嘆息而已，無可奈何，只好又給堯君素加了一個金紫光祿大夫的頭銜。當然，這也是無濟於事的。

高祖為了不戰而取河東，採取各種手段對堯君素進行勸降。先用從東都來降的龐玉、皇甫無逸對其陳述利害，又對其賜金券，許以不死，都未見效。最後，又用堯君素妻去勸降，妻勸夫道：「隋室已亡，天命有屬，君何自苦，身取禍敗。」堯君素答曰：「天下事非婦人所知。」遂「引弓射之，應弦而倒」。堯君素儘管要死心塌地地忠於隋煬帝，但由於「糧食乏絕，人不聊生，男女相食，眾心離駭」[4]。更加城中已知煬帝被殺的消息，軍心動搖，於是，河東發生內訌，堯君素左右薛琮、李楚客等人，殺君素投降唐軍。

堯君素被殺後，堯君素的親信王行本又殺薛琮、李楚客等數百人，繼續拒守河東。以獨孤懷恩為首的唐軍繼續圍困河東。這是武德元年（六一八）十二月的事。

武德二年（六一九）十月，王行本又響應劉武周反唐。武德三年（六二〇）正月，唐軍為了消滅劉武周而進攻河東，王行本因糧盡援絕，欲突圍出走，但因眾叛親離，無追隨者，故而開門出降。高祖親自到河東，斬了王行本，徹底解決了河東問題。

平定薛氏父子

薛舉是乘隋末農民起義之機，割據稱帝於金城的隋朝地方官員，他不僅不想法解除隋煬帝的暴政強加於人民的痛苦，反而變本加厲地為害於民。薛舉、薛仁果父子，相繼進攻關中，威脅長安。故而高祖命李世民率軍出征，一舉平定薛氏割據勢力。

（一）薛舉稱帝

薛舉，河東汾陰（今山西萬榮西南）人，其父薛汪，徙居金城（今甘肅蘭州）。薛舉「容貌瑰偉，兇悍善射，驍武絕倫，家產鉅萬，交結豪滑，雄於邊朔」[5]。隋朝末年，在全國各地農民起義的影響下，隴西（今甘肅隴西）一帶也爆發了農民起義。當時任金城府校尉的薛舉，奉金城令郝瑗之命，率軍數千人去鎮壓起義軍。

大業十三年（六一七）四月，薛舉與其子薛仁果6以及同謀者十三人，用陰謀手段劫持郝瑗，「矯稱收捕反者，因發兵囚郡縣官，開倉以賑貧乏。自稱西秦霸王，建元為秦興，封仁果為齊公，少子仁越為晉公」。他「掠官牧馬，招集群盜，兵鋒甚銳，所至皆下」7。有一支起義軍的領袖宗羅睺，就是在薛舉的影響下被「招集」而加入其隊伍的。

薛舉首先進攻枹罕（今甘肅臨夏東），隋將皇甫綰率軍一萬人駐守枹罕，薛舉選精銳之士兩千人襲擊隋軍。兩軍對陣，風雨交加。最初，風逆薛舉陣，皇甫綰沒有乘順風之勢迅速進攻，貽誤戰機；不久，忽然風逆轉而行，隋軍逆風而陣，氣色昏昧，軍中大亂，薛舉順風策馬而先，眾軍跟隨而進，隋軍潰亂，薛軍攻陷枹罕。接著，羌人首領鍾利俗率軍二萬人歸附薛舉。薛舉又繼續擴充勢力，先後攻克鄯州（治所在今青海樂都）、廓州（治所在今青海貴德東）等地，盡有隴西之地，眾至十三萬人。

大業十三年（六一七）七月，薛舉在金城稱帝。不久，薛仁果攻克秦州（治所在今甘肅秦安西）。又命薛仁越南進劍口（在今四川廣元南），薛仁越兵行至河池郡（治所在今陝西鳳縣東），遭到河池郡太守蕭瑀的阻擊，敗退而歸。薛舉又命其將軍常仲興西擊李軌，常仲興與李軌部將李贇大戰於昌松（今甘肅武威東南），常仲興全軍覆沒。薛舉為了減輕李軌的威脅，遂遷都於秦州。

（二）薛仁果威脅關中

大業十三年（六一七）十二月，薛仁果又東進扶風（治所在今陝西鳳翔）。本來，早在大業十年（六一四），就有一支唐弼領導的起義軍十萬人，占據扶風郡的汧源（今陝西隴縣），並且擁李弘芝做天子，唐弼自稱唐王。這時，薛舉派人招誘唐弼，唐弼派人先殺了李弘芝，然後率部投降薛舉。薛仁果為徹底兼併唐弼所部，乘唐弼不備，突然襲擊，唐弼倉皇逃往扶風，被扶風太守竇璡所殺，其眾完全併入薛仁果的隊伍。這時，薛仁果號稱三十萬人，準備進攻長安。

薛仁果得知高祖已攻克長安的消息，遂又圍攻扶風。這對正要鞏固關中的高祖來說，當然是很大的威脅。於是，高祖派李世民西進扶風，經過激戰，李世民大敗薛仁果，薛仁果狼狽潰退。

武德元年（六一八）七月，薛舉又出兵豳州（治所在今陝西彬縣）、岐州（治所在今陝西鳳翔）一帶，適逢李世民患瘧疾，委託劉文靜、殷開山主持軍務。劉、殷二人由於麻痺輕敵，被薛舉軍打得落花流水，「士卒死者什五六，大將軍慕容羅睺、李安遠、劉弘基皆沒。」[8]八月，薛仁果又進圍寧州（治所在今甘肅寧縣），郝瑗又向薛舉建議道：「今唐兵新破，將帥並擒，京師騷動，可乘勝直取長安。」薛舉接受了這個意見，但因薛舉患病，不久即死而未能行動。由此可見，薛舉是高祖鞏固關中最大的威脅。

薛舉死後，薛仁果繼承其帝位，住在折墌城（今甘肅涇川東北），繼續與唐為敵。高祖又派李世民為元帥，西征薛仁果；同時，又派人赴涼州（治所在今甘肅武威）聯絡李軌，使其從西方對薛舉形成威脅。

薛仁果叛隋，不僅沒有解除廣大人民的痛苦，反而造成了更大的社會危害。他陰險毒辣，殘酷異常，更甚於其父。薛舉「每破陣，所獲士卒皆殺之，殺人多斷舌，割鼻，或碓持之。其妻性又酷暴，好鞭撻其下，見人不勝痛而宛轉於地，則埋其足，才露腹背而捶之。由是人心不附」。薛仁果則變本加厲，他「所至多殺人，納其妻妾」。對於不投降者，「磔於猛火之上，漸割以啖軍士。初，拔秦州，悉召富人倒懸之，以醋灌鼻，或杙其下竅，以求金寶」。連薛舉也曾告誡他說：「汝智略縱橫，足辦我家事，而傷於苛虐，與物無恩，終當覆我宗社。」[9]當然，這是五十步笑百步，無濟於事。這樣一來，必然失去民心，其統治集團內部也有人敢怒不敢言，以致矛盾重重，最後眾叛親離。這些情況，都是有利於李世民進兵的。

（三）迫使薛仁果投降

十一月，李世民兵至高墌，薛仁果遣宗羅睺統兵迎戰，宗羅睺數次挑戰，李世民均置之不理，堅壁不出。唐軍諸將不理解李世民的意圖，有人請求出擊。李世民勸阻道：「我軍新敗，士氣沮喪，賊恃勝而驕，有輕我心，宜閉壘以待之。彼驕我奮，可一戰而克也。」雙方相持六十餘日，薛仁果軍糧用完，其部將梁胡郎等又率部降唐。這時，李世民認為時機已到，先命行軍總管梁實率部於淺水原（今陝西長武東北）引誘薛仁果。宗羅睺喜出望外，全力進攻，梁實守險不出，營中無水，人馬數日不飲。宗羅睺更加緊進攻。李世民看到敵軍已經疲憊不堪，遂分兵兩路，一路由右武侯大將軍龐玉率領，布陣於淺水原，一路由李世民自己率領，自淺水原以北出其不意地突然襲擊。「唐兵表裡奮擊，呼聲動地，羅睺士卒大潰，斬首數千級」。李世民親率二千騎猛衝直追，直逼折墌城下。沿途薛仁果軍多有投降。薛仁果入城拒守，妄圖頑抗。由於「守城者爭自投下」10，軍心動搖。薛仁果看到大勢已去，只得舉城投降了。

（四）蕭瑀、褚亮來歸

在平定薛氏父子期間，高祖又羅致了蕭瑀、褚亮等在唐初發揮了重要作用的人才。

蕭瑀，字時文，梁武帝的後代，隋煬帝蕭后之弟。隋朝末年，他為河池郡（治所在今陝西鳳縣東）太守。大業十三年（六一七）十二月，他應招歸附李淵，被命為禮部尚書，封宋國公。當時，「軍國草創，方隅未寧，高祖乃委以心腹，凡諸政務，莫不關掌」。他先後向高祖提出過數十條建議，多被採納。所以，高祖手敕曰：「得公之言，社稷所賴。運智者之策，以能成人之美；納諫者之言，以金寶酬其德。今賜金一函，以報智者，勿為推退。」由此可見，蕭瑀是甚得高祖重用的。

貞觀年間，也多次對李世民有所進諫，先後為晉州都督、左光祿大夫，兼領御史大夫，與宰相參議朝政。李世民認為蕭瑀是「不可以厚利誘之，不可以刑戮懼之」的「真社稷臣也」。還賜蕭瑀詩曰：「疾風知勁草，板蕩識誠臣。」[11]貞觀十七年（六四三），又為被圖形於凌煙閣的二十四功臣之一，死後陪葬昭陵。

褚亮，杭州錢塘（今浙江杭州東南）人，他「幼聰敏，好學善屬文，博覽無所不至，經目必記於心。喜遊名賢，尤善談論」。在隋朝曾為東宮學士，後因與楊玄感有私交，受到牽連，左遷為西海郡（治所在今青海青海湖西）司戶。薛舉稱帝後，以褚亮為黃門侍郎，掌管機務。薛仁果戰敗投降，李世民知其名聲，對其甚為尊重，他隨李世民到了長安。他曾勸阻高祖「以寇亂漸平，每冬畋狩」[12]。被高祖所採納。後為文學館學士、弘文館學士，常隨從李世民征伐，對統一戰爭有所貢獻。貞觀十八年（六四四），其子褚遂良隨李世民征遼東，李世民還安慰褚亮道：「疇日師旅，卿未嘗不在中，今朕薄伐，君已老，俛仰歲月，且三十載，眷言及此，我勞如何！今以遂良行，想君不惜一子於朕耳。善居加食。」[13]因其輔佐太宗有功，死後陪葬昭陵。

不戰而取河西

隋末，乘戰亂之機，李軌割據稱雄於河西（今甘肅河西走廊）。唐滅薛氏父子後，李軌意識不到高祖要統一全國的意圖，仍然堅持分裂割據，與唐分庭抗禮，唐高祖當然不能容忍其存在，遂運用了分化瓦解的手段，促使其內部矛盾激化，很快不戰而取河西。

（一）李軌稱帝於河西

河西，是指今甘肅河西走廊一帶。隋末，在這裡稱雄割據的是李軌。

李軌，字處則，武威姑臧（今甘肅武威）人。他「有機辯，頗窺書籍，家富於財，賑窮濟乏，人亦稱之」。大業末年，為鷹揚府司馬。薛舉在金城稱雄割據以後，他與同郡人曹珍、關瑾、梁碩、李贇、安修仁等密謀道：「薛舉殘暴，必來侵擾，郡官庸怯，無以御之。今宜同心戮力，保據河右，以觀天下之事，豈可束手於人，妻子分散！」他們打算舉兵稱雄，割據一方。在推舉領袖時，曹珍認為，根據讖語，「李氏當王」。於是，他們推舉李軌為首。李軌命安修仁夜間率諸胡入內苑城，製造混亂，李軌等乘機逮捕隋虎賁郎將謝統師，郡丞韋士政，李軌自稱河西大涼王，建元安樂，署置百官，成為一支不可忽視的勢力。

武德元年（六一八）冬，李軌自稱皇帝，關瑾等人欲盡殺隋官，分其家產。李軌制止道：「義兵之起，意在救焚，今殺人取物，是為狂賊。立計如此，何以求濟乎！」他以謝統師為太僕卿，韋士政為太府卿。看來，李軌的見解高明於部屬，他注意分化敵人，壯大自己，不贊成採用極端手段。在對待戰俘問題上也是如此。當薛舉對李軌用兵時，李軌部將李贇大敗薛舉於昌松（今甘肅武威東南），斬首二千級，其餘盡被俘虜。李軌命放回俘虜，李贇反對道：「今竭力戰勝，俘虜賊兵，又縱放之，還使資敵，不如盡坑之。」李軌道：「不然。若有天命，自擒其主，此輩士卒，終為我有。若事不成，留此何益？」[14]當然，李軌是希望其事有成，薛舉士卒為其所有的。所以，他把俘虜全都放了。接著，他乘勝相繼攻陷張掖（今甘肅張掖）、敦煌（今甘肅敦煌東）、西平（今青海樂都）、枹罕（今甘肅臨夏東），盡有河西五郡之地。

在李軌勢力不斷發展的同時，其內部也為爭權奪利發生了裂痕。最初，梁碩因甚有智謀而為謀主，頗受李軌重用，被命為吏部尚書。戶部尚書安修仁與李軌子李仲琰合謀譖毀梁碩欲反，於是，李軌鴆殺梁碩。此事對李軌統治集團內部有很大影響，疑懼氣氛日益濃厚。

（二）分化瓦解，俘虜李軌

武德元年（六一八）八月，高祖為了進攻薛舉，派人到涼州（今甘肅武威）聯絡李軌。李軌非常高興，派其弟李懋到長安入貢，高祖授李懋大將軍頭銜，又拜李軌為涼州總管，並封涼王。當高祖的冊封使節張俟德於第二年二月到達武威後，李軌統治集團內部對是否接受唐封號的問題發生了分歧。李軌認為：「唐天子，吾之從兄，今已正位京邑，一姓不可自爭天下，吾欲去帝號，受其封爵。」長史曹珍持相反意見說：「隋失其鹿，天下共逐之，稱王稱帝者，奚啻一人！唐帝關中，涼帝河右，固不相妨。且已為天子，奈何復自貶黜！」聽了曹珍的話，李軌又動搖了。遂派其尚書左丞鄧曉到長安入見高祖，奉書稱「皇從弟大涼皇帝臣軌」而表示「不受官爵」[15]。高祖怒不可遏，扣留了鄧曉，打算以武力解決李軌。

李軌做了一個河西一隅的皇帝，不惜對高祖稱臣、稱弟，仍然得不到允許。他奉表願高祖在長安做他頭上的皇帝，高祖卻不許他做臣屬的地方皇帝。這充分說明高祖是唯我獨尊，絕不允許中國有第二個皇帝存在。也就是說，高祖是要做全中國的至高無上者，而不是做一隅之地的割據者。李軌則鼠目寸光，缺乏政治遠見，只求在河西的小天地裡稱孤道寡，毫無統一全國的打算，這就決定了他只能為高祖所統一，別無其他選擇的餘地。

與此同時，李軌又實施了一條極其違背民意的措施，例如，有一胡巫荒謬地說：「上帝當遣玉女從天而降。」李軌「遂徵兵築台以候玉女，多所糜費，百姓患之」。由於災情嚴重，「人相食，軌傾家賑之，私家罄盡，不能用遍」。當他打算開倉濟貧時，原來投降李軌的隋朝官吏謝統師等口是心非地阻止道：「百姓餓者自是弱人，勇壯之士終不肯困，國家倉粟須備不虞，豈可散之以供小弱？」李軌接受了他的意見，「由是士庶怨憤，多欲叛之」。李軌的眾叛親離，自然為高祖進兵提供了方便。

當高祖已經決定對李軌用兵的時候，安興貴自告奮勇，願去說服李軌，歸附唐朝。安興貴是李軌戶部尚書安修仁之兄，他想利用安修仁和李軌的關係，前往武威，勸說李軌。他到武威後勸說李軌道：「涼州僻遠，人物凋殘，勝兵雖餘十萬，開地不過千里，既無險固，又接蕃戎，戎狄豺狼，非我族類，此而可久，實用為疑。今大唐據有京邑，略定中原，攻必取，戰必勝，是天所啟，非人力焉。今若舉河西之地委質事之，即漢家竇融，未足為比。」李軌聽了，初是「默然不答」，後又反唇相稽道：「昔吳濞以江左之兵，猶稱己為『東帝』；我今以河右之眾，豈得不為『西帝』。彼雖強大，其如予何？君與唐為計，誘引於我，酬彼恩遇耳。」安興貴看到李軌執迷不悟，深恐大禍臨頭，遂表面偽謝李軌道：「竊聞富貴不在故鄉，有如衣錦夜行。今闔家子弟並蒙信任，榮慶實在一門，豈敢興心，更懷他志。」16實際上，他卻暗中與弟安修仁密謀，發動兵變，圍攻李軌。

這時，李軌內部矛盾重重，互相爭鬥，從而很快分崩離析，自己也成了俘虜。至此，唐平定了河西。以後向東進軍，也就沒有後顧之憂了。這是高祖鞏固關中的又一步驟。

註釋

1 《資治通鑑》卷一八五，武德元年正月。
2 《資治通鑑》卷一八四，義寧元年十二月。
3 《舊唐書》卷五九，〈屈突通傳〉。
4 《隋書》卷七一，〈堯君素傳〉。
5 《舊唐書》卷五五，〈薛舉傳〉。
6 兩《唐書》均作「仁果」，《資治通鑑》卷一八三據《太宗實錄》及禮泉昭陵石刻等作「仁杲」，《通鑑考異》認為昭陵石刻可信，筆者從之。
7 《舊唐書》卷五五，〈薛舉傳〉。
8 《資治通鑑》卷一八五，武德元年七月。
9 《舊唐書》卷五五，〈薛舉傳〉。
10 《資治通鑑》卷一八六，武德元年十一月。
11 《舊唐書》卷六三，〈蕭瑀傳〉。
12 《舊唐書》卷七二，〈褚亮傳〉。
13 《新唐書》卷一〇二，〈褚亮傳〉。
14 《舊唐書》卷五五，〈李軌傳〉。
15 《資治通鑑》卷一八七，武德二年二月。
16 《舊唐書》卷五五，〈李軌傳〉。

第七章　打敗劉武周，太原失而復得

李淵攻取關中，留李元吉鎮守太原。李元吉疏於防守，割據於馬邑（今山西朔州）的劉武周勾結突厥南進，攻陷太原，直逼龍門（今山西河津），到達黃河岸上，對關中形成嚴重威脅。於是高祖命李世民率軍渡河，大敗劉武周，恢復了唐對太原一帶的統治。

劉武周的強大

隋末，劉武周陰謀殺害了馬邑太守王仁恭，自稱太守，後又投靠突厥，建元稱帝。接著，又借助突厥的力量，迫使李元吉放棄太原，逃回長安。由於唐軍節節敗退，高祖大為震驚。

（一）突厥卵翼下的小皇帝

劉武周的祖籍是河間景城（今河北交河東北）。他的父親劉匡遷家到馬邑（今山西朔州）。劉武周因「驍勇善射，交通豪俠」，其兄多次斥責他道：「汝不擇交遊，終當滅吾族也。」劉武周不甘忍受其兄的詈辱，遂離家赴洛（今河南洛陽），為太僕楊義臣帳內，後因參加征遼東，以軍功授建節校尉。回到馬邑，為鷹揚府校尉。

大業十三年（六一七）二月，為了掩蓋他與馬邑太守王仁恭侍女私通的醜行，遂宣言於郡中曰：「今百姓饑餓，死人相枕於野，王府尹（王仁恭）閉倉不恤，豈憂百姓之意乎！」他以這些事實來激怒眾人，果然眾人皆發憤怨。在當時全國各地都發生農民起義的時候，經他這樣煽動，自然有很多人響應。他與同郡人張萬歲等十餘人，密謀策畫，殺了王仁恭，然後「開廩以賑窮乏，馳檄境內，其屬城皆歸之，得兵萬餘人」[1]。劉武周自稱馬邑太守。

劉武周自稱太守後，歸附於突厥。隋雁門郡丞陳孝意、虎賁郎將王智辯合兵討伐劉武周。隋軍圍攻桑乾鎮（今山西雁門關西北），劉武周聯合突厥共擊王智辯，王智辯戰敗被殺，陳孝意逃回雁門（今山西代縣）。

三月，劉武周又先後攻破樓煩郡（治所在今山西靜樂）、定襄郡（治所在今內蒙古和林格爾），同時，對突厥始畢可汗進行賄賂，始畢可汗遂立劉武周為定楊可汗，送以狼頭纛，劉武周也就自命不凡，以皇帝自居，以其妻為皇后，改元天興，以衛士楊伏念為尚書左僕射，妹夫苑君璋為內史令，儼然成為一個小朝廷。

不久，劉武周就圍攻雁門，陳孝意全力拒守，並且乘機出擊，屢破劉武周。但由於沒有外援，派往江都向隋煬帝求救人員都無消息，陳孝意雖然「誓以必死，旦夕向詔敕庫俯伏流涕，悲動左右」。但由於「圍城百餘日，食盡」[2]，校尉殺陳孝意投降劉武周。

最初，上谷（今河北易縣）人宋金剛，在易州（治所在今河東易縣）聚眾一萬多人起義，後為竇建德所破，率餘眾四千人投奔劉武周。劉武周素聞宋金剛善用兵，對其前來投奔甚為高興，遂封其為宋王，委以軍事重任，並將其家產分給宋金剛一半。宋金剛也深受感動，遂休其妻，另娶劉武周之妹。他積極煽動劉武周入侵太原，南向以爭天下。劉武周授宋金剛西南道大行台，令其率軍進攻太原。

（二）攻取太原，大舉南進

武德二年（六一九）四月，劉武周引突厥進軍黃蛇嶺（今山西榆次北），距離太原近在咫尺，李元吉當然感到威脅，遂派車騎將軍張達率軍驅逐劉武周，結果張達戰敗，全軍覆沒。劉武周乘機攻陷榆次（今山西榆次）。接著，劉武周兵圍太原。五月，又攻陷石州（治所在今山西離石），殺石州刺史王儉，繼又攻占平遙（今山西平遙），對太原形成戰略上的包圍形勢。

六月，宋金剛率軍三萬進攻太原，劉武周攻陷介州（治所在今山西介休）。高祖派左武衛大將軍姜寶誼、行軍總管李仲文帶兵迎戰，結果唐軍大敗，姜寶誼、李仲文皆被俘虜，後又逃回，再和劉武周作戰。由於屢次戰敗，高祖深為憂慮，遂以他的親信右僕射裴寂為晉州道行軍總管，前往討伐劉武周。裴寂進軍介州，宋金剛據城固守。宋金剛首先斷絕唐軍的水源，待唐軍欲移營就水時，宋金剛乘唐軍因缺水所造成的困難，突然襲擊，打得唐軍狼狽逃散，潰不成軍。裴寂日夜奔馳，逃到晉州（治所在今山西臨汾）。這次作戰以後，晉州以北，除了西河（今山西汾陽）以外，全為劉武周所有了。在這種形勢下，李元吉在太原惶恐不安。

李元吉是高祖的第四子，高祖從太原起兵時，命他為「太原郡守，封姑臧郡公。尋進封齊國公，授十五郡諸軍事，鎮北大將軍，留鎮太原，許以便宜行事」。後又「進爵為王，授并州總管」[3]。

李元吉在太原，驕奢淫逸，無惡不作。他有「奴客婢妾數百人，好使之被甲，戲為攻戰，前後死傷甚眾，元吉亦嘗被傷。其乳母陳善意苦諫，元吉醉，怒，命壯士毆殺之。性好田獵，載罔詈三十車，嘗言：『我寧三日不食，不能一日不獵。』常與（竇）誕游獵，蹂踐人禾稼。又縱左右奪民物，當衢射人，觀其避箭。夜，開府門，宣淫他室。百姓怨憤，（宇文）歆屢諫不納，乃表言其狀」。竇誕、宇文歆二人，是輔佐李元吉留守太原的官員。竇誕與李元吉一道「好獵，蹂踐人禾稼」，宇文歆則屢次勸阻李元吉的這些行為，李元吉都置之不理，一如既往。宇文歆向高祖反映後，李元吉才於武德二年（六一九）二月被免官。三月，李元吉又官復原職，再為并州總管，但他並無任何收斂的表現。因而，當九月劉武周又進逼太原時，他毫無應敵之策，而是欺騙司馬劉德威說：「卿以老弱守城，吾以強兵出戰。」實際上這是脫身之計。他乘夜溜出城去，攜其妻妾奔往長安去了。劉武周兵臨城下，「土豪薛深以城納武周」。對此，高祖憤怒異常，認為是宇文歆之過，要將他斬首。禮部尚書李綱勸阻道：「王年少驕逸，竇誕曾無規諫，又掩覆之，使士民憤怒，今日之敗，誕之罪也。歆諫，王不悛，尋皆聞奏，乃忠臣也，豈可殺哉！」高祖認真思考了李綱的意見，第二天，親召李綱道：「我得公，遂無濫刑。元吉自為不善，非二人所禁也。」[4]高祖不僅赦免了宇文歆，也不追究竇誕的責任。因為他深知李元吉的所作所為是宇文歆和竇誕無力阻止的。已經做了皇帝的李淵，能夠這樣處理問題是難能可貴的。不過，太原是高祖的起家之地，太原的失守，不能不使長安大為震動。

長安面臨威脅，高祖親自為李世民出征送行

劉武周部將宋金剛大舉南進，又得到隋河東（今山西永濟西）守將王行本的響應，致使高祖

感到形勢的發展對唐極為不利，遂親自送李世民出征，徹底消滅了劉武周的勢力，收復了所有失地。

（一）長安面臨威脅

劉武周占據太原後，又派宋金剛進占晉州，俘虜了唐右驍衛大將軍劉弘基（後又逃回）。接著又直逼絳州（治所在今山西新絳），進抵龍門（今山西河津）。宋金剛長驅直入，直達黃河岸邊，無疑是對唐的極大威脅。不僅如此，宋金剛還進攻翼城（今山西翼城）、絳縣（今山西新絳）一帶，迫使裴寂節節敗退，困守在虞州（今山西運城一帶），泰州（今山西萬榮西）一隅之地。同時，原隋將堯君素在河東被殺後復又據河東的王行本，也響應劉武周反唐。另外，夏縣（今山西夏縣）人呂崇茂又聚眾自稱魏王，也響應劉武周。非常明顯，大河以東廣大地區都不為唐所有了。這對剛剛建唐稱帝的高祖來說，是非常嚴重的問題。得了關中，失了河東，這不只是數字上的增減，而是關係到高祖能否實現統一全國的願望，成為全國性的正統皇帝的大問題。所以，高祖對這個問題的處理必然是十分慎重的。

但是，史書的記載並非如此。《舊唐書》卷二〈高祖本紀〉：高祖在獲悉唐軍失敗的情況後，乃手敕曰：「賊勢如此，難於爭鋒，宜棄河東之地，謹守關西而已。」李世民立即上表道：「太原王業所基，國之根本，河東殷實，京邑所資，若舉而棄之，臣竊憤恨。願假精兵三萬，必能平殄武周，克復汾、晉。」由於李世民堅決請求出征，高祖才「悉發關中兵以益之，又幸長春宮親送太宗」。《資治通鑑》基本上照抄了這段文字。《新唐書》卷二〈太宗本紀〉有關此事的記載文字簡略，意思相同。根據這些記載，高祖的態度是悲觀、消極的，束手無策，只好欲放棄黃河以東。這種記載，難以令人置信。

高祖是個胸懷大志，頗有遠見的政治家，軍事家。在太原起兵時，他對突厥實行既妥協又聯合的政策，主要是為了防止劉武周與突厥舉兵南下，以免太原有失。鞏固太原是為奪取關中解除後顧之憂，奪取關中是為統一全國準備條件。從太原起兵到奪取長安，高祖的所作所為，如智勝突厥與李密，減少了外來的干擾；強取霍邑，掃除前進道路上的障礙；立代王侑為傀儡，自己不急於稱帝等等，無不說明他智勇兼備，對各種複雜的情況都有應變之策，絕不是遇事毫無主見，庸庸碌碌的無所作為者。即便是裴寂等人屢吃敗仗，他也不至於做出放棄大河以東的決定。

總的看來，高祖是一個積極進取者，奪得關中後，立即向巴蜀、商洛（今陝西商州）、南陽（今河南鄧縣）、安陸（今湖北安陸）、東都（今河南洛陽）一帶發展勢力。同時，又征服薛氏父子、平定李軌，全力準備統一全國。在這個時候，如果說他要放棄自己的起家之地，顯然是與他的政治抱負背道而馳的。

再就具體問題而言，李元吉丟失太原，他怒不可遏，先要問罪於宇文歆，後又歸罪於李元吉。如果他要放棄河東，豈不是犯了比丟失太原更大的錯誤嗎？他要求別人守衛太原，自己卻放棄比太原更大的地方，這怎能自圓其說呢？

另據其他史籍所載，也證明以上所載值得懷疑。例如，《舊唐書》卷五十五〈劉武周傳〉：「夏縣人呂崇茂殺縣令，自號魏王，以應賊。河東賊帥王行本又密與（宋）金剛連和，關中大駭。高祖命太宗益兵進討，屯於柏壁，相持者久之。又命永安王孝基、陝州總管于筠、工部尚書獨孤懷恩，內史侍郎唐儉進取夏縣，不能克，軍於城南。」這和《資治通鑑》卷一八七武德二年十月的有關記載大體相同，但沒有關於高祖欲放棄河東和李世民反對放棄河東的上表。若真的有高祖欲放棄河東和李世民反對放棄河東之事，劉武周應該知道此事而且有所反應。因為李孝基、于筠、唐儉、獨孤懷恩都曾被劉武周軍俘虜，特別是獨孤懷恩，早有叛唐意圖，他曾暗中勾結解縣（今山西運城西南）令榮靜、前五原縣（今陝西定邊）主簿元君寶等，欲聯合王行本和劉武周，「與山賊劫永豐倉而斷柏壁糧道，割河東地以啖武周」[5]。這樣的人被俘，必然要洩漏高祖集團的內幕。劉武周知道高祖的消極情緒，很有可能羞辱或奚落被俘者。但兩《唐書》有關這些人物的傳記中，均看不出這方面的蛛絲馬跡。連一九七八年三月出土的〈唐儉墓志銘〉中也未涉及此事。

〈唐儉墓志銘〉為許敬宗所撰，許敬宗為美化太宗而修改過實錄。太宗、唐儉均與高祖是否放棄河東的事有關，若真有此事，許敬宗在撰寫〈唐儉墓志銘〉時直接或間接地為美化太宗而提到此事也順乎情理，但墓志銘中所記的是：「俄而馬邑劉武周據有全晉，解人呂崇茂竊邑從之。寇逼三河，蹙國千里，徵發老幼，掃地興師。大將永安王全軍盡陷，公（唐儉）奉使適到，遂同其沒。」[6]顯而易見，可美化太宗的地方而未加美化，說明許敬宗尚未無中生有。

尚未無中生有是有其原因的。因為許敬宗為美化太宗而修改實錄時，唐儉尚在，和唐儉有關的事自然不能隨意歪曲，後來許敬宗為唐儉撰墓志銘當然也不能自相矛盾。但是，對高祖就不同了。修改實錄時高祖已經去世，為了美化太宗，對高祖增加一些可起襯托作用的言詞也是一種手段。不過，偶然被加上一些污點，是難以掩蓋高祖為實現自己的政治目標而勇往直前的奮鬥歷程。正因為如此，我們不相信《舊唐書・太宗紀》照抄實錄的那段話。原在太原時，突厥曾經兵臨城下，甚至進入外郭城內，李淵仍然鎮定自若，智退強敵。這時的劉武周，僅只進兵黃河東岸，遠在長安的高祖怎能驚慌失措，束手無策而放棄大河以東呢！時刻充滿進取精神的高祖，是不會知難而退、畏縮不前的。

看來，「高祖命太宗益兵進討」是事實真相。當時，李世民正鎮守長春宮，高祖親赴長春宮（在今陝西大荔東舊朝邑）為其送行，正說明高祖重視大河以東，同時也意味著高祖對李世民的最大鼓勵並寄託以收復失地的希望。這種所作所為與輕易放棄河東顯然毫無共同之處。

（二）李世民奉命出征

李世民領受了征討劉武周的任務，整軍出發。十一月，於龍門（今山西河津）乘冰堅渡河，屯兵柏壁（在今山西新絳西南），與宋金剛相持。當時「河東州縣，俘掠之餘，未有倉廩，人情恇擾，聚入城堡，徵斂無所得，軍中乏食」。李世民發出安民告示，「民聞世民為帥而來，莫不歸附，自近及遠，至者日多，然後漸收其糧食，軍食以充」。於是，李世民休兵秣馬，只令小股人馬乘機出動，擾亂敵人視線，「大軍堅壁不戰，由是賊勢日衰」[7]。

有一天，李世民親自率輕騎偵察敵情，所隨騎士四處走散，李世民獨與一名甲士登丘而睡，不料，敵軍四面合圍而來，正當危機之際，恰逢有蛇逐鼠，觸及甲士，甲士被驚醒，速喚李世民上馬，奔馳百餘步，為敵緊追，李世民用大羽箭射殺敵驍將，才使敵軍畏懼而退。蛇逐鼠這件小事，使李世民躲過一場災難，不能不說偶然因素也在影響著歷史的進程。

十二月，李世民命兵部尚書殷開山、總管秦叔寶和宋金剛部將尉遲敬德、尋相大戰於美良川（今山西夏縣北），唐軍全勝，殺敵二千餘人。尉遲敬德、尋相又率精騎援救在河東的王行本，李世民親率三千步騎從間道夜趨安邑（今山西運城東北），在安邑大敗尉遲敬德和尋相，並且悉俘其眾，然後又回柏壁。這時，唐軍諸將要求與宋金剛決戰。李世民認為：「金剛懸軍深入，精兵猛將，咸聚於是，武周據太原，倚金剛為扞蔽。軍無蓄積，以虜掠為資，利在速戰。」李世民抓住敵人「利在速戰」這個特點，他針鋒相對地提出：「閉營養銳以挫其鋒」，還分兵前進至汾州（治所在今山西汾陽）、隰州（治所在今山西隰縣），直接威脅太原，待敵「糧盡計窮，自當遁走」[8]，那時乘機殲敵，必然取勝。

武德三年（六二〇）四月，宋金剛軍中無糧，撤軍北走，李世民率軍跟蹤出擊，追至呂州（治所在今山西霍縣），大破尋相。接著，繼續北進，一晝夜行軍二百餘里，戰數十合。到高壁嶺（在今山西靈石南），總管劉弘基執轡諫曰：「大王破賊，逐北如此，功亦足矣，深入不已，不愛身乎！且士卒飢疲，宜留壁於此，俟兵糧畢集，然後復進，未晚也。」李世民鼓勵大家道：「金剛計窮而走，眾心離沮，功難成而易敗，機難得而易失，必乘此勢取之。若更淹留，使之計立備成，不可復攻矣。吾竭忠徇國，豈顧身乎！」[9]李世民身先士卒，策馬而進，將士們不敢言飢餓疲憊，跟隨向前。

一日，追擊宋金剛至雀鼠谷（在今山西介休與霍縣之間），凡八戰，接連獲勝，俘斬宋金剛部數萬人。入夜，宿於雀鼠谷西原，李世民雖然兩日不曾吃飯，三日未解甲，但他還把軍中唯一的一隻羊與將士們分而食之。能與士卒同甘共苦的統帥，必然得到將士的擁護，這正是李世民能夠屢戰屢勝的重要原因。

李世民又向介休（今山西介休）進發，宋金剛率部二萬人，出西門，背城布陣，南北七里。李世民命總管李世勣出戰，稍有失利而退。李世民則率精騎出其陣後，宋金剛腹背受敵，被殺三千人，大敗而走。李世民追擊數十里，至張難堡（在今山西介休東北），才飽食一頓。

劉武周知道了宋金剛失敗的消息，驚慌失措，走奔突厥。宋金剛欲收其餘眾，再戰唐軍，由於其眾未有從者，只得也逃奔突厥。當時，朔州（今山西朔州）還為劉武周內史令苑君璋所守，劉武周又陰謀再回朔州，被突厥所殺。宋金剛陰謀出走上谷（今河北易縣），也被突厥所殺。後來，苑君璋多次勾結突厥，向太原一帶進攻，但都沒有什麼發展，最後只得投降了唐朝。

李世民消滅了劉武周，取得了太原等原為劉武周控制的所有州縣，使河東諸郡全為唐所有。這樣一來，既可東行無阻，為攻取洛陽掃清了道路；同時，也使秦、晉連成一片，擴大了統一全國的根據地。

（三）尉遲敬德降唐

在介休之戰中，宋金剛一敗如水，逃往突厥。其部將尉遲敬德又收拾餘眾，繼續據守介休，經李世民派任城王道宗與宇文士及勸降，遂與尋相舉介休與永安（在今山西介休北）降唐。李世民對尉遲敬德降唐喜悅異常，以他為右一府統軍，仍統帥其舊部八千人。不久，尋相又叛唐，有人懷疑尉遲敬德也有叛變的可能，勸李世民將其斬首。李世民認為，尉遲敬德若要叛變，不可能在尋相之後。為了安慰尉遲敬德，他當面向尉遲敬德表示，他絕不相信別人的猜疑，如果尉遲敬德要離唐而去，他以金寶相送，表一時共事之情。實際上這是李世民促使尉遲敬德效忠於他的有力手段。也正因為如此，尉遲敬德對唐更加忠心不二了。

尉遲敬德，兩《唐書》的〈尉遲敬德傳〉均載他是朔州善陽（今山西朔州）人；〈尉遲敬德墓志銘〉[10]則認為他是河南洛陽（今河南洛陽）人。由於尉遲敬德是鮮卑貴族的後代，北魏時，鮮卑貴族由平城（今山西大同）遷到洛陽，然後又分散到各地，所以，關於尉遲敬德的籍貫，後人有不同的記載。不同的記載，有時間先後的區別，沒有正確與錯誤的不同。大業末年，他為劉武周偏將，降唐以後，先後隨李世民東征王世充、竇建德，又平定劉黑闥、徐圓朗，屢立戰功，還參與了玄武門之變，射殺李元吉，為李世民奪取太子地位立下汗馬功勞，貞觀十七年（六四三），被李世民列為凌煙閣的二十四功臣圖內，死後陪葬於昭陵。由此可見，尉遲敬德在唐初統一戰爭中發揮了重要作用。

註釋

1《舊唐書》卷五五，〈劉武周傳〉。
2《資治通鑑》卷一八三，義寧元年三月。
3《舊唐書》卷六四，〈巢王元吉傳〉。
4《資治通鑑》卷一八七，武德二年二月至九月。
5《舊唐書》卷一八三，〈獨孤懷恩傳〉。
6《昭陵碑石》，三秦出版社一九九三年版，第一三〇頁。
7《資治通鑑》卷一八八，武德二年十一月。
8《資治通鑑》卷一八八，武德二年十二月。
9《資治通鑑》卷一八八，武德三年四月。
10《昭陵碑石》，三秦出版社一九九三年出版。

第八章　東進中原，圍洛打援

在打敗薛舉、劉武周兩大直接威脅長安的勁敵之後，高祖有計畫、有步驟地開始統一全國。洛陽是隋東都，又是運河的中心，在政治、軍事、經濟各方面都占有重要地位。所以，進兵中原，首先必須消滅占據在洛陽的王世充。由於河北竇建德起義軍的援洛，為消滅王世充增加了困難。但李世民機智、果斷，採用圍洛打援的策略，取得了一箭雙鵰的效果，使王世充、竇建德兩大集團均告覆滅，為統一中原取得了決定性勝利。

統一中原的先遣者李神通

高祖即位後，立即注意中原。武德元年（六一八）十月，遣李神通為山東道安撫大使，進兵關東，先擊敗宇文化及，後又擊敗竇建德。由於兵力不強，雖未取得太大勝利，但為擴大唐的影響，發展唐的勢力，發揮了積極作用。

（一）李神通對統一中原的貢獻

李神通加入高祖的隊伍以後，於武德元年（六一八）六月被封為永康王，不久，又改為淮安王。

他是首先進入中原的先遣隊。

本來，武德元年正月，高祖尚未即位時就派李建成、李世民進軍東都。但由於關中尚不鞏固，遂於四月撤回。但這足以說明高祖非常重視中原，而且時刻準備統一中原。

當薛舉、劉武周虎視眈眈，直接威脅關中時，高祖自然必須以主要力量對付他們。但就在這時，高祖仍然不忘向中原發展勢力。即便是暫時不能以武力征服，而見縫插針，在王世充與竇建德兩大勢力之間乘虛而入，發展勢力，也是十分有利的。於是，高祖於十月命李神通為山東道安撫大使，山東諸軍並受其節度，還以崔民幹為副使，向山東進發。

武德二年（六一九）正月，李神通進攻從江都（今江蘇揚州）北返盤踞於魏縣（今河北大名西南）的宇文化及。宇文化及戰敗，東走聊城（今山東聊城東北），李神通乘勝追擊，進圍聊城。

宇文化及糧食用盡，極其困難，請求投降，李神通不許。副使崔民幹勸李神通接受其投降，李神通反對道：「軍士暴露日久，賊食盡計窮，克在旦暮，吾當攻取以示國威，且散其玉帛以勞將士，若受其降，將何以為軍賞乎！」崔民幹進一步申述己見道：「今建德方至，若化及未平，內外受敵，吾軍必敗。夫不攻而下之，為功甚易，奈何貪其玉帛而不受乎！」[1]李神通欲破敵以示國威，有一定積極意義；但在已經取得勝利，迫使宇文化及窮途末路的時候，拒不受降，倒是坐失良機了。崔民幹看到竇建德已經逼近，面臨兩面受敵的危險，不可放過事半功倍的機會，頗有遠見，是從實際出發。但崔民幹卻被李神通囚於軍中。

李神通的錯誤決策，使宇文化及贏得了時間，宇文士及很快從濟州（今山東聊城西南）運來軍糧。宇文化及得到糧食，又與李神通對陣。李神通督兵攻城，貝州（治所在今河北清河西北）刺史趙君德攀堞先登，李神通又擔心趙君德功大影響他的地位，遂收兵不戰，趙君德大罵而下，失去了破城的機會。正當此時，竇建德趕到，李神通被迫退兵。結果，竇建德順利消滅了宇文化及的殘餘勢力。

竇建德俘虜了宇文化及的民部尚書鄭善果，竇建德所部對其甚為無禮，鄭善果奔赴相州（治所在今河南安陽）投靠了李神通。李神通執行高祖羅致人才的政策，將鄭善果送往長安。高祖對鄭善果甚為重視。

鄭善果，鄭州滎澤（今河南鄭州西北）人，隋末為右光祿大夫，隨隋煬帝到江都（今江蘇揚州）。隋煬帝被殺後，他又隨宇文化及到達聊城，因守城中箭被俘。鄭善果在隋朝就因「居官儉約，蒞政嚴明，與武威太守樊子蓋考為天下第一」，隋煬帝對其「各賞物千段，黃金百兩，再遷大理卿」。投唐以後，高祖待之甚厚，先為太子左庶子，檢校內史侍郎，對太子「數盡忠言，多所匡諫」。後又為檢校衛大理卿，兼民部尚書，「正身奉法，甚有善績」[2]，不難看出，李神通送鄭善果到長安，為高祖集團增加了人才。

與此同時，還有兩個隋朝的官員向唐投降，這就是封倫和宇文士及。

封倫，字德彝，觀州蓨（今河北景縣）人。隋文帝時為內史舍人，他善於對皇帝察顏觀色，見機行事。所以，當時有人稱他「多揣摩之才，有附托之巧」[3]。隋煬帝喜人歌頌，不愛聽人批評，於是，他就幫助虞世基「密為指畫，宜行詔命，諂順主心；外有表疏如忤意者，皆寢而不奏；決斷刑法，多峻文深詆；策勛行賞，必抑削之，故世基之寵日隆，而隋政日壞，皆倫所為也」。宇文化及聊城失敗以後，他與宇文士及共同降唐。高祖先以他為內史舍人，後為內史侍郎。他看到高祖與隋煬帝是截然不同的皇帝，於是，便屢次向高祖進獻良策。

高祖經過始皇陵時，問封倫道：古代帝王為什麼耗費大量人力財力修建陵墓。封倫答道：「上之化下，猶風之靡草。自秦、漢帝王盛為厚葬，故百官眾庶競相遵仿。凡是古冢丘封，悉多藏珍寶，咸見開發。若死而無知，厚葬深為虛費；若魂而有識，被髮豈不痛哉。」高祖對封倫的回答頗感滿意，遂對封倫說：「從今之後，宜自上導下，悉為薄葬。」後來，他隨李世民進攻洛陽。因出兵日久，高祖有意暫時撤軍，李世民派封倫回長安，向高祖陳述前方陣勢，要求繼續圍攻洛陽。封倫對高祖說：「世充得地雖多，而羈縻相屬，其所用命者，唯洛陽一城而已，計盡力窮，破在旦夕。今若還兵，賊勢必振，更相連結，後必難圖。未若乘其已衰，破之必矣。」在攻取洛陽勝利以後，高祖喜悅異常地對侍臣說：「朕初發兵東討，眾議多有不同，唯秦王請行，封倫贊成此計。昔張華協同晉武，亦復何以加也。」

在對待突厥的問題上，封倫的「勝而後和，恩威兼著」4的策略，和高祖是不謀而合，甚得高祖讚賞。

封倫對隋煬帝是揣摩其心理，阿諛逢迎，促使其走上絕路；對唐高祖則從實際出發，為其出謀畫策，促使其勵精圖治，作戰勝利。這樣，並非封倫厚此薄彼，關鍵是隋煬帝與唐高祖的政治作風不同。隋煬帝飾非拒諫，唐高祖善聽良策，故而導致封倫的兩種態度。從這方面又可以說明，唐高祖確實是一位很有作為的政治家。

宇文士及，雍州長安（今陝西西安）人，宇文化及之弟。隋煬帝時為尚輦奉御，與時任殿內少監的李淵深有交往。後隨宇文化及從江都到達黎陽（今河南浚縣）時，曾暗中派人和高祖取得聯繫。到了魏縣（今河北大名西），宇文士及勸宇文化及降唐，被宇文化及拒絕。宇文化及失敗後，他與封倫降唐。後隨李世民東征洛陽，以功進爵郢國公，遷中書侍郎，再轉太子詹事。太宗即位後，又為中書令。在唐初的統一戰爭及治理國家中有相當貢獻。

鄭善果、封倫、宇文士及降唐，雖然各自情況不同，但都是在李神通打敗宇文化及的前提下出現的。因此可以這樣說，以上三人降唐，李神通起了很大的推動作用。換言之，李神通為他們發揮社會作用創造了條件。

李神通在聊城失利後，退保相州（治所在今河南安陽）。竇建德進逼相州，李神通又退到李世勣據有的黎陽。

武德二年（六一九）十月，竇建德進攻黎陽，攻陷黎陽後，俘虜了李神通、李世勣的父親李蓋、魏徵、高祖妹同安公主。李世勣本來走脫，後知其父被俘，遂又回降竇建德。李神通被安置在下博（今河北武邑西北），竇建德以客禮相待。武德四年（六二一）五月，竇建德已經援洛失敗被俘，於是，竇建德的博州（即聊城，在今山東聊城東北）刺史馮士羨又推舉李神通為慰撫山東使，占領三十餘州，原來竇建德的地盤全為其所有。七月，高祖聞知劉黑闥起兵反唐，遂以李神通為山東道右僕射，配合其他唐軍，消滅劉黑闥。

九月，李神通會合新到的關中兵和幽州（治所在今北京）總管李藝所部，又發邢（治所在今河北邢台）、洺（治所在今河北永年東）、相（治所在今河南安陽）、魏（治所在今河北大名東北）、恆（治所在今河北正定）、趙（治所在今河北趙縣）等各州兵共五萬餘人，與劉黑闥大戰於饒陽（今河北饒陽）城南。因風雪交加，風向不利於唐軍，結果李神通大敗，人馬軍資損失三分之二。

總的看來，李神通到山東並沒有太大的戰功，因此，當後來太宗論功行賞，他對自己功勞次於房玄齡表示不滿時，太宗指責他說：「山東未定，守委專征，建德南侵，全軍陷沒；及劉黑闥翻動，叔父望風而破。」所以，他不能和有「籌謀帷幄定社稷功」[5]的房玄齡、杜如晦相比。太宗所謂的「籌謀帷幄定社稷功」，主要是指房、杜為發動玄武門之變出謀畫策。這一點，李神通難以理解。但根據他對竇建德、劉黑闥作戰失利而認為他無功可言也是錯誤的。

李神通進兵山東時，正是高祖以主要精力解決薛舉、劉武周、王世充問題的時候。李世民所統帥的主力大軍，先在西北，後到河東，繼又到洛陽，都在主要戰場上。李神通所部數量有限，也缺乏能征善戰的軍事人才。饒陽城南之戰，他的軍隊最多時有五萬餘人，其中新到的關中兵僅三千人，其餘都是從原來竇建德的地盤上臨時湊合起來的。這樣的軍隊，難以統一指揮，互相協調。自然不易取勝。同時，李神通出征時高祖也沒對他提出具體要求，不像李世民出征時有平薛軍、消滅劉武周、取洛陽等明確的任務。所以，僅從戰爭的勝負衡量李神通有無貢獻是欠公允的。

李神通是山東道安撫大使。他的任務是「安撫」，但還能打敗宇文化及，宣揚了唐的國威，已是難能可貴了。同時，他又在原來李密的勢力範圍內，王世充與竇建德兩大勢力之間，積極發展力量，擴大唐的影響，使一些有用的人才對唐嚮往，歸附於唐，為唐統一全國創造有利條件。這就是李神通力所能及的貢獻，要求他像李世民、李靖那樣，戰勝強敵，統一廣大地區，是脫離實際的。

（二）魏徵和李世勣

在以上所談李神通對唐的貢獻中，曾涉及到魏徵和李世勣。這是唐初兩個十分重要的人物，需要介紹一下他們加入高祖集團的經過。

魏徵，字玄成，巨鹿下曲陽（今河北晉縣）人[6]。少年家貧，曾為道士，「好讀書，多所通涉，見天下漸亂」，特別注意「縱橫之說」[7]。參加瓦崗軍後，十次獻策於李密，李密雖感驚奇但不採用。

武德元年（六一八）九月，李密與王世充大戰於偃師（今河南偃師）。當時，由於李密與宇文化及之戰剛剛結束，李密雖然取勝，但也損失慘重，急待休整。所以，魏徵主張加強防禦，盡量避免決戰。結果，魏徵自認為的「奇謀深策」被視為「老生之常談」，致使瓦崗軍徹底失敗。瓦崗軍失敗後，魏徵隨李密到達長安。

到長安不久，魏徵要求出使山東。高祖以他為秘書丞，使他前往黎陽（今河南浚縣）。這時的黎陽，仍為李密原部將徐世勣鎮守。他致書徐世勣，勸其降唐。徐世勣雖決定降唐，但又認為應通過李密獻其土地，表示他並不背叛李密。他對郭孝恪說：「此民眾土地，皆魏公（李密）有也；吾若上表獻之，是利主之敗，自為功以邀富貴也，吾實恥之。今宜籍郡縣戶口士馬之數以啟魏公，使自獻之。」他命郭孝恪赴長安向李密說明他的本意。高祖知道此事後，稱讚徐世勣「不背德，不邀功，真純臣也！」[8]遂賜其姓李，使其與郭孝恪經略虎牢關以東之地。

事實證明，李世勣降唐是魏徵出使山東的一大功勞。

武德二年（六一九）十月，竇建德進攻黎陽，魏徵被俘。竇建德失敗後，他又回到長安。太子李建成知其頗有名聲，以其為洗馬。在太子集團和秦王集團矛盾激化時，他曾勸李建成除掉李世民。玄武門之變後，李世民取得勝利，李世民指責他「離間我兄弟」，他毫不諱言地說：「皇太子若從徵言，必無今日之禍。」李世民喜愛他這種耿直、爽快的性格，遂以他為詹事主簿，即位後，以其為諫議大夫。

由於太宗「勵精政道，數引徵入臥內，訪以得失。徵雅有經國之才，性又抗直，無所屈撓，太宗與之言，未嘗不欣然納受。徵亦喜逢知己之主，思竭其用，知無不言」。所以，太宗曾讚揚他說：「卿所陳諫，前後二百餘事，非卿至誠奉國，何能若是？」由此可見，魏徵對唐的主要貢獻是對國家大事能夠直言以諫，對唐初治理國家提供了大量有益的建議。另外，他還參與修史，《周史》、《隋史》、《梁史》、《陳史》等史著，雖各有撰者，但魏徵「受詔總加撰定，多所損益，務存簡正。《隋史序論》，皆徵所作，《梁》、《陳》、《齊》各為總論，時稱良史」9。

李世勣，本姓徐，降唐後，高祖賜其姓李。高宗時，以犯李世民諱，單名為勣。關於李世勣的籍貫，〈李勣墓志銘〉載：他是「高平之著族焉。後寓濟陰，又居東郡，今為衛南人也」10。《舊唐書》卷六七〈李勣傳〉則記他為「曹州離狐人也。隋末，徙居滑州之衛南」。看來，二者內容有所不同，但實際上並無正誤之差別。「高平之著族」和「後寓濟陰」，表明〈李勣墓志銘〉比《舊唐書》更為詳細，勿須再論，關鍵問題是從東郡遷到衛南，還是從離狐遷到衛南。

隋末，離狐（今山東東明東北）屬於東郡，衛南（今河南浚縣東南）也屬於東郡。唐初，離狐屬於曹州（治所在今山東定陶西），衛南屬於滑州（治所在今河南浚縣東）。既然隋末離狐是東郡的一部分，那麼，唐人說李世勣從東郡遷到衛南或者從離狐遷到衛南，都是可以的。所不同的是，從東郡遷到衛南者籠統一些，從離狐遷到衛南者具體一些，都是正確的。總之，他的最後籍貫是衛南。正因為如此，〈李勣碑文〉中說：「公名勣，字懋功，滑州衛南人也。」11

李世勣降唐後，曾參加過東征王世充，打敗劉黑闥、徐圓朗，還南下戰勝輔公祏，後又遠征突厥，為唐統一全國和政權的鞏固都有重要貢獻。他的多次戰功都是非常突出的，在攻取洛陽後，「論功行賞，太宗為上將，勣為下將，與太宗俱服金甲，乘戎輅，告捷於太廟」12。可見，東征王世充時，李世勣的戰功僅次於李世民。

貞觀年間（六二七—六四九），晉王李治遙領并州（治所在今山西太原）大都督，李世勣為光祿大夫，行并州大都督府長史，實際上負責并州防務。他「在并州凡十六年，令行禁止，號為稱職」。因此，太宗稱讚他道：「隋煬帝不能精選賢良，安撫邊境，惟解築長城以備突厥，情識之惑，一至於此。朕今委任李世勣於并州，遂使突厥畏威遁走，塞垣安靜，豈不勝遠築長城耶？」[13]勿庸置疑，在太宗的心目中，重用李世勣比修長城的作用更大。

由於李世勣對唐的貢獻，使他歷任兵部尚書，宰相等職務，一直到高宗初年，他還是舉足輕重的人物。高宗為廢王后，立武則天的事，還曾徵求過他的意見。

因為魏徵、李世勣的功績卓著，所以，他們死後都陪葬昭陵。

（三）其他深入山東者

李密失敗後，高祖為了使原屬李密的地盤為唐所有，遂於武德二年（六一九）四月遣大理卿郎楚之安撫山東，又遣秘書監夏侯端安撫淮左。

郎楚之，定州新樂（今河北新樂東北）人。隋煬帝時為尚書民曹郎，武德初為大理卿，曾和李綱、陳權達共撰律令。他奉命出使山東，為竇建德所俘。竇建德對其軟硬兼施，迫使其投降，他寧死不屈，最後又回到長安，因年老退休。

夏侯端，壽州壽春（今安徽壽縣）人。他積極支持李淵起兵反隋，被隋官員逮捕，送到長安囚禁。高祖取得長安，將其釋放，任其為秘書監。

他奉命出使山東，先到黎陽，得到李世勣的支持。李世勣發兵送他至澶淵（今河南濮陽西）渡河而南，經他大肆宣揚唐軍的勝利和高祖威德，「東至於海，南至於淮，二十餘州，並遣使送款」[14]。他到了譙州（今河南永城東南），亳州（治所在今安徽亳縣）刺史丁叔則和汴州（治所在今河南開封）刺史王要漢，都投降王世充。這樣，就斷絕了他和李世勣等唐勢力的聯繫，使其前進困難，後退不能。面對這種困難，他向所隨部眾表示，除了他對唐盡忠以外，希望大家分散離去，各謀生路，但所從二千餘人，皆不忍離去。

當時，河南之地皆成了王世充的勢力範圍，唯有杞州（今河南杞縣北）刺史李公逸堅持為唐守城。李公逸知道了夏侯端的困難，派兵把夏侯端迎到杞州。王世充以淮南郡公、吏部尚書的高官厚祿誘使其投降，被其嚴辭拒絕。後來，他克服各種困難，從山中小道到達長安。在其行進途中「山中險峻，先無蹊徑，但冒履榛梗，晝夜兼行，從者三十二人，或墜崖溺水，遇猛獸而死猶半，其餘至者，皆鬢髮禿落，形貌枯瘠」[15]。可見，他受盡了千辛萬苦。

郎楚之、夏侯端出使山東，雖然沒有赫赫戰功可言，但他們不怕艱難困苦，寧死不屈的精神，無形之中宣揚了高祖統一全國的決心，擴大了唐的影響，為後來唐軍進兵中原，實現真正的統一發揮了先遣隊的作用。

隋唐之際的洛陽

高祖要進兵中原，洛陽首當其衝。王世充是隋軍殘餘勢力的代表，他鼠目寸光，只是消極的防禦，毫無恢復隋朝政權的打算。他雖然和瓦崗軍作戰取得勝利，但只求建都稱帝，割據一方。在這方面，他和時刻準備統一全國的高祖相比，顯然是相形見絀，不可同日而語。因此，高祖攻取洛陽是統一全國、消滅割據勢力的戰爭。

（一）洛陽的重要地位

隋煬帝取得統治權力以後，就立即下詔營建東都，「每月役丁二百萬人，徙洛州郭內居民及諸侯富商大賈數萬戶以實之」[16]。接著，又以洛陽為中心，南開通濟渠和邗溝，北開永濟渠。這樣一來，洛陽既是全國政治中心，又是交通中心，當然也就成了隋煬帝南遊北巡的中心了。隋煬帝在位的十三年裡，據不十分準確的統計，除了在各地遊幸的時間以外，斷斷續續在京師大興城的時間總共不到一年，而在洛陽的時間卻有四年左右，同時，「百官家口並在東都」[17]。由此可見，隋煬帝當政時，洛陽的實際地位超過了京師。例如，隋煬帝進攻高麗時，以樊子蓋為東都留守。隋煬帝把此事比做「昔高祖留蕭何於關西」，同時，他還對樊子蓋說：「朕遣越王留守東都，示以皇枝盤石；社稷大事，終以委公。」[18]既然把洛陽比做秦漢時期的關中，把留守洛陽看作「社稷大事」，顯然是把洛陽視為有關國家命運的地方了。也正是這種原因，在隋末農民戰爭時期，各種力量都把洛陽當做重要的奪取目標。李密認為，「襲取東都」可以「號令四方」；楊玄感認為，先取洛陽「足以動其心」[19]。正是基於這種認識，楊玄感才首先進攻洛陽。

李淵攻取長安的時候，王世充率領的洛陽隋軍和李密為首的瓦崗軍正在中原一帶進行激烈的大戰。武德元年（六一八）九月，王世充率領的隋軍打敗了瓦崗軍，李密投降唐朝。後來，李密又欲逃出潼關，東山再起，被唐軍所殺。王世充取得勝利，據守洛陽，他雖然毫無向四周發展勢力的打算，但由於洛陽的重要地位，唐軍要東進統一全國，必須先取洛陽。因此，唐軍攻取洛陽，是不可避免的。

隋煬帝即位後，常住洛陽，洛陽逐步成為政治中心。大業十二年（六一六）七月，隋煬帝最後一次離開洛陽，到了江都（今江蘇揚州），由於農民起義軍此伏彼起，遍地皆是，他再也無法回到洛陽了。從此以後，洛陽就成了隋軍殘餘勢力的據點。

大業十三年（六一七）初，瓦崗軍兵臨洛陽城下，留守洛陽的越王侗向隋煬帝告急。隋煬帝於這年五月、七月兩次向洛陽增派援軍，五月，由監門將軍龐玉和虎賁郎將霍世舉率關內兵增援洛陽；七月，由江都通守王世充率江淮勁卒，河北大使太常少卿韋霽、河南大使虎牙郎將王辯等，各率所部，會師洛陽，隋煬帝命王世充統率洛陽各部軍隊，從此以後，王世充就成為洛陽殘餘勢力的主要人物了。

（二）王世充與洛陽

王世充是西域胡人，他的祖父支頹耨遷居新豐（今陝西臨潼東北新豐），支頹耨死後，其祖母帶其父另嫁王氏，故改姓王。隋文帝時，王世充以軍功拜儀同，授兵部員外郎。隋煬帝即位後，王世充對隋煬帝那種順我者存、逆我者亡、唯我獨尊的作風深有體會。於是，他對隋煬帝唯命是從，一切都看隋煬帝的臉色行事。這樣，他就做了江都郡丞。隋煬帝多次到江都去，他都極盡其阿諛奉迎之能事，使隋煬帝非常滿意。因此，隋煬帝又使他「以郡丞領江都宮監，乃雕飾池台，陰奏遠方珍物以媚於帝，由是益昵之。」[20]後來，他又做了江都通守。正是這種原因，有人認為他「遭逢昏主，上則諛佞詭俗以取榮名」[21]。王世充也就是這樣，一面「陰結豪俊，多收眾心，有繫獄抵罪者，充皆枉法出之，以樹私恩」[22]。發展私人勢力；一面又取信於隋煬帝，掩其耳目，為實現自己的野心披上合法的外衣。派他去解洛陽之圍，正是隋煬帝對他信任的有力證明。

王世充到了洛陽以後，雖然多次和瓦崗軍作戰，但互有勝負，始終沒有改變洛陽隋軍所處的困境。

隋煬帝被殺以後，李淵在長安做了皇帝。越王侗雖然也在洛陽做了皇帝，但實際大權卻掌握在王世充手裡。最初，其統治集團中有禮部尚書段達、吏部尚書王世充、內史令元文都、內史令盧楚、兵部尚書皇甫無逸、內史侍郎郭文懿，黃門侍郎趙長文等所謂的「七貴」。不久，元文都、盧楚、郭文懿、趙長文等均被王世充所殺，僅段達為其幫兇。可見，一切權力都集中在王世充手中了。

武德元年（六一八）九月，瓦崗軍與宇文化及大戰結束，瓦崗軍雖然取得勝利，但「勁卒良馬多死，士卒疲病」23。王世充乘機打敗瓦崗軍，加強自己在洛陽軍中的地位。武德二年（六一九）四月，王世充迫使越王侗讓位，越王侗初是怒不可遏，後又痛哭流涕，無可奈何，只得讓位，形式上「雖有三表陳讓及敕書敦勸，皇泰主（越王侗）皆不知也」24。王世充即皇帝位，國號鄭，改元開明。從此，王世充就是洛陽名副其實的最高統治者了。

王世充做皇帝的前後，正是劉武周在今山西一帶對唐威脅最大的時候，高祖不得不把主要力量用去對付劉武周。這正是一個戰略家的合理部署。既然唐軍暫時不能東進，河北的竇建德也無南取洛陽之意，這就給王世充割據中原提供了機會。

王世充剛愎自用，獨斷專行，在統治集團中日益孤立，連他左右的人也嫌他說話囉唆，語多而無要領。因此，他的各級官吏多有乘機離去者。例如，秦叔寶、程知節，都是在武德二年（六一九）二月背離王世充而投降唐軍的。秦叔寶，齊州歷城（今山東濟南）人，初是隋將來護兒的部下，後來又投靠張須陀。張須陀戰敗被殺，他投降瓦崗軍，瓦崗軍失敗後，又歸附王世充。程知節，濟州東阿（今山東東阿西南）人，隋末，在農民軍遍地而起的時候，他也「聚徒數百，共保鄉里」，後來，參加了瓦崗軍。瓦崗軍戰敗後，歸附了王世充。王世充對秦叔寶、程知節頗為重視，但他們一致認為：「世充器度淺狹，而多妄語，好為咒誓。」像個「巫師老嫗」，根本不是什麼「撥亂之主」。於是，他們乘雙方戰於九曲（今河南宜陽西北）之際，脫離王世充，投降唐軍。臨走時，他們明確向王世充表示：「公性猜二，傍多扇惑，非僕托身之所。」[25]所以決心離去。王世充無法強留他們，只好看著他們一夥數十人投唐去了。這兩個人投唐後，曾參加過平定劉武周，東討王世充等戰爭，為唐統一全國貢獻過力量，均參與了玄武門之變，為李世民取得帝位發揮了作用。所以，他們死後都陪葬昭陵，說明他們甚為得寵。

另外還有征南將軍田留安、驃騎李君羨等，也和王世充發生矛盾，都率眾投奔唐軍了。其所屬州縣官吏相繼背離王世充者，也為數不少。這都說明王世充統治集團面臨著分崩離析的危機。五月，禮部尚書裴仁基、左輔大將軍裴行儼，由於受到王世充的猜忌，他們和尚書左丞宇文儒童、宇文溫、散騎常侍崔德本等，密謀策畫，準備殺掉王世充及其同黨，扶持越王侗復位。不料，王世充發覺此事，所有參與其事者，皆被夷三族。越王侗雖然退位，也難倖免，被迫自殺，臨死時，他哀嘆說：「願自今已往，不復生帝王家！」[26]既然其內部有人要發動政變，正說明王世充的地位已經岌岌可危了。

（三）攻取洛陽與統一全國

武德三年（六二〇）六月，唐軍已經平定了劉武周，解除了長安的危機。於是高祖準備集中力量對付王世充了。七月，李世民就奉命率軍出發，東進洛陽。

本來，大業十三年（六一七）十一月，李淵攻克長安，第二年（六一八）正月，就派李建成、李世民督諸軍十多萬人，兵向東都，只是由於當時關中尚不鞏固，所以才未強取洛陽。但在撤軍之時，還在新安（今河南新安）、宜陽（今河南宜陽）一帶留下駐軍，準備隨時再來。十月，李密降唐後，高祖為了控制原瓦崗軍的地盤，又前後派遣李神通、郎楚之、夏侯端等人，出使關東，關始向今山東、河北、河南、安徽一帶地方發展勢力。

宇文化及縊殺隋煬帝，自江都北返以後，又受到瓦崗軍的沉重打擊。最後盤踞魏縣，鴆殺了秦王浩，自己做了皇帝，國號許，妄圖苟延殘喘下去。

由於李神通的錯誤決策，其對宇文化及作戰雖然初步獲勝，但卻失去了徹底消滅宇文化及的機會。竇建德乘機擒殺宇文化及，繼又攻克黎陽，俘虜了李神通等唐的官員，致使唐朝利用李密失敗後的機會在今山東、河北一帶發展起來的力量，基本上都損失殆盡了。

武德三年（六二〇）七月，高祖命李世民率軍東征王世充。唐軍到慈澗（今河南洛陽西），王世充率軍三萬之眾與之交戰。經過激戰，王世充退入洛陽城內。李世民命行軍總管史萬寶由宜陽（今河南宜陽）進據龍門（今河南洛陽南），命將軍劉德威圍攻河內（今河南沁陽），命淮州總管黃君漢進攻回洛城（今河南洛陽東北），命王君廓至洛口（在今河南鞏義）、斷絕王世充的糧道，主力大軍屯於洛陽城北的邙山，對洛陽形成了包圍的形勢。

在劍拔弩張的形勢下，王世充還不理解唐軍統一全國的真實意圖。所以，他在陣前質問李世民道：「隋室傾覆，唐帝關中，鄭帝河南，世充未嘗西侵，王忽舉兵東來，何也？」宇文士及代替李世民回答道：「四海皆仰皇風，唯公獨阻聲教，為此而來！」王世充又乞求似的說：「相與息兵講好，不亦善乎！」宇文士及果斷地拒絕說：「奉詔取東都，不令講好也。」[27]宇文士及對王世充答話的內容，完全來自高祖的〈令秦王討王世充詔〉。高祖在該詔中說：「自隋氏數窮，天下鼎沸，豺狼交爭，黔庶凋殘。朕受命臨御，志存寧濟，率土之內，咸思覆育，聲教所覃，莫不清晏。唯彼伊洛，尚隔朝風，世充作梗，肆行兇暴，虐害良善，擁迫吏民，悖道亂常，日月滋甚。」因此，他命令秦王李世民率軍東進，「救彼塗炭，誅其凶渠。凡此授律，義在拯民，府庫資財，一無所利。克敵制勝，效策獻功，官賞之差，並超恒典。其有背賊歸款，因事立功，即加寵授，務隆優厚。」[28]這清楚地說明，王世充雖打算割據洛陽一地，高祖則要統一全國，不允許任何人稱帝一方，頑抗者堅決消滅，歸附者可受優待。這種不可調和的矛盾，決定唐軍必然要攻取洛陽，王世充欲「相與息兵和好」的願望，只能是痴心妄想。同時，又說明宇文士及對王世充的答話正是高祖取隋而代之的一貫思想。在高祖看來，攻取洛陽只是統一戰爭的一個步驟；在王世充看來，「唐帝關中，鄭帝河南」的局面不應改變。不言而喻，這是統一思想與分裂割據思想的衝突。

唐軍與王世充相持於洛陽時，河北的竇建德起義軍是一支非常強大的力量。高祖和王世充都曾派人和竇建德聯絡。竇建德一面放回同安公主，表示願意和唐軍聯合，同時，請求唐撤去圍洛陽之兵；一面又向王世充表示願意出兵相助。

竇建德援洛及其失敗

竇建德是為反抗隋煬帝的黑暗統治而起義的農民軍領袖。他曾多次打敗隋軍的瘋狂進攻，使其力量日益壯大。但他面對高祖要統一全國的形勢，錯誤地站在王世充一邊，支持了分裂割據，所以，使他難以擺脫失敗的命運。唐軍的圍洛打援策略，決定了他與王世充同歸於盡。

（一）竇建德起義

竇建德起義是隋末廣大農民反抗隋煬帝暴政的縮影。

竇建德，隋清河郡漳南（今山東平原西舊恩縣）人，其家世代都是農民。在和鄉親們的交往中，他能夠體諒窮困人家的痛苦，肯於幫助別人。所以，他在當地群眾中威信很高，他的父親去世時，送葬者竟達一千多人。

大業七年（六一一），隋朝政府徵發農民進攻高麗，竇建德因為勇敢被選為二百人長，與竇建德同縣的孫安祖也被選為征士。由於孫安祖家遭水災，妻子餓死，不願前往，從而遭到縣令的怒笞。孫安祖刺殺縣令後，去找竇建德。竇建德說：「今水潦為災，黎庶窮困，而主上不恤，親駕臨遼，加以往歲西征，瘡疫未復，百姓疲弊，累年之役，行者不歸，今重發兵，易可搖動，丈夫不死，當立大功，豈可為逃亡之虜也。我知高雞泊中廣大數百里，莞蒲阻深，可以逃難，承間而出虜掠，足以自資。既得聚人，且觀時變，必有功於天下矣。」[29] 非常明顯，竇建德給孫安祖指明了出路，只有聚眾對抗政府的控制，才能生存；否則，就是「逃亡之虜」。孫安祖按照竇建德的意見，帶領著竇建德招募的幾百人，到高雞泊中正式舉行起義了。

當時的農民起義軍，僅在清河郡（治所在今河北清河西北）內，除了孫安祖的幾百人以外，還有張金稱的一萬多人，高士達的一千多人。隋朝的地方官吏到處搜捕起義群眾，竇建德也是他們搜捕的對象。由於郡縣官吏懷疑竇建德支持起義軍，於是捕殺了竇建德全家。竇建德忍無可忍，只得聚集了二百多人，參加了高士達的起義軍。從此，竇建德就走上了農民起義的征途。

(二) 竇建德的戰功

竇建德參加起義軍後，屢立戰功，逐步由一個小頭目成為一支大規模起義軍的領袖。

竇建德第一次顯示其作戰才能是打敗隋朝涿郡通守郭絢。

大業十二年（六一六），在農民起義軍的沉重打擊下，隋「諸郡無復完者，唯涿郡獨全」。涿郡通守郭絢因而受到重視。隋煬帝命他帶領一萬多人進攻高士達。高士達自感才能不及竇建德，遂把竇建德由司兵晉升為軍司馬，主要負責指揮作戰。竇建德率七千精兵，偽稱投降，麻痹郭絢。待郭絢鬆懈後，竇建德突然襲擊，大敗隋軍，殺官兵數千人，得馬千匹，郭絢帶數十騎逃走，又被竇建德追上斬首，致使隋軍聞風喪膽，「人吏哭之，數月不息」30。經過這次戰役，竇建德的威望大大提高了。

與此同時，隋煬帝還命太僕卿楊義臣率軍一萬多人進攻張金稱。張金稱部被擊敗後，這支軍隊的餘眾都轉移到竇建德那裡去了。暫時的勝利，使楊義臣驕橫得意，欲乘勝進攻高雞泊。竇建德認為楊義臣暫居優勢，應該避免決戰，待相持一段時間，楊義臣疲憊的時候，再發動進攻，必然勝利。但高士達急於求勝，不採納竇建德的意見，自己親率主力迎擊楊義臣，結果兵敗被殺。竇建德聚集餘眾，掩埋了戰友們的屍體，又為高士達發喪；重整旗鼓，自稱將軍，繼續領導起義軍。從此，竇建德就成為這一支起義軍的領袖了。

竇建德第二次重要的戰功是大敗隋涿郡留守薛世雄。薛世雄是很受隋煬帝賞識的將領，隋煬帝三次進攻高麗他都參加了。進攻高麗失敗後，他當了涿郡留守。大業十三年（六一七），由於瓦崗軍逼近東都，隋煬帝命薛世雄率軍三萬人南下，鎮壓瓦崗軍，以解東都之圍；並命令他隨時鎮壓沿途碰到的起義軍。這時，竇建德剛於河間郡樂壽縣（今河北獻縣）稱長樂王，他所率領的河北起義軍已發展到十萬餘人。薛世雄從河北南下，竇建德首當其衝，這就決定了竇建德與薛世雄之間的大戰不可避免。

薛世雄兵行至河間（今河北河間）七里井，竇建德用聲東擊西的辦法使薛世雄誤以為竇建德要逃跑，從而麻痹大意起來。竇建德認為時機已到，親率敢死隊一千人，向薛世雄猛烈突擊，恰逢大霧之際，隋軍毫無準備，白天不辨敵我，「自相踏藉，死者萬餘」[31]。薛世雄與左右數十騎倉皇逃入河間城內，自感沒有完成隋煬帝所賦予的使命，羞愧萬分，憂鬱成疾，回到涿郡，就快快而死了。這次勝利，竇建德消滅了隋朝黑暗統治者在北方的一支主力軍，加速了隋煬帝政權的滅亡，大大提高了農民起義軍的聲威。

竇建德再立戰功，是消滅宇文化及為首的隋朝殘餘勢力。

宇文化及是隋左翊衛大將軍宇文述的兒子，幼年曾被稱為「輕薄公子」[32]，無賴之徒。由於得到隋煬帝的寵信，官至右屯衛將軍。他隨隋煬帝到江都後，農民起義的烽火正遍地燃燒，隋煬帝已無法再回長安。跟隨隋煬帝的從駕驍果（衛隊）大都是關中人，由於江都糧食發生恐慌，他們又久離家鄉，眼看隋煬帝無意再回長安，於是紛紛散去，打算北返。在此形勢下，宇文化及等人發動政變，縊殺了隋煬帝，另立隋煬帝的侄子秦王楊浩為傀儡皇帝，實際大權掌握在宇文化及手中。

宇文化及率領十餘萬隋軍北返的時候，瓦崗軍已經占領了洛陽以東大部分地區。瓦崗軍為了避免腹背受敵，越王侗也正想利用瓦崗軍去消滅宇文化及。於是，瓦崗軍暫時和東都的敵人妥協，集中力量打擊宇文化及。宇文化及遭到沉重打擊以後，北走魏縣（今河北大名西南），鴆殺了傀僞皇帝楊浩，自己做皇帝，改國號許。武德三年（六二〇）二月，竇建德進攻魏縣，宇文化及戰敗，退保聊城（今山東聊城西北），竇建德又跟蹤而至，四面圍攻。破城之後，活捉了宇文化及與其同夥。這支長久以來跟隨隋煬帝的隋朝軍隊，到這時候就被竇建德徹底消滅了。自此以後，隋朝的殘餘勢力就只有洛陽的王世充了。

（三）圍洛打竇的決策

唐軍進攻洛陽，是高祖統一全國的必然選擇，王世充割據中原，抗拒統一，不利於歷史的發展。在這兩種力量進行較量的時候，竇建德何去何從，必須有所選擇。竇建德目光短淺，看不清歷史發展的方向，他採取了援鄭抗唐的對策，以致與王世充同歸於盡。

當時高祖要統一全國，是不可動搖的既定方針，所以，唐軍首先嚴詞拒絕王世充「息兵講好」的請求，接著，又拒絕竇建德「退軍潼關，返鄭侵地，復修前好」的要求，同時又威脅竇建德說：「趙、魏之地，久為我有，為足下所侵奪。」由於你對淮安王還能待之以禮，又送回了同安公主，可以不念舊惡，但你率軍增援王世充，「良非上策」，望你擇善而從，否則「恐雖悔難追」[33]。顯而易見，唐軍與王世充的戰爭似箭在弦上，竇建德站在王世充一邊，當然與唐水火不容。所以，唐對竇建德軟硬兼施，不准他增援王世充。

武德四年（六二一）二月，李世民命宇文士及向高祖要求進圍洛陽，高祖對宇文士及道：「歸語爾王，今取洛陽，止於息兵，克城之日，乘輿法物，圖籍械器，非私家所須者，委汝收之；其餘子女玉帛，並以分賜將士。」[34]經過一場激烈大戰後，高祖獲悉士卒極其疲憊，遂密令世民撤軍。李世民派封德彝入京面論必然取勝的形勢後，高祖又支持了李世民堅持打下去的意見。這些事實，說明高祖不僅是全國統一戰爭的部署者，而且對戰場上的具體戰況也十分關心。既聽取了戰爭進展的報告，又分析了戰場統帥的意見，還決定了克城之後的政策。由此可見，高祖是全國統一戰爭的決策人，也是最高指揮者。

武德四年（六二一）二月，雙方主將李世民、王世充都親自出馬，在洛陽城外進行了一場激烈大戰，結果是唐軍勝利，俘斬王世充軍七八千人。唐軍又進圍宮城，「晝夜不息，旬餘不克。城中欲翻城者凡十三輩，皆不果，發而死」。王世充在城中也「守禦甚嚴，大砲飛石重五十斤，擲二百步，八弓弩箭如車輻，鏃如巨斧，射五百步」。雙方激戰，守者危機萬分，攻者也甚感疲憊。這時唐軍總管劉弘基建議班師，李世民堅持道：「今大舉而來，當一勞永逸。東方諸州已望風款服，唯洛陽孤城，勢不能久，功在垂成，奈何棄之而去！」同時，他又下令軍中曰：「洛陽未破，師必不還，敢言班師者斬！」[35]這才穩住軍心，繼續攻打洛陽。

三月，竇建德率軍十餘萬，號稱三十萬，增援王世充。竇建德進軍至成皋（即虎牢，在今河南滎陽西舊汜水）的東原，通知王世充，希望能夠東西夾擊唐軍。

面臨腹背受敵的威脅，李世民召集將佐，商討了對策。在商討中，蕭瑀、屈突通、封德彝皆曰：「吾兵疲勞，世充憑守堅城，未易猝拔，建德席勝而來，鋒銳氣盛，吾腹背受敵，非完策也，不若退保新安，以承其弊。」李世民接受記室薛收的建議，圍洛打竇，反對撤軍。他說：「世充兵摧食盡，上下離心，不煩力攻，可以坐克。建德新破海公，將驕卒惰，吾據武牢（虎牢），扼其咽喉。彼若冒險爭鋒，吾取之甚易。若狐疑不戰，旬月之間，世充自潰。城破兵強，氣勢自倍，一舉兩克，在此行矣。若不速進，賊入虎牢，諸城新附，必不能守；兩賊並力，其勢必強，何弊之承！吾計決矣！」屈突通等又請求「解圍據險以觀其變」，李世民也不答應。

事實上李世民的決策是正確的，他抓住了洛陽「乏糧」，不能持久的弱點，洛陽可以不攻自破。當時，洛陽「城中乏食，絹一匹直粟三升，布十匹直鹽一升，服飾珍玩，賤如土芥。民食草根木葉皆盡，相與澄取浮泥，投米屑作餅食之，皆病，身腫腳弱，死者相枕倚於道」。大業十三年（六一七）四月，為了躲避瓦崗軍的襲擊，越王侗把東都市民三萬家遷入宮城，這時已不足三千家。「雖貴為公卿，糠核不充，尚書郎以下，親自負戴，往往餒死」36。在這種形勢下，攻城者雖然困難很多，守城者也已至窮途末路。誰能克服困難，堅持下去，就能取得勝利。李世民正是認清了這種形勢，把握了有利時機，最後取得勝利的。

李世民決心已定，命屈突通等輔佐李元吉圍困洛陽，自己親率精銳部隊三千五百人，東趨武牢，王世充登城望見其行動，但摸不清其動向，也不敢輕舉妄動。到了武牢，初戰告捷。李世民命李世勣、程知節、秦叔寶埋伏於道旁，李世民和尉遲敬德深入敵陣，先射殺敵軍一將，竇建德軍中大驚，出五六千騎追趕李世民。李世民將追趕者誘至伏擊圈內，李世勣等奮起出擊，大破竇建德軍，斬首三百餘級，並俘其殷秋、石瓚兩將。初步的勝利，更增強了唐軍取勝的信心。

（四）全面勝利

竇建德軍在武牢既不能前進，又遭到唐軍的打擊，軍心動搖，將士思歸。於是，其祭酒凌敬建議：北渡黃河，攻取懷州（治所在今河南沁陽）、河陽（今河南孟縣）、再越太行山入上黨（今山西長治），經汾州（治所在今山西汾陽）、晉州（治所在今山西臨汾），取得蒲津（今山西永濟西）。這樣，既可以擴大地盤，壯大隊伍，也可以威脅長安，使唐軍回師關中，解洛陽之圍。竇建德妻曹氏也贊成這個建議。但竇建德認為他既然來救鄭，不能捨之而去，仍堅持要與唐軍作戰。

五月初二這一天，竇建德窮其全力發動進攻，北距黃河，西薄汜水，南屬鵲山，綿亙二十里（即今河南滎陽西舊汜水縣至黃河沿汜水一帶），鼓行西進。李世民採取了以逸待勞的戰術，初是堅守不出，自早至午，待竇建德軍飢倦疲憊，正爭飲水時，唐軍突然出擊，竇建德措手不及，戰敗受傷，退至牛口渚（今河南滎陽西舊汜水縣東北），被唐軍所俘。竇建德所部被俘者五萬餘人，均被李世民遣散。竇建德妻子與左僕射齊善行等數百人逃奔洺州（治所在今河北永年東南）。

竇建德失敗，對洛陽震動很大，偃師（今河南偃師）、鞏縣（今河南鞏義）等地方官吏相繼向唐投降。洛陽故城（即漢魏故都，在今河南偃師境內）守將王德仁也棄城而逃，亞將趙季卿以城降唐。李世民帶竇建德及其被俘將領到達洛陽城下，向王世充示威，並派被俘者長孫安世進城向王世充說明竇建德失敗的戰況。王世充招集諸將商議，打算突圍，南走襄陽（今湖北襄陽）。諸將都認為竇建德已經失敗，失去外援，突圍也難以成功。王世充走投無路，只得投降。

按照高祖的要求，攻克洛陽後，隋朝的「乘輿法物，圖籍器械」，都要收存。李世民進入宮城後，立即命記室房玄齡先入中書、門下省，收隋圖書制詔，但已為王世充所毀，一無所獲。李世民看到隋東都的宮殿，頗有感喟地說：「逞侈心，窮人欲，無亡得乎！」[37]為了表示他反對窮奢極欲，遂命撤端門樓（東都皇城南面有三門，中曰端門），焚乾陽殿，毀則天門（東都宮城南面有三門，中曰則天門）及闕；又廢諸道場，城中的僧尼，僅留有名德者三十人，其餘皆還俗。

不久，逃亡洺州的齊善行和竇建德妻曹氏，拒絕一些人繼續與唐為敵的建議，以洺（治所在今河北永年東南）、相（治所在今河南安陽）、魏（治所在今河北大名北）等州之地降唐。從此，原來竇建德、王世充所有的地盤就都為唐所有了。

在這次戰役中，薛收的建議為唐軍取得勝利起了非常重要的作用。

薛收，字伯褒，蒲州汾陰（今山西萬榮西南）人。隋末，曾為堯君素在河東所用，因堯君素有響應王世充的意圖，他就逾城歸唐。由於房玄齡的推薦，很受李世民的重用。他隨李世民東征王世充，在竇建德大軍援鄭，兵臨虎牢，唐軍腹背受敵的關鍵時刻，提出了切實可行的作戰方案，他說：「世充據有東都，府庫填積，其兵皆是江淮精銳，所患者在於乏食，是以為我所持，求戰不可。建德親總軍旅，來拒我師，亦當盡彼驍雄，期於奮決。若縱其至此，兩寇相連，轉河北之糧以相資給，則伊、洛之間戰鬥不已。今宜分兵守營，深其溝防，即世充欲戰，慎勿出兵。大王親率猛銳，先據成皋（即虎牢）之險，訓兵坐甲，以待其至。彼以疲弊之師，當我堂堂之勢，一戰必克。建德即破，世充自下矣。不過兩旬，二國之君，可面縛麾下。若退兵自守，計之下也。」[38]概括起來，這個作戰方案就是圍洛打竇。李世民就是根據這個建議作出了決策，結果一箭雙鵰，取得了全面勝利。後來，他又多次提出過很好的建議，所以，與房玄齡、杜如晦一樣，都被李世民視為心腹，死後也陪葬昭陵。

註釋

1《資治通鑑》卷一八七，武德二年二月。
2《舊唐書》卷六二，〈鄭善果傳〉。
3《舊唐書》卷六三，〈史臣曰〉。
4《舊唐書》卷六三，〈封倫傳〉。
5《舊唐書》卷六〇，〈淮安王神通傳〉。
6 關於魏徵的籍貫，目前尚有爭議，有人以為魏徵的籍貫是河北晉州市，有人說河北館陶是魏徵故里（見《魏徵研究》，陝西人民出版社一九九六年版，第三一五—三二三頁）。筆者的根據是《中國歷史大辭典・隋唐五代卷》，上海辭書出版社一九九五年版，第八一三頁。
7《舊唐書》卷七一，〈魏徵傳〉。
8《資治通鑑》卷一八六，武德元年十一月。
9《舊唐書》卷七一，〈魏徵傳〉。
10《昭陵碑石》，第一七二頁。
11《昭陵碑石》，第一九二頁。
12《舊唐書》卷六七〈李勣傳〉。司馬光在《考異》中明確表示他懷疑這種記載，但〈李勣墓志銘〉中也同樣有「太宗為上將而公膺下將」的記載，這足以說明「勣為下將」的記載勿須惑疑。
13《舊唐書》卷六七，〈李勣傳〉。
14《舊唐書》卷一八七上，〈夏侯端傳〉。
15《舊唐書》卷一八七上，〈夏侯端傳〉。
16《資治通鑑》卷一八〇，大業元年三月。
17《隋書》卷七〇，〈李密傳〉。
18《隋書》卷六三，〈樊子蓋傳〉。
19《資治通鑑》卷一八二，大業九年六月。
20《隋書》卷八五，〈王世充傳〉。
21《舊唐書》卷五四，〈史臣曰〉。
22《舊唐書》卷五四，〈王世充傳〉。
23《資治通鑑》卷一八六，武德元年九月。
24《資治通鑑》卷一八七，武德二年四月。
25《舊唐書》卷六八，〈程知節傳〉。
26《資治通鑑》卷一八七，武德二年五月。
27《資治通鑑》卷一八八，武德三年八月。
28《唐大詔令集》卷一一九，〈討伐上〉。
29《舊唐書》卷五四，〈竇建德傳〉。
30《隋書》卷七二，〈郭絢傳〉。

31《舊唐書》卷五四，〈竇建德傳〉。
32《隋書》卷八五，〈宇文化及傳〉。
33《資治通鑑》卷一八九，武德四年三月。
34《資治通鑑》卷一八八，武德四年二月。
35《資治通鑑》卷一八八，武德四年二月。
36《資治通鑑》卷一八九，武德四年三月。
37《資治通鑑》卷一八五，武德四年五月。
38《舊唐書》卷七三，〈薛收傳〉。

第九章　沿江東下，攻取江陵

隋朝末年，乘機割據於長江中游的是以江陵（今湖北江陵）為中心的蕭銑。他雖然控制著東自九江（今江西九江），西至三峽（今三峽），南自交趾（今越南河內），北至漢水的廣大地區，但他只是要恢復蕭梁，使自己成為偏安一隅之地的小皇帝，毫無統一全國的打算。另外，還有林士弘領導的起義軍，林士弘以豫章郡（治所在今江西南昌）為中心，建楚稱帝。他也缺乏進取精神，沒有建立全國政權的願望。高祖為了統一全國，在與劉武周作戰的同時，就積極準備，順江東下；在與王世充作戰剛剛取得勝利後，唐軍就又統一了長江中下游與嶺南。不難看出，高祖是全國統一戰爭的部署者和最高指揮官。忽視這一點，就會降低高祖在唐初的歷史作用。

蕭銑割據長江中游

當隋煬帝面臨末日的時候，農民起義軍與隋的地方官紛紛占據地盤，稱王稱帝，隋朝四分五裂。蕭銑、林士弘稱雄於長江中游，正是隋末這種局面的縮影。

（一）蕭銑稱雄於江陵

隋朝末年，蕭銑以江陵（今湖北江陵）為中心，割據於長江中游一帶。蕭銑是後梁宣帝的曾孫。他的祖父蕭岩，當隋滅後梁時逃到陳朝。開皇九年（五八九），隋滅陳時，蕭岩以會稽郡（治所在今浙江紹興）投降，後被送到長安斬首。隋煬帝時，因蕭銑與隋煬帝蕭后同為後梁蕭氏之後，故被擢為羅縣（今湖南湘陰東北）令。

大業十三年（六一七），農民起義的烽火遍地燃燒，隋朝的地方官吏也紛紛割據一方，稱王稱帝，隋朝的滅亡，已是指日可待了。於是，在十月，巴陵（今湖南岳陽）校尉董景珍、雷世猛，旅帥鄭文秀、許玄徹、萬瓚、徐德基、郭華，還有張繡等人，打算據郡叛隋。最初，他們欲推舉董景珍為首，董景珍自認為：「素寒賤，不為眾所服。」所以，他推薦「羅川令蕭銑，梁室之後，寬仁大度，請奉之以從眾望」[1]。董景珍等人通知了蕭銑，蕭銑喜出望外，他聲言：隋「貪我土宇，滅我宗祊，我是以痛心疾首，無忘雪恥」。他明確表示要「糾率士庶，敬從來請」。他立即聚集數千人，「揚言討賊而實欲相應」[2]。

蕭銑舉起了恢復蕭梁的旗幟，先自稱梁公，把服色旗幟改成原來梁的模樣，後來又自稱梁王，改元鳴鳳。由此可見，董景珍等推舉蕭銑為首，正符合蕭銑的願望。所以，他迫不及待地聚眾而起，獨樹一幟。

武德元年（六一八）四月，蕭銑做了皇帝，封功臣董景珍等七人為王。派宋王楊道生攻取南郡（即江陵），遂遷都江陵。又命魯王張繡進攻嶺南，隋將張鎮周、王仁壽等抗拒，後來，他們知道隋煬帝已死，遂投降蕭銑。另外，欽州刺史寧長真也以鬱林郡（治所在今廣西貴縣東）、始安郡（治所在今廣西桂林）等地區歸附蕭銑。

蕭銑和林士弘為了爭奪地盤，都派人去招交趾（治所在今越南河內）太守丘和，丘和不從。蕭銑派寧長真率嶺南兵自海路進攻丘和，丘和欲降，司法書佐高士廉勸阻道：「長真兵數雖多，懸軍遠至，不能持久，城中勝兵足以當之，奈何望風受制於人！」丘和遂以高士廉為軍司馬，統水陸軍迎擊寧長真，結果高士廉勝利，寧長真僅以身免，部眾大量被俘。後來，隋煬帝死的消息傳到交趾，丘和、高士廉才歸附於蕭銑。自此以後，「東自九江，西抵三峽，南盡交趾，北距漢川；銑皆有之，勝兵四十餘萬」[3]。

（二）林士弘稱帝建楚

與蕭銑割據勢力同時存在的還有林士弘領導的起義軍。林士弘是鄱陽（今江西波陽）人，大業十二年（六一六）十月，林士弘的同鄉操師乞起義反隋，操師乞自號元興王，年號始興，攻取豫章郡（治所在今江西南昌）以據之，以林士弘為大將軍。隋派持書侍御史劉子翊率軍征討，操師乞中箭而死。林士弘率領其眾，復與劉子翊大戰於彭蠡湖（今鄱陽湖），劉子翊戰敗而死。林士弘兵勢大振，發展到十餘萬人。十二月，林士弘自稱皇帝，國號楚，建元太平。接著，攻取九江（今江西九江）、臨川（今江西撫州）、南康（今江西贛州）、宜春（今江西宜春）等地，各地「豪傑爭殺隋守令，以郡縣應之。其地北自九江，南及番禺，皆為所有」[4]。

武德元年（六一八）四月，原隋的漢陽太守馮盎以蒼梧郡（治所在今廣西梧州東）、高涼郡（治所在今廣東陽江西）、珠崖郡（治所在今海南海口）、番禺（今廣東廣州）等地，歸附了林士弘。

蕭銑是隋的地方官吏，林士弘是農民起義的領袖，他們都從反隋的力量逐步演變為割據勢力。

高祖要統一全國，就不可避免地要和他們較量了。

攻取江陵，統一長江中游及嶺南

平定蕭銑與林士弘是唐統一全國的組成部分。武德二年（六一九），李孝恭、李靖先後進入巴、蜀，準備東下，到武德四年戰爭勝利，正反映了高祖在統一戰爭中有計畫、有步驟的軍事思想。

（一）進兵巴蜀，準備沿江東下

武德二年（六一九）九月，蕭銑派其大將楊道生進攻峽州（治所在今湖北宜昌），被唐峽州刺史許紹擊敗。蕭銑又派其部將陳普環率水軍西上，欲取巴、蜀，又為許詔子許智仁所敗，陳普環被俘。這時，高祖已命李靖兵至夔州（治所在今重慶奉節），蕭銑無力再向西發展。

高祖取下長安以後，命李孝恭自金州（治所在今陝西安康）進入巴蜀。武德二年（六一九），李孝恭被授為信州總管。第二年，改信州為夔州，命李孝恭為夔州總管，「令大造舟楫，教習水戰，以圖蕭銑」。同時，為了取得巴蜀上層人士的支持，還對「巴蜀首領子弟，量才授用，致之左右，外示引擢而實以為質也」5。李靖也於武德二年（六一九）至金州，然後進入巴蜀，又東至峽州。由於久未前進，高祖怒其遲留，暗命峽州總管督許紹將其斬首。許紹認為李靖是難得的將才，竭力為其請命，才得獲免。

武德四年（六二一）正月，李靖向李孝恭提出了平定蕭銑的十條策略。李孝恭轉呈高祖，高祖頗為欣賞，遂以李孝恭未經過戰陣為由，命李靖為行軍總管，兼李孝恭軍長史，委以軍事。

武德四年（六二一）九月，高祖下詔巴、蜀兵東下，以李孝恭為荊湘道行軍總管；李靖攝行軍長史，統十二總管，自夔州順流東下；以廬江王李瑗為荊郢道行軍元帥，黔州刺史田世康出辰州道（治所在今湖南沅陵），黃州總管周法明出夏口道（今湖北漢口），共同圍攻蕭銑。這時，蕭銑統治集團內部也由於諸將爭功奪權，逐步產生了尖銳而複雜的矛盾。蕭銑為了控制諸將，「乃宣言罷兵營農，實欲奪諸將之權」[6]。這樣一來，很快就引起了一些將領的不滿。大司馬董景珍之弟陰謀叛亂，未能得逞而被殺。接著蕭銑又召鎮守長沙（今湖南長沙）的董景珍到江陵，董景珍因怕受其弟的牽連，遂以長沙向李孝恭投降。蕭銑又命齊王張繡進攻長沙，董景珍引用劉邦殺功臣的故事說：「前年醢彭越，往年殺韓信，卿不見之乎，何為相攻！」張繡置之不理，圍攻長沙。董景珍欲突圍而走，為部下所殺。蕭銑遂以張繡為尚書令。張繡恃功驕橫，蕭銑又殺了張繡。「由是功臣諸將皆有離心，兵勢益弱」[7]。在統治集團內部也引起了互相猜疑，有些將領背叛蕭銑而去，力量大大削弱了。

（二）出其不意，乘水漲進軍

正當李孝恭、李靖要進攻蕭銑的時候，長江水漲，諸將請求待水落時進軍，李靖持相反意見道：「兵貴神速。今吾兵始集，銑尚未知，若乘江漲，倏忽抵其城下，掩其不備，此必成擒，不可失也！」[8]十月，李孝恭按照李靖的建議，率戰艦二千餘艘東下，蕭銑果然以為江水上漲，毫無戒備。於是，唐軍順利進至夷陵（今湖北宜昌）。這時，蕭銑一大將文士弘率精兵數萬屯於清江（今湖北恩施）。唐軍大敗文士弘，獲戰艦三百餘艘，唐軍追至百里洲（今湖北枝江南），文士弘又一次失敗逃走。另外，蕭銑的江州總管蓋彥舉也投降了唐軍。

蕭銑為了削奪諸將兵權，實行「罷兵營農」政策，僅留宿衛數千人在江陵。當他聽到唐兵壓境，文士弘戰敗的消息時，大為恐慌。他「倉猝徵兵，皆在江、嶺之外，道途阻遠，不能遽集，乃悉見兵出距戰」。雙方接觸，唐軍先敗後勝，李靖「見其眾亂，縱兵奮擊，大破之，乘勝直抵江陵，入其外郭。又攻水城，拔之，大獲舟艦，李靖使李孝恭盡散之江中」。諸將皆問為什麼獲取敵艦棄而不用，李靖答曰：「蕭銑之地，南出嶺表，東距洞庭，吾懸軍深入，若攻城未拔，援軍四集，吾表面受敵，進退不獲，雖有舟楫，將安用之？今棄舟艦，使塞江而下，援兵見之，必謂江陵已破，未敢輕進，往來覘伺，動淹旬月，吾取之必矣。」果然不出李靖所料，蕭銑援軍見了散之江中的舟楫，疑慮不敢前進。蕭銑的交州刺史丘和、長史高士廉、司馬杜之松等人，聽說蕭銑失敗，都向唐朝投降了。

李孝恭集中力量圍攻江陵，蕭銑自感大勢已去，難已扭轉戰局，遂問策於中書侍郎岑文本。岑文本勸其降唐，同時，又向李孝恭建議：「江南之民，自隋末以來，困於虐政，重於群虎爭，今之存者，皆鋒鏑之餘，跂踵延頸以望真主，是以蕭氏君臣、江陵父老決計歸命，庶幾有所息肩。今若縱兵俘掠，恐自此以南，無復向化之心矣！」李孝恭對岑文本的建議大加稱讚，並禁止軍士為害百姓。另外，當諸將建議對堅決抵抗唐軍的蕭銑將士治罪時，李靖也持不同意見說：「王者之師，宜使義聲先路。彼為主鬥死，乃忠臣也，豈可同叛逆之科籍其家乎！」因此，「城中安堵，秋毫無犯。南方州縣聞之，皆望風款附。銑降數日，援兵至者十餘萬，聞江陵不守，皆釋甲而降。」[9]這種嚴明軍紀，對降者的安撫政策，對穩定長江中游及嶺南一帶起了積極作用。

原來，蕭銑曾命黃門侍郎劉洎向嶺南發展勢力，劉洎曾在嶺南取得五十餘城，當他得知蕭銑失敗後，就以嶺南之地降唐。十一月，蕭銑桂州總管李襲志降唐，李孝恭就以李襲志為桂州（治所在今廣西桂林）總管。同時，又命李靖為嶺南撫慰大使，李靖引兵下九十六州，六十餘萬戶。這樣一來，蕭銑原來的轄地都為唐所有了。

（三）平定林士弘

在唐軍攻破蕭銑之前，林士弘起義軍在接連不斷的勝利聲中，與張善安為首的另一支起義軍發生了矛盾。最初，當林士弘起義於江南後，張善安也在江北攻陷廬江郡（治所在今安徽合肥），然後渡過長江，歸附林士弘於豫章（今江西南昌）。後因受到林士弘的猜疑，遂和林士弘發生了武力衝突。結果，張善安於武德五年（六二二）二月投降了唐朝。同時，蕭銑也曾派兵攻克豫章，使林士弘遭到重大損失。蕭銑失敗降唐以後，其潰散的隊伍中有很多人歸附林士弘，林士弘的力量才稍有恢復。武德五年（六二二）十月，林士弘命其弟鄱陽王林藥師進攻循州（治所在今廣東惠州），戰敗被殺。其部將王戎又以南昌州（今江西永修北，舊建昌）投降唐軍。林士弘驚恐萬狀，逃到安成（今江西安福）山洞中，又被唐軍擊敗，林士弘死去，所餘少數起義群眾散居各地。這支堅持了六年之久的起義軍，最後失敗了。

自此以後，長江中游和嶺南一帶，都統一在唐朝的勢力範圍之內了。

（四）岑文本、劉洎歸唐

在平定蕭銑的過程中，岑文本、劉洎先後加入高祖統治集團，也是值得注意的。

岑文本，字景仁，南陽棘陽（今河南唐河西南湖陽鎮）人，他「博考經史，多所貫綜，美談論，善屬文」。蕭銑稱帝於江陵後，召他為中書侍郎，「專典文翰」。武德年間，「詔誥及軍國大事，文皆出於顏師古」。貞觀初年主要就是岑文本了，「文本所草詔誥，或眾務繁湊，即命書僮六七人隨口並寫，須臾悉成，亦殆盡其妙」。李世民以他為中書侍郎，「專典機密」[10]。他還與令狐德棻共撰《周史》，其史論多出岑文本。他為李世民治理國家盡心竭力，所以，死後陪葬昭陵。

劉洎，字思道，江陵（今湖北江陵）人。隋末，為蕭銑黃門侍郎，歸唐後，為南康州都督府長史。劉洎顯著的特點，是敢於向皇帝陳述自己的見解。所以李世民說：「自朕臨御天下，虛心正直，即有魏徵朝夕進諫。自徵亡，劉洎、岑文本、馬周、褚遂良等繼之。」劉洎力排眾議，堅持己見的事實很多，有一次，李世民說：「夫人臣之對帝王，多順旨而不逆，甘言以取容。朕今發問，欲聞己過，卿等須言朕愆失。」長孫無忌、李靖、楊師道等都異口同聲說：「陛下聖化致太平，臣等不見其失。」劉洎立即持不同意見說：「陛下化高萬古，誠如無忌等言。然頃上書人不稱旨者，或面加窮詰，無不慚退，恐非獎進言者之路。」李世民道：「卿言是也，當為卿改之。」[11]可見，類似魏徵的劉洎，對貞觀之治的形成是起了積極作用的。

註釋

1《資治通鑑》卷一八四，義寧元年十月。
2《舊唐書》卷五六，〈蕭銑傳〉。
3《資治通鑑》卷一八五，武德元年四月。
4《資治通鑑》卷一八三，大業十二年十二月。
5《舊唐書》卷六〇，〈河間王孝恭傳〉。
6《資治通鑑》卷一八八，武德三年十一月。
7《資治通鑑》卷一八八，武德三年十二月。
8《資治通鑑》卷一八九，武德四年九月。
9《資治通鑑》卷一八九，武德四年十月。
10《舊唐書》卷七〇，〈岑文本傳〉。
11《舊唐書》卷七四，〈劉洎傳〉。

第十章　統一長江下游與東南

隋末的長江下游與東南一帶，有農民起義軍，有地方割據勢力，還有隋朝的殘餘力量。他們互相攻伐，各自為政，沒有形成可以左右國家局面的強大隊伍，更沒有明確的奮鬥目標，所以，最後都被唐軍所統一。

杜伏威領導的起義軍及其他江淮勢力

隋唐之際，活動於江淮一帶最強大的隊伍是杜伏威、輔公祏領導的起義軍，他們從山東轉戰到江淮，有力地打擊了隋王朝的黑暗統治。另外，在長江下游和東南一帶，還有李子通領導的起義軍、沈法興領導的割據勢力以及陳稜為首的隋軍殘餘勢力。

（一）杜伏威起義及其發展

杜伏威、輔公祏領導的起義軍，是隋末農民戰爭中一支較為強大的隊伍，他們從山東轉戰江淮，在打擊隋皇朝黑暗統治的鬥爭中，有非常重要的貢獻。

杜伏威、輔公祏起義是在大業九年（六一三）年底。這一年，隋煬帝不顧第一次進攻高麗失敗的教訓，又發動了第二次進攻高麗的戰爭。由於戰爭帶來的沉重災難，激起了廣大農民更加激烈的反抗。隋朝的滅亡已是指日可待，隋煬帝統治集團內部的矛盾也日益激化，楊玄感發動推翻隋煬帝的戰爭，正是統治集團內部矛盾激化的產物。楊玄感起兵雖然失敗，但它卻反映了全國各地反對隋煬帝暴政的要求，其影響極為深遠。大業九年（六一三）八月楊玄感失敗，九月就有東海（今江蘇連雲港西南）彭孝才起義，十月又有呂明星圍攻東郡（治所在今河南滑縣東），十一月又有扶風（今陝西鳳翔）向海明起義等等。這一切說明，楊玄感失敗以後，廣大人民反抗隋煬帝政權的浪潮正在日益高漲。杜伏威、輔公祏也在這時起義，正標誌著農民起義的形勢繼續發展。

杜伏威是齊州章丘（今山東章丘）人，由於其「家貧無以自給」，遂和有「刎頸之交」的輔公祏聚眾起義。雖然他僅十六歲，但在和官軍作戰時非常勇敢，「出則居前，入則殿後」。這樣一來，就自然得到了群眾的擁護和愛戴，成了領袖人物。

大業九年（六一三）十二月，杜伏威率眾入長白山（在今山東鄒平南、章丘和淄博之間），參加左君行領導的起義軍。後來，由於和左君行的意見不合，離開長白山，轉戰到江淮去了。這時，在下邳（今江蘇睢寧西北）還有一支苗海潮領導的起義軍。杜伏威為了壯大力量，派輔公祏用軟硬兼施的手段，既說明「同苦隋政，各興大義，力分勢弱，常恐見擒」，應該「合以為強，以免隋軍相制」；同時，又強硬地表示：若不「聽命」，就要「一戰以決雄雌」[1]，迫使苗海潮率眾加入了自己的隊伍。這樣一來，杜伏威、輔公祏領導的起義隊伍，力量更加強大了。

隋煬帝當然不會坐視農民起義隊伍的日益壯大。正當杜伏威領導的起義軍成長發展的時候，隋江都留守命校尉宋顥率軍前去征討。起義軍與隋軍稍一接觸，即佯敗後退，把隋軍誘入葭蘆中，然後縱火焚燒，使宋顥全軍覆沒。這次勝利，大大提高了杜伏威起義軍的聲威。

大業十三年（六一七）正月，隋煬帝命右御衛將軍陳稜帶精銳之師八千人進攻杜伏威。陳稜懾於杜伏威的威力，不敢直接向杜伏威進攻。杜伏威為激怒陳稜，派人送給他一套婦女衣服，並且致書稱他「陳姥」。這一作法，果然生效，陳稜惱羞成怒，傾巢而出。杜伏威親自出陣挑戰，出其不意，被陳稜部將射中其額。杜伏威怒不可遏地指著射箭者道：「不殺汝，我終不拔箭。」[2]他奮不顧身地衝向隋軍，捉住射箭者，使其將箭拔下，然後將他斬首。由於杜伏威身先士卒，起義軍努力衝殺，隋軍全線潰亂，陳稜僅以身免。杜伏威乘勝攻破高郵（今江蘇高郵北），占據歷陽（今安徽和縣），在歷陽自稱總管，同時，還派遣所部分別取得附近許多地方。在這種形勢下，江淮之間許多小股起義軍紛紛加入了杜伏威的隊伍。杜伏威領導的農民起義軍也就成了江淮一帶最強大的反隋力量了。

當宇文化及縊殺了隋煬帝北返的時候，曾命杜伏威為歷陽太守。杜伏威拒不接受，反而上表於東都的越王侗，越王侗命他為東道大總管，封楚王。隋朝的黑暗統治是生產力發展的障礙；反隋就是開闢歷史前進的道路。儘管隋煬帝已經死了，但隋朝的殘餘勢力還在起著維護黑暗統治的作用。因此，杜伏威向越王侗上表稱臣是與歷史前進的方向背道而馳的。不過，從當時的實際情況看來，隋朝的統治已分崩離析，越王侗在實際上不能支配杜伏威，所以，事實上杜伏威仍然是一支獨立活動的力量，仍然在不斷地削弱著隋朝的黑暗統治。

（二）李子通領導的起義軍

在江、淮一帶，與杜伏威領導的起義軍密切相關的還有兩支隊伍，一支是李子通領導的農民起義軍，一支是沈法興領導的武裝割據勢力。

李子通是東海（即海州，治所在今江蘇連雲港西南海州鎮）人。他家庭貧困，以漁獵為業。因為他經常幫助別人解決困難，所以在鄉里頗有聲望。隋朝末年，當農民起義遍地而起的時候，他加入了長白山左才相領導的起義隊伍。他很善於團結群眾，不到半年，隊伍就有一萬人之眾了。左才相嫉妒他的才能，又害怕他的力量發展太快對自己不利，於是，迫使李子通離開了長白山。李子通後到了淮南，加入了杜伏威領導的起義軍。不久，李子通妄圖謀殺杜伏威，在突然襲擊時，杜伏威身受重傷，被其養子、得力部將王雄誕負之逃到葭葦中，才倖免於難。隋軍將領來整乘著農民軍內部矛盾的爆發，首先進攻杜伏威，接著又進攻李子通。杜伏威遭到重大失敗；李子通亦失敗，奔向海陵（今江蘇泰州），在這裡自稱將軍，整頓隊伍後，還有兩萬餘人。

（三）沈法興領導的割據勢力

沈法興是湖州武康（今浙江德清西武康）人，是江南的世家大族。他的父親沈恪是陳朝的廣州刺史，他是隋朝的吳興（治所在今浙江吳興）郡守。沈法興曾奉隋煬帝之命和太僕丞元祐共同鎮壓過農民起義。在宇文化及殺了隋煬帝之後，他「自以代居南土，宗族數千家，為遠近所服」，於是，逮捕了元祐，以誅宇文化及為名，「發自東陽，行收兵，將趨江都，下餘杭郡。比至烏程，精卒六萬」。接著又先後攻下毗陵（今江蘇常州）、丹陽（今江蘇南京）共占有江南十餘郡之地，自稱江南道總管。雖然他也曾上表越王侗，表示願意臣屬之意，但事實上他自置百官，後又稱梁王，儼然是一個獨立的政權。自此以後，他又自以為「江淮之南可指撝而定，專立威行，將士有小過，便即誅戮，而言笑自若，由是將士解體」[3]。這樣他就只能每況愈下了。

（四）以陳稜為首的隋軍殘餘勢力

另外，還有陳稜率領的一部分隋軍殘餘勢力。陳稜曾經到過台灣，跟隨隋煬帝進攻過高麗，鎮壓過楊玄感起義和農民起義，是很受隋煬帝重用的將領。宇文化及殺死了隋煬帝之後，就命他為江都太守，成為江、淮一帶隋朝的主要力量了。

武德元年（六一八）四月，宇文化及率領隋朝的十多萬軍隊北返以後，在江、淮一帶活動的，主要是以歷陽（今安徽和縣）為中心的杜伏威起義軍，以海稜（今江蘇泰州）為中心的李子通起義軍，以毗陵（今江蘇常州）為中心的沈法興地方割據勢力，還有以江都（今江蘇揚州）為中心的陳稜隋朝殘餘勢力。

武德二年（六一九）九月，李子通圍攻江都，陳稜向沈法興和杜伏威同時求援。沈法興派其子沈綸帶兵數萬和杜伏威共同增援陳稜，兩支援軍相距數十里之遠。李子通為了阻止援軍的前進，招募了一些江南人偽稱沈綸部下，夜襲杜伏威營，杜伏威誤以為真的是沈綸來襲，遂派兵襲擊了沈綸。於是，兩軍互相猜疑，不敢前進。李子通乘機猛攻江都，終於取得了勝利。接著又打敗沈綸，迫使杜伏威撤兵。李子通占據江都，立即就做了皇帝，國號為吳，改元明政。在這次戰爭中，陳稜兵敗，失去地盤，只好投靠杜伏威去了。

武德三年（六二〇），李子通渡江進攻沈法興，首先奪取京口（今江蘇鎮江），繼又在庱亭（今江蘇常州西北）大敗沈法興的部將蔣元超。沈法興放棄毗陵，逃往吳郡（今江蘇蘇州），於是，丹陽（今江蘇南京）、毗陵一帶都成了李子通的勢力範圍。

武德三年（六二〇）十二月，杜伏威命輔公祏、闞稜、王雄誕等率數千人進攻李子通。輔公祏攻克丹陽，李子通反攻，初獲小勝，繼又被王雄誕打敗。李子通放棄江都，退守京口。這樣一來，淮南、江北一帶全為杜伏威所有。為了便於向江南發展，杜伏威又把政治中心由歷陽遷到了丹陽。

李子通在京口稍加休整，又東向太湖，進攻吳郡的沈法興。沈法興戰敗，狼狽逃竄，被李子通追得走投無路，跳江自盡了。於是，「子通軍勢復振，徙都餘杭，盡收法興之地，北自太湖，南至（五）嶺，東包會稽，西距宣城，皆有之」4。

（五）杜伏威降唐

高祖建唐後，以長安為中心，關中為根據地，積極擴充勢力，影響愈來愈大。面臨這種形勢，杜伏威於武德二年（六一九）八月向唐投降，高祖以他為淮南安撫大使、和州總管。武德三年（六二〇）六月，又命他「總管江、淮以南諸軍事、揚州刺史、東南道行台尚書令、淮南道安撫使，進封吳王，賜姓李氏。以輔公祏為行台左僕射，封舒國公」5。這樣一來，杜伏威就正式成為唐朝的地方官了。

武德四年（六二一）元月，杜伏威派陳正通、徐紹崇帶兵二千人，幫助李世民襲擊王世充，攻克梁縣（今河南臨汝），取得了勝利。十一月，杜伏威又派王雄誕進攻李子通，李子通守獨松嶺（今浙江杭州西北武康附近），王雄誕部將陳當「將千餘人，乘高據險以逼之，多張旗幟，夜則縛炬火於樹，布滿山澤。子通懼，燒營走保杭州；雄誕追擊之，又敗之於城下」，李子通被迫投降。杜伏威把李子通送往長安，占領了李子通原有的地盤。接著，王雄誕又打敗了歙州（今安徽歙縣）一帶的汪華起義軍和昆山（今江蘇昆山）一帶的聞人遂安起義軍。「於是伏威盡有淮南、江東之地，南至嶺，東距海」6。這是杜伏威勢力最盛之時。

杜伏威對李子通的戰爭，是高祖重新統一中國的組成部分。這時，瓦崗軍已經失敗，唐軍又打敗了河北的竇建德起義軍，平定了中原的王世充割據勢力，正在逐步統一各地的起義軍和地方割據勢力。杜伏威以唐朝使臣的身分消滅了李子通起義軍，正是執行了高祖統一戰爭的使命。

武德五年（六二二）七月，杜伏威到了長安，高祖命他為太子太保，仍兼行台尚書令，位在齊王元吉之上，並以隨同杜伏威入朝的闞稜為左領軍將軍。

李子通被送到長安，受到高祖「賜宅一區，公田五頃」[7]的優待。當他獲悉杜伏威也到了長安後，就打算重返江東，捲土重來。不料，他剛離開長安，到了藍田關（在今陝西藍田境內），就被唐朝官吏逮捕殺害了。

輔公祏的反唐與失敗

輔公祏與杜伏威本來就有不和諧之處，所以，杜伏威降唐後，輔公祏就起兵反唐。由於隋朝的滅亡，高祖統一戰爭的不斷進展，各地反隋浪潮也因釜底抽薪而日益低落。這時，人心思安，與隋末人們走投無路而反隋情緒日益高漲截然不同，所以，輔公祏反唐很快就失敗了。

（一）輔公祏反唐

杜伏威前往長安的時候，表面上命輔公祏留守丹陽，而實際上卻讓其養子、親信大將王雄誕掌握著實際大權。

本來，輔公祏與杜伏威有「刎頸之交」，是共同起義的夥伴；在起義軍中，他的地位僅次於杜伏威。但是，由於「公祏年長，伏威兄事之，軍中謂之伯父，畏敬與伏威等」。這樣一來，杜伏威就逐漸嫉妒起輔公祏來了。杜伏威為了控制輔公祏，遂命其「養子闞稜為左將軍，王雄誕為右將軍，潛奪其兵權。公祏知之，怏怏不平，與其故人左游仙陽為學道，辟谷以自晦」。顯而易見，杜伏威與輔公祏之間的裂痕是由來已久了。

當杜伏威到長安去的時候，曾經囑咐王雄誕說：「吾至長安，苟不失職，勿令公祏為變。」不難看出，這是要王雄誕緊緊控制住輔公祏。但事與願違，杜伏威於武德五年（六二二）七月赴長安後，武德六年（六二三）八月，輔公祏就和左游仙開始擅自行動了。輔公祏首先製造輿論，詐稱得到杜伏威的來信，信中懷疑王雄誕有了二心。王雄誕聞訊後，極不愉快，稱病不再視事。輔公祏乘機奪取兵權，然後要求王雄誕共同造反。這時，王雄誕才知道自己上當了，追悔莫及，於是他向輔公祏表示：「今天下方平，吳王（杜伏威）又在京師，大唐兵威，所向無敵，奈何無故自求族滅乎！雄誕有死而已，不敢聞命。」[8] 輔公祏殺了王雄誕，一面製造輿論說：杜伏威不能回江南，因而給他來信，要他起兵反唐；一面準備武器，儲存軍糧；同時，又在丹陽稱帝，國號宋，以左游仙為兵部尚書、東南大使、越州總管。並聯絡在豫章（在江西南昌）的張善安起義軍，正式舉起了反唐的旗幟。

（二）李孝恭、李靖進軍東南

剛剛建唐稱帝的高祖，當然不會允許反唐勢力的任意發展，所以，消息傳到長安，高祖立即派兵鎮壓。襄州道行台尚書左僕射趙郡王李孝恭奉命為行軍元帥，統帥李靖、黃君漢、李世勣等各部軍隊進攻輔公祏。輔公祏派其部將馮慧亮、陳當世率水軍三萬屯博望山（今安徽當塗西南東梁山），又派陳正通、徐紹宗將步騎三萬屯青林山（今安徽當塗東南），並於梁山（即今安徽和縣西梁山，與博望山隔江對峙，形勢險要，西晉以來，屢為攻守要地）連鐵鎖以斷江路，企圖以此阻止唐軍沿江東下。李孝恭、李靖先派兵斷其糧道，然後以戰鬥力稍差的部隊發動進攻，稍進即退，馮慧亮等出動追擊，待馮慧亮等部離開其堅守要塞時，李孝恭、李靖突然以主力出擊，大敗馮慧亮等軍。李靖乘勝先破丹陽，輔公祏棄城東走，欲到會稽左游仙處，但未達目的，行至武康（今浙江德清西武康）被俘，後來在丹陽被殺了。在這次鎮壓輔公祏的戰爭中，隨杜伏威赴長安的闞稜也極為賣力，但他自恃功高，頗多矜伐，終於也被李孝恭以「謀反」的罪名處死了。

鎮壓了輔公祏起義以後，李孝恭風聞輔公祏是奉杜伏威之命造反的，但他「不曉其詐，遽以奏聞」，這時杜伏威已死，於是，「乃除伏威名，籍沒其妻子。貞觀元年，太宗知其冤，赦之，復其官爵，葬以公禮」9。這更充分說明，杜伏威在最後確實是死心塌地地投降唐朝了。

曾經響應輔公祏起義的張善安，也於武德六年（六二三）十二月被唐軍安撫大使李大亮誘騙到長安，遭到了殺害。

張善安，兗州方與（今山東魚台）人，隋末乘機起義，轉戰淮南，有眾百餘人。後發展到八百人，到豫章（今江西南昌）歸附於林士弘。因未取得林士弘的信任，他於武德五年（六二二）正月以虔（治所在今江西贛州）、吉（治所在今江西吉安）等五州之地，投降唐朝，被命為洪州（治所在今江西南昌）總管。

武德六年（六二三）三月，張善安又叛唐，響應輔公祏起義。八月，輔公祏以張善安為西南道大行台。十二月，唐安撫使李大亮進攻洪州，李大亮於陣前曉以禍福，勸張善安投降。張善安道：「善安初無反心，正為將士所誤；欲降又恐不免。」李大亮以友善的態度，對其親切安慰，免其叛唐之罪，誘騙張善安入唐營，將其逮捕。張善安部眾獲悉，又欲進攻唐軍，李大亮欺騙張善安部眾說：「吾不留總管（張善安）。總管赤心歸國，謂我曰：『若還營，恐將士或有異同，為其所制。』故自留不去耳，卿輩何怒於我！」張善安部眾不知其情，反罵張善安道：「張總管賣我以自媚於人」[10]。遂潰散而去。就這樣，張善安被送到長安斬首了。

輔公祏反唐，是隋末農民起義的繼續。但是，在經過長期的戰爭之後，社會生產急待恢復，經濟的發展，刻不容緩。所以，人心思安，希望能夠有個安定的環境。王雄誕認為，「天下方平」，反唐是「無故自求族滅」。反映了相當一部分人希望平安的生活，不願再鋌而走險；輔公祏起義後，沒有提出明確的政治目的和要求，這樣，就難以發展隊伍，擴大影響。正因為這樣，輔公祏就不能像隋朝末年王薄起義那樣，以《無向遼東浪死歌》鼓動群眾，公開反對隋煬帝進攻高麗；也不像瓦崗軍那樣，指出隋煬帝的罪狀，號召群眾推翻隋煬帝政權。因此，輔公祏反唐就不能像隋末農民起義那樣，迅猛異常，勢不可擋，而是很快失敗了。這更進一步說明，任何歷史人物的活動，都不能超出他所處的時代所允可的範圍。

唐軍鎮壓了輔公祏起義後，「北自淮，東包江，度嶺而南，盡統之」[11]，也就是長江下游和東南一帶都為唐所統一了。

註釋

1《舊唐書》卷五六，〈杜伏威傳〉。
2《舊唐書》卷五六，〈杜伏威傳〉。
3《舊唐書》卷五六，〈沈法興傳〉。
4《資治通鑑》卷一八八，武德三年十二月。
5《資治通鑑》卷一八八，武德三年六月。
6《資治通鑑》卷一八五，武德四年十一月。
7《舊唐書》卷五六，〈李子通傳〉。
8《資治通鑑》卷一九〇，武德六年八月。
9《舊唐書》卷五六，〈杜伏威傳〉。
10《資治通鑑》卷一九〇，武德六年十二月。
11《新唐書》卷七八，〈河間王孝恭傳〉。

第十一章　消滅劉黑闥和徐圓朗起義軍

竇建德失敗以後，由於唐對竇建德餘部的政策有所失誤，致使劉黑闥舉兵反唐，再次掀起一場戰爭。李建成總結經驗，吸取以往的教訓，用軟硬兼施的手段，最後結束了這場戰爭。

劉黑闥起義

為了反抗唐對竇建德餘部的搜捕，劉黑闥又鋌而走險，起兵反唐，雖然也曾強大一時，頗有影響，但由於當時人心思安，終於未能形成動搖高祖統治的可觀力量。

（一）劉黑闥被迫起義

劉黑闥是貝州漳南（今山東武城東北）人，「與竇建德少相友善，家貧無以自給，建德每資之」。隋末農民起義爆發後，他先參加了平原（今山東平原西南）人郝孝德起義軍。大業十二年（六一六）又隨郝孝德加入了瓦崗軍。瓦崗軍失敗，他被王世充俘虜，「世充素聞其勇，以為騎將。見世充所為而竊笑之，乃亡歸建德，建德署為將軍，封漢東郡公，今將奇兵東西掩襲」[1]。竇建德失敗後，他隱匿於漳南，杜門不出。

關於劉黑闥怎樣歸附竇建德的問題，史籍記載不一。《新唐書》卷八六〈劉黑闥傳〉和《資治通鑑》卷一八八，均載李世勣俘虜了劉黑闥，「獻於建德」。根據事實分析，這種記載不一定可信。因為劉黑闥與竇建德關係甚好；反之，劉黑闥又瞧不起王世充，容易產生背離王世充的想法；再者，劉黑闥歸附竇建德後，竇建德既未責備他，又加以重用，當然是「亡歸建德」的可能性較大。另外，《舊唐書》卷五五〈校勘記〉說明刪去李世勣「虜黑闥獻於」建德的理由也較充分，所以筆者認為《舊唐書》卷五五〈劉黑闥傳〉所載「亡歸建德」是正確的。

高祖為了徹底消滅河北農民軍的力量，在殺了竇建德以後，又四處搜捕原來參加過河北起義軍的將領，以致「建德故將皆驚懼不安」。范願、曹湛、高雅賢等，都在高祖徵召之列。他們互相聯絡，分析了當時的形勢，共同認為，「王世充以洛陽降唐，其將相大臣段達、單雄信等皆夷滅；吾屬至長安，必不免矣」。同時，他們又看到竇建德俘虜了唐朝的淮安王，「遇以客禮」，而「唐得夏王即殺之」[2]的事實，因此，他們得出結論，絕不能到長安去，必須東山再起，捲土重來。他們找到竇建德另一個部將劉雅，劉雅安於現狀，不願再舉兵起義。所以他說：「天下已平，樂在丘園為農夫耳。起兵之事，非所願也。」[3]這種情緒，充分反映了在全國日趨統一的形勢下，廣大農民希望有一個安定的生產環境。正是由於廣大農民的這種願望，當唐初封建秩序稍加穩定，生產力稍有發展餘地的時候，農民起義就不可能像隋朝末年那樣，大規模地發展了。劉黑闥起義軍雖又強大一時，但和整個隋末農民起義聯繫起來看，也不過是強弩之末而已。

為了求得生存的范願等人，得不到劉雅的支持，又怕走漏風聲，於是殺了劉雅，到漳南去找劉黑闥。劉黑闥欣然同意夥伴們的意見，遂殺了自己的耕牛，為大家的共同飲食，以表再次起義的決心。他們聚眾百餘人，占據了漳南縣，於武德四年（六二一）七月又一次宣布起義了。

劉黑闥起義，是高祖統治集團政策的失誤。對竇建德部屬，唐朝官員不是因勢利導，而是「以法繩之，或加棰撻」[4]，再者，竇建德被殺，當然會使他們知道去了長安只能是自投羅網。束手就擒，不如鋌而走險。所以，劉黑闥起義是不可避免的。

（二）劉黑闥力量的發展與影響

劉黑闥等人起義後，很快占據漳南。八月，又攻破鄃縣（今山東夏津）。唐朝的魏州（治所在今河北大名北）刺史權威和貝州（治所在今河北清河西）刺史戴元祥，都在與劉黑闥作戰中被殺。接著，又攻克歷亭（今山東武城東），擒殺唐屯衛將軍王行敏。劉黑闥的節節勝利，影響越來越大，曾經投降唐朝的農民起義領袖徐圓朗，這時又背唐而參加劉黑闥的起義軍了。

徐圓朗是兗州（治所在今山東兗州）人，大業十三年（六一七）正月，他攻陷東平（今山東東平西北），又繼續向各地發展，自琅玡（今山東臨沂）以西，北至東平，都為其勢力範圍，有眾二萬餘人。他曾經歸附瓦崗軍，瓦崗軍失敗後，歸附竇建德。竇建德失敗，又投降唐朝。高祖以他為兗州總管，封魯郡公。劉黑闥再次起義後，徐圓朗於武德四年（六二一）八月在任城（今山東濟寧）逮捕了唐朝安集河南的使臣盛彥師，舉兵響應劉黑闥。劉黑闥遂以徐圓朗為大行台元帥。九月，徐圓朗又自稱魯王。就在這時，淮安王李神通率關內兵至冀州（治所在今河北冀縣），與幽州（治所在今北京）總管李藝合兵，又發邢（治所在今河北邢台）、洺（治所在今河北永年東南）、相（治所在今河南安陽）、魏（治所在今河北大名北）、恆（治所在今河北正定）、趙（治所在今河北趙縣）等州兵共五萬餘人，與劉黑闥戰於饒陽（今河北饒陽）。就雙方力量的對比看，唐軍居於優勢。在風雪交加之中，展開激戰。李神通大敗，士馬軍資損失三分之二。李藝先小勝於高雅賢，後又大敗於劉黑闥，狼狽不堪地退回幽州去了。經過這次大戰，劉黑闥兵勢大振，新建的唐朝，受到一次沉重的打擊。

劉黑闥打敗李神通，頗有影響。響應劉黑闥者，日益增多，如觀州（今山東東光）人執刺史雷德備，以城降；毛州（今河北館陶）人殺其刺史趙元愷響應劉黑闥；曾經投降唐朝的農民起義領袖高開道，這時也公開背離唐朝，復稱燕王，與劉黑闥互相聯結；原來竇建德的部下更是「爭殺唐官吏以應黑闥」。十二月，劉黑闥又進逼宗城（今河北威縣東），唐守將李世勣棄城走保洺州。劉黑闥跟蹤出擊，大敗李世勣，殺步卒五千人，李世勣僅以身免。接著，劉黑闥又攻下相州、衛州（治所在今河南衛縣）等地，「盡復建德舊境」。唐朝的「右武衛將軍秦武通、洺州刺史陳君賓、永寧（永年）令程名振皆自河北遁歸長安」5。劉黑闥又一次取得了較大的勝利。

武德五年（六二二）正月，劉黑闥自稱漢東王，改元天造，定都洺州（治所在今河北永年東南）。「竇建德時文武悉復本位。其設法行政，悉師建德，而攻戰勇決過之。」6

（三）李世民打敗劉黑闥

唐軍在接連失敗後，武德四年（六二一）十二月，高祖命秦王李世民和齊王李元吉率軍征討劉黑闥。武德五年（六二二）正月，李世民軍至獲嘉（今河南獲嘉），劉黑闥放棄相州，退保洺州。唐軍又取得相州，進軍肥鄉（今河北肥鄉），逼近洺水（今河北曲周東南）。幽州總管李藝也同時行動，配合李世民進攻劉黑闥。劉黑闥留兵萬人，使范願守洺州，自己親自率軍迎擊李藝。唐軍虛張聲勢，進攻洺州，范願未弄清敵情，驚慌失措，馳告劉黑闥，劉黑闥急還洺州，留其弟劉十善和行台張君立將兵一萬，拒李藝於彭城（今河北冀縣），後來，在徐河（今河北保定東北）

一戰，劉十善、張君立大敗，損失八千人。

與此同時，唐軍占領洺水。二月，劉黑闥又還攻洺水，李世民特派勇將羅士信代替原守將王君廓。劉黑闥連攻八日，晝夜不停，終於攻下洺水，擒殺羅士信。

羅士信，齊州歷城（今山東濟南）人。隋末，在鎮壓農民起義過程中，頗受隋將張須陀稱讚，張須陀還將自己所乘之馬送給他，以表彰他為隋立下的戰功。隋煬帝也命畫工畫張須陀與羅士信戰陣圖，以示鼓勵。後來，張須陀被瓦崗軍所殺，羅士信又投靠了瓦崗軍。瓦崗軍失敗，他為王世充所俘。雖然「世充知其驍勇，厚禮之，與同寢食」[7]，但他卻對王世充不滿，遂乘唐軍與王世充交戰之機，於谷州（在今河南新安）降唐。這次追隨李世民進攻劉黑闥，李世民付以重任，命其據守洺水，結果，城陷被俘。劉黑闥勸降不成，將其斬首，時年二十歲。這對唐軍來說，當然是一大損失，所以，李世民對其死亡甚為傷惜，遂購其屍，葬於北邙（今河南洛陽北）。

不久，李世民取得洺水，雙方又展開了激烈大戰。

三月，劉黑闥向唐軍多次挑戰，李世民堅壁不應，但暗中卻斷絕劉黑闥的糧道。這時，劉黑闥正從冀（治所在今河北冀縣）、貝（治所在今河北清河）、滄（治所在今河北滄州東南）、瀛（治所在今河北河間）諸州運糧，水陸俱進。唐軍沉其舟、焚其車，斷絕了劉黑闥的糧草來源。雙方相持六十多天，劉黑闥軍糧缺乏，急於決戰。李世民在暗中派人於洺水上流築堰，準備乘機水淹劉黑闥軍。劉黑闥率軍南渡洺水與唐軍決戰，自午戰至日落，劉黑闥自感難以堅持，錯誤地擅自離開戰場，暗中逃走。餘眾雖遭失敗，但還在奮勇戰鬥之際，李世民命令上流決堰放水，唐軍早有準備，農民軍措手不及，前進不能，後退無路，被水淹死者數千人。劉黑闥與范願等二百餘騎逃奔突厥去了。在這次戰鬥中，劉黑闥等少數領導人，在危難之際，不是身先士卒，奮勇殺敵，或者率眾突圍，擺脫不利處境，而是不顧官兵死活，暗中逃走，顯然是不能容忍的罪過。農民軍的嚴重失敗，是與劉黑闥的罪過分不開的。

李世民在戰勝劉黑闥後，又打敗了徐圓朗，攻取了徐圓朗的十餘座城池，連淮、泗一帶都受到影響。杜伏威降唐與此密切相關。在接連不斷的勝利聲中，李世民使李神通、行軍總管任瓌、李世勣繼續進攻徐圓朗，自己於七月回長安去了。

李建成消滅劉黑闥

劉黑闥作戰失利，又勾結突厥，繼續與唐為敵。太子李建成由於感到李世民的戰功日多，對自己形成威脅，遂請求出征，要求去徹底消滅劉黑闥殘餘勢力。在魏徵的幫助下，終於取得了戰功。

（一）李建成請求出征

面對李世民的強大唐軍，劉黑闥雖然已不可能挽回敗局，但他並不甘心於自己的失敗，所以，在他逃奔突厥後，又不斷勾結突厥進攻河北一帶。武德五年（六二二）四月，突厥數萬騎與劉黑闥共同圍攻唐代州總管李大恩於新城（今山西朔南），李大恩戰敗而死。六月，劉黑闥引突厥進攻定州（治所在今河北定縣），九月，劉黑闥攻克瀛州（治所在今河北河間），殺瀛州刺史馬匡武。十月，貝州刺史許善護與劉黑闥弟劉十善戰鄃縣（今山東夏津），許善護戰敗，全軍覆沒。觀州刺史劉會向劉黑闥投降。行軍總管淮陽王李道玄率軍三萬與劉黑闥戰於下博（今河北深縣東南），由於副將史萬寶與李道玄步調不一，未能互相配合，遂遭大敗。李道玄被劉黑闥所殺，史萬寶倉猝逃走。後來李世民知道此事，還「為之流涕」。

唐軍的這次失敗，致使「山東震駭，洺州總管廬江王瑗棄城西走，州縣皆叛附於黑闥，旬日間，黑闥盡復故地」，劉黑闥又進據洺州。十一月，滄州刺史程大買懾於劉黑闥的威力，也棄城而逃。奉詔「討劉黑闥於山東」的領軍大將軍、并州大總管齊王李元吉也「畏黑闥兵強，不敢進」。

當時，高祖統治集團內部的矛盾也日益激化，李世民由於屢建戰功，威望日益提高；李元吉也竭力拉攏別人，擴大私人勢力；李建成雖然年長而為太子，但李世民的地位日益顯要，也使他頗感威脅。因此，太子中允王珪、洗馬魏徵勸太子說：「秦王功蓋天下，中外歸心；殿下但以年長位居東宮，無大功以鎮服海內。今劉黑闥散亡之餘，眾不滿萬，資糧匱乏，以大軍臨之，勢如拉朽，殿下宜自擊之以取功名，因結納山東豪傑，庶可自安。」[8]李建成接受了這個建議，向高祖請求出征。

在此期間，劉黑闥又擁兵南進，自相州（治所在今河南安陽）以北的州縣皆為劉黑闥所有，只有魏州（治所在今河北大名北）總管田留安堅守魏州。

（二）劉黑闥被殺於洺州

李建成率軍東進，軍至昌樂（今河南南樂），劉黑闥引兵阻擊，不能前進。魏徵為李建成分析了前次沒有徹底消滅劉黑闥起義軍的教訓。魏徵說：「前破黑闥，其將帥皆懸名處死，妻子繫虜，故齊王之來，雖有詔書赦其黨與之罪，皆莫之信。今宜悉解其囚俘，慰諭遣之，則可坐視離散矣！」[9]李建成同意這種看法，主張改變策略，分化瓦解劉黑闥的隊伍。這時，劉黑闥的主力軍正在圍攻魏州，田留安一面勒兵拒守，一面在城內安定民心，爭取群眾。這種軟硬兼施，分化瓦解的策略，使很多群眾不再響應劉黑闥起義，同時，在劉黑闥軍糧恐慌之際，還有少數自動亡散者。為了避免李建成和田留安的內外夾攻，劉黑闥主動撤圍北走，行至陶館（今河北陶館），一面派王小胡背水而陣，阻擊唐軍，一面在永濟渠上架橋。劉黑闥率軍過橋而西，唐軍尾隨而至。由於中途橋壞，唐軍未能全部渡渠，劉黑闥雖然保存了一定的力量，但已遭到重大損失。

武德六年（六二三）正月，劉黑闥率領餘部到達饒陽（今河北饒陽），劉黑闥的饒州（今河北深縣）刺吏諸葛德威假意出迎，騙劉黑闥入城，然後突然襲擊，執劉黑闥等人，投降唐軍。劉黑闥與其弟劉十善都被殺於洺州。

與此同時，李神通和李世勣也對徐圓朗發動了進攻。劉黑闥失敗後，徐圓朗孤立無援，遂突圍出城，於出走途中被人殺害。這支起義軍也就宣告失敗了。

註釋

1 《舊唐書》卷五五，〈劉黑闥傳〉。
2 《資治通鑑》卷一八九，武德四年七月。
3 《舊唐書》卷五五，〈劉黑闥傳〉。
4 《資治通鑑》卷一八九，武德四年七月。
5 《資治通鑑》卷一八九，武德四年十二月。
6 《資治通鑑》卷一九〇，武德五年正月。
7 《舊唐書》卷一八七上，〈羅士信傳〉。
8 《資治通鑑》卷一九〇，武德五年十一月。
9 《資治通鑑》卷一九〇，武德五年十二月。

第十二章　平定梁師都，完成全國統一

梁師都，是乘隋末農民起義之機，稱帝於朔方郡（治所在今陝西靖邊白城子）的一個地方割據者。從大業十三年（六一七）二月到貞觀二年（六二八）四月，共存在了十一年多的時間。這個一隅之地的皇帝存在，對唐朝政權來說，雖然影響不大，無關大局，但卻說明國家還沒有完全統一，突厥也常利用這個割據者與唐進行對抗。因此，唐最後平定梁師都，完成全國統一，也有重要的歷史意義。

梁師都建國稱帝

梁師都是靠突厥的力量建國稱帝的，又借助突厥的力量不斷製造事端，對唐形成威脅，但由於高祖忙於東征西討，統一全國的重要地區，故使梁師都得以苟延殘喘了較長的時間。

（一）梁師都的起家

梁師都是夏州朔方（今陝西靖邊白城子）人，世代為本郡大族。曾為鷹揚府郎將，隋末罷官回家。在各地農民起義爆發的時候，他也聚眾數十人，殺郡丞唐世宗，舉起了反隋的旗幟。大業十三年（六一七）二月，他自稱大丞相，對北聯絡突厥。三月，他攻陷雕陰（今陝西綏德）、弘化（今甘肅慶陽）、延安（今陝西延安）等郡，自稱皇帝，國號梁，改元永隆。突厥始畢可汗送他狼頭纛，號為大度毗伽可汗。梁師都引突厥進入黃河以南，攻破鹽川郡（治所在今陝西定邊）。始畢可汗封梁師都為解事天子。

（二）梁師都勾結突厥對唐形成威脅

武德元年（六一八）四月，薛舉欲勾結梁師都與突厥，聯兵進攻長安。這時，高祖新得關中，尚不鞏固；同時，他還在想方設法從代王侑手中奪取帝位，不可能全力以赴，對付這方面的敵人。於是，派都水監宇文歆賄賂突厥駐在五原之北的啟民可汗之子莫賀咄設。莫賀咄設受賄，拒絕了薛舉、梁師都的要求。同時，已經投降了突厥的原隋五原郡（治所在今內蒙古五原南）通守張長遜，也重新以五原郡投降高祖，致使梁師都的梁國以北也有了高祖的勢力。這樣一來，薛舉、梁師都的陰謀也就自然破產了。

七月，梁師都進攻靈州（治所在今寧夏靈武西南）。這時，高祖已建唐稱帝，唐驃騎將軍藺興粲給以迎頭痛擊，梁師都陰謀未能得逞。

武德二年（六一九）三月，梁師都再次進攻靈州，被唐靈州長史楊則擊敗而退。八月，梁師都勾結突厥進攻延州（治所在今陝西延安），高祖遣延州總管段德操督軍迎擊。「德操以眾寡不敵，按甲以挫其銳，後伺師都稍怠，遣副總管梁禮率眾擊之，德操以輕騎出其不意。師都與禮酣戰久之，德操多張旗幟，奄至其後，師都大潰，逐北二百餘里」[1]攻破梁師都所屬的魏州（今陝西清澗東北），獲取大勝。九月底，梁師都再取延州，又為段德操所敗，被殺二千餘人，梁師都僅以百餘人落荒而逃。

武德三年（六二〇）七月，梁師都引突厥、稽胡兵南進，大敗於段德操，被殺一千餘人。在這種屢遭失敗的情況下，八月，梁師都石堡城（在今陝西靖邊白城子東）留守張舉率一千餘人向唐投降。九月，梁師都部將劉旻以華池（今甘肅華池東南）向唐投降。張舉、劉旻的降唐，劉武周被平定，唐朝恢復了對河東的統治，梁師都對此恐懼不安。於是，他於十一月遣其尚書陸季覽去聯絡突厥，準備大舉南進，推翻唐高祖政權。

陸季覽勸說處羅可汗道：「比者中原喪亂，分為數國，勢均力弱，故皆北面歸附突厥。今定楊可汗既亡（指劉武周敗亡），天下將悉為唐有。師都不辭灰滅，亦恐次及可汗，不若及其未定，南取中原，如魏道武（拓跋珪）所為，師都請為鄉導。」[2]兔死狐悲，劉武周的覆滅，梁師都感到大難將要臨頭。因而，他要誘使突厥南下，妄圖阻止高祖對全國的統一。

處羅可汗接受梁師都的建議，準備南進，按照處羅可汗的部署，其弟莫賀咄設自原州（今寧夏固原）入，泥步設與梁師都自延州（治所在今陝西延安）入，突利可汗與奚、霫、契丹、靺鞨自幽州（治所在今北京）入，竇建德自釜口（今河北武安南）向西，進攻晉（今山西臨汾）、絳（今山西新絳）。處羅可汗還想進攻并州（治所在今山西太原），把隋王楊政道從定襄（今內蒙古和林格爾）遷到這裡。把隋王置於高祖的起家之地，無疑是與唐分庭抗禮，對唐也是嚴重的威脅。正當這次大規模的軍事行動即將開始的時候，處羅可汗死去，繼位者頡利可汗遣使到長安告喪，高祖像對待始畢可汗之喪一樣，「舉哀於長樂門，廢朝三日，詔百官就館吊其使者」[3]。面對突厥的嚴重威脅，高祖妥協、讓步，是當時的形勢所決定的。當時，王世充割據中原，河北的農民軍還相當強大，長江中下游的統一戰爭也正在進行。高祖集中力量進行中原與南方的統一戰爭，對北方採取妥協的措施，顯然是權宜之計。梁師都正是在這種情況下才能苟延殘喘下來。

武德五年（六二二）二月，段德操奉命進擊梁師都的石堡城，梁師都親自帶兵增援，經過激戰，梁師都大敗，僅以十六騎遁逃。唐軍乘勝進攻夏州（即隋朔方郡），攻克夏州東城。梁師都一面退保西城，一面求援於突厥。頡利可汗以勁兵萬騎前往救援，段德操才主動撤軍。在不斷失敗的情況下，梁師都內部也出現了分裂現象。

武德六年（六二三）三月，梁師都部將賀遂、索同以所部十二州降唐。武德七年（六二四）七月，梁師都行台白伏願降唐。梁師都為了挽回敗局，也多次進犯為唐所轄境地，但都未能取得勝利。

另外，在武德四年（六二一）的時候，太子李建成打敗稽胡，稽胡酋長劉仚成投降。接著，李建成採取了錯誤的對策，「詐稱增置州縣，築城邑，命降胡年二十以上皆集，以兵圍而殺之，死者六千餘人」[4]，劉仚成被迫亡奔梁師都。不久，梁師都受到別人挑撥，殺了劉仚成。這樣一來，內部矛盾日益複雜，降唐者日益增多，梁師都的敗亡已成定局了。

太宗平定梁師都

高祖執政時，梁師都雖然敗局已定，但由於爆發了他意想不到的玄武門之變，使他被迫讓位，中斷了他統一全國的最後進程，因此，平定梁師都就成了太宗責無旁貸的任務了。

（一）梁師都煽動突厥南下

梁師都雖然屢次戰敗，但由於突厥的支持，他仍然不斷地製造事端。武德六年（六二三）五月，梁師都部將辛獠兒引突厥進攻林州（在今甘肅慶陽東北），六月，梁師都又引突厥進攻匡州（在今陝西吳堡西北）。兩次進攻雖然都沒有大的進展，但唐的邊患始終不能解除。

縱觀全局，梁師都割據於今天的陝西最北部，當時，該地人口稀少，土地瘠薄，生產較為落後。所以，他不可能在這裡發展成為一支強大的力量。但是，他經常勾結突厥，大舉南下，卻直接威脅著京師的安全。

在處羅可汗死後，他又不斷派人去煽動頡利可汗與唐為敵。史書記載：「師都勢蹙，乃往朝頡利，為陳入寇之計。自此頻致突厥之寇，邊州略無寧歲。頡利可汗之寇渭橋，亦師都計也。」[5]這充分說明了梁師都勾結突厥對唐的危害。

武德九年（六二六）八月，太宗剛登上皇帝的寶座，玄武門之變的餘波尚未平息，由於梁師都「為之畫策，勸令入寇」[6]，頡利可汗、突利可汗合兵十餘萬進攻涇州（在今甘肅涇川北），直至武功（今陝西武功西北），長安戒嚴。不久，兵至高陵（今陝西高陵）。太宗命涇州道行軍總管尉遲敬德與突厥大戰於涇陽（今陝西涇陽），突厥戰敗，被殺一千餘人。

突厥遭到小挫折，並未使戰局有所改變。頡利可汗又進兵至渭水便橋之北（今陝西咸陽東），同時，還派遣其心腹執失思力到長安，觀察虛實。執失思力見了太宗，威脅道：「頡利、突利二可汗將兵百萬，今至矣。」太宗怒斥他道：「吾與汝可汗面結和親，贈遺金帛，前後無算。汝可汗自負盟約，引兵深入，……何得全忘大恩，自誇強盛！我今先斬汝矣！」蕭瑀、封德彝等人請他把執失思力以禮送還，太宗則認為如果送他回去，則「虜謂我畏之，愈肆憑陵」，遂「囚思力於門下省」。

面對嚴峻的形勢，太宗親自出馬，帶領侍中高士廉、中書令房玄齡等數人，直至渭水上，與頡利可汗隔水對話，責其負約。接著，「諸軍繼至，旌甲蔽野，頡利見執失思力不返」，太宗又「挺身輕出，軍容甚整，有懼色」。太宗又使諸軍稍向後退，自己又單獨與頡利可汗對話。蕭瑀擔心太宗安全，「叩馬固諫」。太宗道：「吾籌之已熟，非卿所知。突厥所以敢傾國而來，直抵郊甸者，以我國內有難（指玄武門之變），朕新即位，謂我不能抗禦故也。我若示之以弱，閉門拒守，虜必放兵大驚，不可復制。故朕輕騎獨出，示若輕之；又震曜軍容，使之必戰，出虜不意，使之失圖。虜入我地既深，必有懼心，故與戰則克，與和則固矣。制服突厥，在此一舉。」[7]太宗對形勢的分析，很有見地。正當玄武門之變以後，政局需要穩定的時候，突厥大軍驟然而來，兵臨京郊，顯然是突厥欲乘唐危難之機，僥倖取勝。面對突如其來的嚴重威脅，必須採取果斷措施。太宗不是閉門拒守或屈辱妥協；而是挺身而出，擺出一副打仗的架勢，用政治攻勢迫使敵人撤退。

擺出打仗的架勢，並非一定要打。這時，宮廷政變剛剛結束，太宗首先急需從內部鞏固自己的地位，尚無對突厥作戰的充分準備和取勝的足夠把握。否則，為什麼不一鼓作氣，乘機消滅突厥呢？正因為這樣，他只是虛張聲勢，並未真的渡過渭水，出擊突厥。突厥深入內地，不知唐內部虛實，所遣使者不歸，太宗親自上陣，不能不使突厥可汗有所顧慮。從雙方的實際情況看，仗是打不起來的。太宗能在這種情況下取勝，充分顯示了他卓越的軍事政治才能。

太宗的勝利，並不是僥倖取得的，而是有打仗的準備，立足於以戰求和。他對蕭瑀說：「吾觀突厥之眾，雖多而不整，君臣之志唯賄是求，當其請和之時，可汗獨在水西，達官皆來謁我，我若醉而縛之，因襲其眾，勢如拉朽。又命長孫無忌、李靖伏兵豳（應為豳）州以待之，虜若奔歸，伏兵邀其前，大軍躡其後，覆之如反掌耳。所以不戰者，吾即位日淺，國家未安，百姓未富，且當靜以撫之。一與虜戰，所損甚重，虜結怨既深，懼而修備，則吾未可以得志矣。故卷甲韜戈，啖以金帛，彼既得所欲，理當自退，志意驕惰，不復設備，然後養威伺釁，一舉可滅也。將欲取之，必固與之，此之謂矣。」[8]太宗抓住了突厥「唯賄是求」的特點，「啖以金帛」，使其「既得所欲，理當自退」。這和高祖最初從太原起兵時答應突厥的條件，只要突厥「不侵百姓，征伐所得，子女玉帛，皆可汗有之」[9]，基本上是一致的。由此可見，在對待突厥的問題上，太宗繼承了高祖慣用的策略。所不同者，是高祖為了集中力量，發展壯大自己，以便奪得政權，統一全國；太宗則是為了鞏固剛剛取得的皇帝地位。

太宗對突厥的勝利，使梁師都的陰謀徹底破產了。

（二）大敗梁師都，實現全國統一

面對梁師都不斷勾結突厥南進，直接威脅關中與長安，太宗繼承了高祖的統一事業，堅決要平定梁師都。

貞觀二年（六二八），突厥內部發生政亂，突利可汗欲聯唐攻擊頡利可汗。突厥政局不穩，當然無力支持梁師都。這時，太宗的地位已經鞏固，於是，太宗利用梁師都勢危援孤的困境，以書招降，梁師都拒不從命。

太宗對梁師都問題的處理，是經過深思熟慮的。例如，當受突厥統治的契丹酋長率部投降唐的時候，頡利可汗遣使請求以梁師都交換契丹降者。太宗理直氣壯地告訴突厥使者：「契丹與突厥異類，今來歸附，何故索之！師都中國之人，盜我土地，暴我百姓，突厥受而庇之，我興兵致討，輒來救之，彼如魚游釜中，何患不為我有！借使不得，亦終不以降附之民易之也。」10太宗把梁師都割據一方視為唐朝內部的問題，契丹與突厥是不同的民族，契丹降唐與突厥無關。這種回答，義正辭嚴。實際上就是反對突厥干涉唐朝的內部事務。

太宗既然「以書諭之，師都不從」11就只好繼之以兵了。貞觀二年（六二八）四月，太宗命夏州（唐改隋朔方郡為夏州）都督長史劉旻、司馬劉蘭成負責平定梁師都。劉旻等用政治和軍事相結合的手段動搖梁師都的軍心。他們把俘擄梁師都的部屬放回去，從內部瓦解其隊伍，致使梁師都內部矛盾日多，降唐者不絕。李正寶、辛獠兒都是梁師都的名將，他們打算執送梁師都於唐，但因走漏消息而未成，他們就先投唐了。這樣一來，梁師都內部集團更加互相猜疑，政局不穩了。

劉旻等人看到時機成熟，上表請求太宗發兵。太宗遣右衛大將軍柴紹、殿中少監薛萬鈞率軍前往，劉旻、劉蘭成等占據朔方東城，直逼梁師都。梁師都借突厥兵至東城下，劉旻等偃旗息鼓，按兵不出。梁師都撤軍時，劉蘭成出兵追擊，大破梁師都。突厥又發兵援救梁師都，恰與柴紹所統唐軍在距朔方數十里處相遇，經過激戰，突厥大敗。梁師都被唐軍包圍，突厥不敢再救，城中糧草已盡，在這內外交困的情況下，梁師都的從父弟洛仁殺了梁師都，舉城投降。梁師都盤踞達十一年零兩個月的朔方郡，直到這時才歸入唐的版圖。唐改朔方郡為夏州。至此，太宗完成了高祖所未完成的任務，最後實現了全國的統一，結束了隋末以來的分裂割據狀態。

完成全國統一，是太宗的歷史功績之一。高祖在位只有九年，在不長的九年時間裡，基本上統一了全國；同時，實行撥亂反正，改變了隋煬帝所造成的殘破局面，使社會生產得到恢復和發展。這已經是很不容易的事了。所以梁師都在突厥的庇護之下，乘高祖忙於內地的統一和恢復發展生產之機，割據稱帝於邊境的一隅之地，絕不能認為是高祖忽視了全國的統一事業。如果不發生玄武門之變，高祖消滅梁師都的割據勢力也是勢不可擋的。

梁師都在全國逐步實現統一的情況下，逆歷史潮流而動，勾結突厥，多次南進，破壞生產，影響人民的安定生活，阻礙國家統一的完成，一直到太宗對其招降的時候，還頑固到底，堅持分裂，足證他是民族的敗類，歷史的罪人。古代史學家早就認為，「梁師都凶人」，一直到滅亡，「殊無改悔」[12]。可見他是不可寬恕的罪人。

註釋

1《舊唐書》卷五六，〈梁師都傳〉。
2《資治通鑑》卷一八八，武德三年十一月。
3《資治通鑑》卷一八七，武德二年六月。
4《資治通鑑》卷一八九，武德四年三月。
5《舊唐書》卷五六，〈梁師都傳〉。
6《資治通鑑》卷一九一，武德九年八月。
7《資治通鑑》卷一九一，武德九年八月。
8《資治通鑑》卷一九一，武德九年八月。
9《大唐創業起居注》，第九頁。
10、11《資治通鑑》卷一九二，貞觀二年四月。
12《舊唐書》卷五六，〈忠臣曰〉。

第十三章　唐朝的建立與突厥

突厥興起於南北朝後期，北齊、北周曾經受到他的威脅。隋唐之際，內地戰爭四起，國家呈現四分五裂的狀態，突厥乘機插足內地，支持地方割據勢力，助長分裂因素的增強。這時，高祖要改朝換代，再建統一的國家，必須要對突厥採取相應的對策。從太原起兵到建國稱帝，直至後來統一全國。高祖既利用了突厥，又未受制於突厥；既對突厥有過戰爭，又未失和於突厥。總之，採用各種有效措施，避免了突厥的干涉，順利實現了取隋而代之，統一全國的願望。

太原起兵與東突厥

高祖從太原起兵時，突厥已經相當強大。如欲舉兵南下，突厥就是最大的後顧之憂。因此，解除突厥的威脅是高祖舉兵南進的首要難題。在這方面，高祖的舉措是成功的。

（一）突厥的興起

關於突厥的族源，過去我根據《周書》卷五〇〈突厥傳〉和《通典》卷一九七〈突厥上〉等文獻，認為「突厥是古代匈奴的一支」1。後來，看到民族史專家林幹教授的《突厥史》，很有收益，林教授根據突厥文《闕特勤碑》和《苾伽可漢碑》，認為「突厥是屬於鐵勒的族系，是鐵勒族的一支」。「鐵勒，其先世即戰國秦漢時期的丁零，魏晉南北朝時期的高車（敕勒）」。林教授的根據，既然「是突厥人自己的說法，當是最可靠的說法」2。

突厥興起於六世紀中葉。最初，他們活動於準噶爾盆地以北，以狼為圖騰。後來，又遷到高昌（今新疆吐魯番）的北山（今博格多山）。由於受到柔然的壓迫，又被迫遷到金山（今阿爾泰山）南麓，以鍛鐵為業，受柔然奴役，被柔然鄙視為「鍛奴」。

西元五五二年（西魏廢帝元年），突厥首領阿史那土門率眾打敗柔然，擺脫了柔然的奴役和統治，以漠北為中心，建立突厥汗國，自稱伊利可汗3。突厥汗國逐步征服了周圍許多少數民族，控制了北方廣大地區，致使「東自遼海以西，西至西海（裏海）萬里，南自沙漠以北，北至北海（貝加爾湖）五六千里」4，均為其勢力範圍。

突厥雖然強大一時，但由於其建立在軍事征服的基礎上，缺乏共同的經濟基礎，再加上統治集團內部爭權奪位的衝突，所以，建國僅三十二年，就分裂為東西二部了。隋文帝開皇三年（五八三），原駐牧於烏孫故地（今伊犁河上游）的達頭可汗，正式脫離代表中央汗庭的大可汗沙缽略可汗而獨立，從此以後，東西突厥不僅互不轄屬，而且常常處於敵對狀態了。

由於西突厥距內地較遠，所以，隋唐時期，對中原地區形成威脅的主要是東突厥。

（二）高祖的對策

隋朝末年，在北方的農民起義領袖和地方割據勢力，如竇建德、薛舉、劉武周、梁師都、李軌、王世充等，無不與突厥發生關係。有的借助於突厥勢力，壯大自己；有的狐假虎威，接受突厥的封號，甘願受制於突厥；有的與突厥「互市」、「和親」，求得暫時的苟安。凡此種種，無不使突厥獲利，威脅中原。

高祖從太原起兵的時候，也直接受到突厥的威脅。因此，他也不得不採取相應的對策。在攻取長安的進軍途中，高祖對突厥的政策已如前述：基本上是不失和於突厥，以免後顧之憂；表面上利用其力量，實際上使其不能大舉南下，以免受制於人。高祖順利取得長安，未受突厥的干擾，是與這種政策互為因果的。

事實證明，高祖起兵後對突厥的妥協求和是手段而不是目的。他的目的是奪取統治全國的最高權力。可見，高祖向突厥求和與其他割據勢力依附於突厥截然不同，如劉武周、梁師都，都是公開叛隋而自立，接受突厥可汗的封號，劉武周為定楊可汗，梁師都為大度毗伽可汗，同時，突厥還授於狼頭纛。狼是突厥的圖騰，接受狼頭纛，就等於承認自己是突厥的部屬。既然是突厥的一部分，當然就是與隋煬帝分庭抗禮了。高祖則完全不同。他既要起兵反隋，又不願落叛逆之名；既要解除突厥的威脅，又不願依附於突厥。所以，當有人勸他「執白旗以示突厥」的時候，他不採納這個建議，而主張「宜兼以絳，雜半續之」，結果，「營壁城壘幡旗四合，赤白相映若花園」。白是突厥旗幟的顏色，絳赤是隋朝旗幟的顏色。高祖軍中的旗幟「赤白相映」，顯然是表示他既有繼續擁護隋煬帝的意思，也有討好突厥的意圖。

當高祖向突厥表示，他要「大舉義兵」，「遠迎主上」的時候，始畢可汗頗不贊成。始畢可汗明確地說：「唐公欲迎隋主，共我和好，此語不好，我不能從。」因為隋煬帝與突厥舊怨甚深，「決相誅伐」，所以，他支持高祖「自作天子」。非常明顯，高祖只有太原一隅之地，力量很小，既向突厥妥協求和，當然便於控制，這是始畢可汗支持高祖「自作天子」的關鍵所在。但是，高祖這個深謀遠慮的政治家是意識到這一點的，所以，他不願意接受突厥的條件。高祖不願「自作天子」，是不願像劉武周、梁師都那樣做突厥可汗所封的天子，他要「遠迎主上」，只不過是藉口而已。裴寂、劉文靜等人一再勸請其接受突厥的條件，高祖執意不肯。最後，裴寂等人提出「廢皇帝而立代王，興義兵以檄郡縣，改旗幟以示突厥，師出有名，以輯夷夏」。雖然高祖認為這是「掩耳盜鐘」[5]，但還是勉強同意了。因為這個方案既遷就了突厥，不再迎隋煬帝返京，有妥協的意思，又不失對隋煬帝的君臣之禮，避免了叛逆的罪名。

（三）如願以償

高祖雖然沒有完全接受始畢可汗的條件，但由於「征伐所得，子女玉帛，皆可汗有之」[6]的諾言，對始畢可汗也頗具誘惑力，所以，他支持高祖起兵。高祖對突厥使者康鞘利「偽貌恭，厚加饗賄」，致使康鞘利高興地說：「唐公見我蕃人，尚能屈意，見諸華夏，情何可論。敬人者，人皆敬愛。天下敬愛，必為人主。」[7]這說明高祖已經取得了突厥的信任。只有取得突厥的信任，才能免除後顧之憂。

顯而見之，高祖欲取得始畢可汗的信任，只是想解除後顧之憂，絕非爭取突厥在行動上的支持。如果要求突厥派大兵參加反隋，勢必是引狼入室，增加對自己的威脅。所以，高祖既要向突厥求和，又要千方百計設法避免突厥直接參與其事。例如，劉文靜出使突厥時高祖誡之曰：「突厥多來，民無存理，數百之外，無所用之。所防之者，恐劉武周引為邊患。又胡馬牧放，不煩粟草。取其聲勢，以懷遠人。公宜體之，不須多也。」[8]這一段私下的肺腑之言，道出了高祖的真實意圖。他向突厥求和，主要是為了防止劉武周勾結突厥南下，同時，還想借助突厥的聲勢，擴大自己的影響，絕不是借助突厥的力量去達到自己的目的。劉文靜完全理解了高祖的意圖，任務完成的很好。高祖兵行至龍門（今山西河津）時，康鞘利僅率突厥五百人，二千匹馬而來，高祖「喜其兵少而來遲」，故而讚揚劉文靜道：「吾已及河，突厥始至。馬多人少，甚愜本懷。」[9]這種喜悅的心情，正說明高祖是如願以償了。高祖能夠攻克長安，建立唐朝，是與這種策略分不開的。

唐政權的鞏固與東突厥

唐朝政權的鞏固與發展，也是與高祖對突厥實行相應的策略密切相關的。突厥不能控制高祖，但又不願坐視其強大。所以，經常製造事端，與高祖為難。高祖繼續執行以屈求伸的策略，但也逐步有所變化。

（一）繼續實行妥協政策

高祖既與劉武周、梁師都不同，不願割據一方，甘做一隅之主，而是要做全國的皇帝，因而，突厥也不能像對待劉武周、梁師都那樣，直接控制高祖。突厥不能直接控制高祖，是高祖以屈求伸策略的成功。

突厥雖然不能直接控制高祖，但也不願坐視高祖強大，成為勁敵。所以，高祖攻克長安以後，突厥不僅恃功自傲，對高祖頗為無禮，而且還屢次興師動眾，舉兵南下，阻止高祖發展勢力，統一全國。

武德元年（六一八）四月，高祖還沒有做皇帝的時候，突厥就準備與梁師都、薛舉聯合進攻長安。高祖對梁師都、薛舉是要用武力征服的，所以，他暗中派都水監宇文歆去賄賂突厥啟民可汗之子莫賀咄設。莫賀咄設受賄，不再行動，梁師都、薛舉得不到支持，也就不敢輕舉妄動了。

為了避免對突厥的戰爭，高祖對到長安的突厥使節也是卑躬屈膝的。武德元年（六一八）五月，高祖剛剛做了皇帝，始畢可汗遣骨咄祿特勒（突厥子弟的官名）到長安，「宴之於太極殿，奏九部樂」。本來，高祖已經「以初起資其兵馬，前後餉遣，不可勝紀」10。但突厥並不滿足，始畢可汗還是「自恃其功，益驕踞，每遣使者至長安，頗多橫恣，高祖以中原未定，每優容之」11。這就是說，由於「中原未定」，高祖還不能集中力量對付突厥，必須繼續執行妥協政策。正因為如此，不得不對骨咄祿畢恭畢敬。

武德元年（六一八）九月，高祖正在以主力對薛仁果作戰，為了安撫突厥以便不受其干擾，特「遣從子襄武公琛、太常卿鄭元璹，以女妓遺始畢可汗」。始畢可汗復遣骨咄祿特勒到長安，高祖又宴「骨咄祿，引骨咄祿升御坐以寵之」12。十一月，李世民順利平定薛仁果，突厥未曾干預，是與高祖的這種策略分不開的。

武德二年（六一九）二月，始畢可汗率軍南渡黃河，兵至夏州（今陝西靖邊白城子），梁師都發兵與之會合，又以五百騎授劉武周，欲自句注（今山西代縣西北）進攻太原，恰值此時，始畢可汗死去，處羅可汗繼位，進攻暫時停止。本來，高祖派「右武侯將軍高靜奉幣使於突厥，至豐州（今內蒙古五原南）聞始畢卒，敕納於所在之庫。突厥聞之，怒，欲入寇；豐州總管張長遜遣高靜以幣出塞為朝廷致賻，突厥乃還」13。六日，「突厥使來告始畢可汗之喪，上（高祖）舉哀於長樂門，廢朝三日，詔百官就館吊其使者。又遣內史舍人鄭德挺吊處羅可汗，賻帛三萬段」[14]。這時，高祖正在進行平定李軌的戰爭，同時，還要應付劉武周在突厥支持下的向南進攻，因而，對突厥的政策依然如故。

（二）突厥干涉唐朝內政

突厥不僅多次舉兵南下，進入唐朝腹地，而且還公開干涉唐朝內政。武德二年（六一九）九月，西突厥曷薩那可汗被殺即是典型的事例。西突厥曷薩那可汗於大業年間歸附隋朝，曾從隋煬帝進攻高麗。隋煬帝在江都被殺，他隨宇文化及到了河北，後來又遠赴長安，投奔唐朝。高祖「為之降榻，引與同坐，封歸義郡王」。由於過去他和東突厥始畢可汗發生矛盾，於是，東突厥派人到長安強迫高祖殺死曷薩那可汗，高祖不願從命，李世民也說：「人窮來歸我，殺之不義。」但群臣皆諫道：「今若不與，則是存一人而失一國也，後必為患。」高祖迫不得已，「乃引曷薩那於內殿，與之縱酒，既而送至中書省，縱北（東）突厥殺之」[15]。允許曷薩那可汗留居長安，封其為郡王，是唐朝皇帝行施自己的權力。東突厥迫使高祖犧牲曷薩那，當然是對唐朝內政的干涉。

（三）突厥立楊政道為隋王

更使高祖難堪的是處羅可汗立楊政道為隋王。楊政道是隋煬帝子齊王暕的遺腹子。隋煬帝與齊王暕被殺，其母與蕭后隨宇文化及北返。宇文化及兵敗被殺，竇建德立其為鄖公，後被嫁於突厥的隋義成公主迎至突厥。武德三年（六二〇）二月，處羅可汗立楊政道為隋王，「中國士民在北者，處羅悉以配之，有眾萬人，置百官，皆依隋制，居於定襄（今內蒙古和林格爾北）」[16]。顯然，這是突厥有意向唐示威。即使如此，當年十一月，在處羅可汗死的時候，高祖還像對待始畢可汗死一樣，為其罷朝一日，命百官向突厥使者表示吊喪。楊政道這個傀儡政權，一直存在到貞觀四年（六三一）李靖大敗突厥的時候才向唐投降。

（四）對突厥政策的轉變

繼處羅可汗之位的是頡利可汗。「頡利初嗣立，承父兄之資，兵馬強盛，有憑陵中國之志。高祖以中原初定，不遑外略，每優容之，賜與不可勝計，頡利言辭悖傲，求請無厭。」[17]所謂「中原初定，不遑外略」，主要是指當時的形勢還不允許對突厥大規模作戰。武德二年（六一九）到武德三年（六二〇），在南方，高祖命李靖、李孝恭正在積極準備，順江東下，平定蕭銑的戰爭；在北方，李世民正在反擊劉武周的南下，進行恢復唐在河東統治的戰爭。劉武周是突厥扶持的傀儡政權。高祖對突厥妥協，實際上是釜底抽薪，更有利於消滅劉武周。因此，儘管「頡利言辭悖傲，求請無厭」，高祖還是一如既往，「每優容之」。

如果說武德四年（六二一）以前，高祖是以妥協求和的辦法討好於突厥的話，那麼，武德四年五月以後，高祖對突厥的政策就是軟中有硬了。這種變化，主要是形勢的發展，雙方力量對比起了變化的結果。繼平定薛仁果、李軌、劉武周以後，武德四年五月唐軍又鎮壓了竇建德領導的河北起義軍，洛陽的王世充投降，關東地區基本統一，突厥的勢力有所削弱，唐朝的勢力範圍擴大，國力日漸強盛。因此，也就不再對突厥那樣畢恭畢敬了。

武德四年（六二一）四月，突厥進攻并州（治所在今山西太原）。最初，突厥欲聯合劉武周進攻并州，高祖派太常卿鄭元璹前往勸阻，恰值處羅可汗病死，突厥懷疑是被鄭元璹毒死，遂扣留了鄭元璹。後來，又先後扣留了唐朝使者李瓌、長孫順德。這時，高祖首次對突厥採取報復措施，也扣留了突厥使節。八月，突厥又進攻代州（治所在今山西代縣），唐軍拒城自守，堅決抵抗。九月，突厥先後進攻并州、原州（治所在今寧夏固原），也遭到唐軍的回擊。武德五年（六二二）三月，高祖雖然遣使賄賂頡利可汗，使其放還鄭元璹等唐使節，同時唐也放還了突厥使節，但頡利可汗很快又進攻雁門（今山西代縣），唐并州總管劉世讓堅守月餘，突厥沒有任何進展，只得撤退。自此以後，當年的四月、五月、六月、八月、九月以至武德末年，先後多次發生戰爭。這些戰爭，主要是突厥發動的，唐朝屬自衛還擊。雖然戰爭的規模不大，時間不長，唐軍基本上也未取得勝利，只是被動的防禦，但已經可以說明唐對突厥不再是單純的妥協求和，而是邊戰邊和，以戰求和了。同時，也可以說明突厥對唐朝政權的鞏固與發展已經無可奈何，只有不斷舉兵南下，進攻唐朝的邊境了。

武德五年（六二二）八月，頡利可汗舉兵入雁門，進攻太原，同時遣使請求和親。高祖一面命李建成、李世民、李子和等分路出擊，抗擊突厥，一面又與群臣商討對策。高祖問群臣道：「突厥入寇而復求和，和與戰孰利？」曾經五次出使突厥的鄭元璹主張：「戰則怨深，不如和利。」中書令封德彝則主張戰而後和，他說：「突厥恃犬羊之眾，有輕中國之意，若不戰而和，示之以弱，明年將復來。臣愚以為不如擊之，既勝而後與和，則恩威兼著矣！」[18]高祖接受了這個建議。從此以後，戰便成為高祖對突厥的基本政策。

武德六年（六二三）十月，頡利可汗進攻馬邑（今山西朔州），唐右武侯大將軍李高遷突圍逃走，只剩下朔州總管高滿政孤軍守城，戰鬥異常激烈，高祖增派劉世讓率軍增援，劉世讓畏縮不前。正當這時，頡利可汗遣使求婚，高祖的條件是「釋馬邑之圍，乃可議婚」[19]。在義成公主的煽動下，頡利可汗繼續攻城。緊急關頭，右虞侯杜士遠殺了高滿政，投降突厥。突厥雖然取得勝利，但頡利可汗為了和親，又把馬邑歸還了唐朝。在這次戰爭中，高祖既不示弱，也不拒絕和親，顯然是要在戰爭中求和，但只不過是在戰敗後求和罷了。議和並非高祖的目的。接著，他又按照并州大總管府長史竇靜的建議，在太原附近屯田。竇靜的建議是針對「突厥數為邊患，師旅歲興，軍糧不屬」而提出的。所以，當有了「歲收數千斛」、「以省餽運」的效果時，高祖頗為高興。竇靜又「以突厥頻來入寇，請斷石嶺以為障塞」[20]的建議，高祖也欣然同意。不難看出，高祖在議和的背後正在積極準備，抗拒突厥。

武德八年（六二五）四月，西突厥統葉護可汗遣使請婚，高祖徵求太子詹事裴矩的意見，裴矩道：「今北狄（指東突厥）方強，為國家今日計，且當遠交而近攻，臣謂宜許其婚以威頡利；使數年之後，中國完實，足抗北夷，然後徐思其宜。」[21]高祖同意裴矩的意見。顯而易見，高祖對東西突厥的政策是有區別的，對西突厥要和，對東突厥要「攻」，當時未攻者，只是因為國家尚未「完實」。

武德九年（六二六），李世民剛做皇帝以後，頡利可汗一直進攻到渭水北岸，並命其心腹執失思力到長安以觀虛實，同時以威脅的口氣宣稱：「頡利與突利二可汗總兵百萬，今已至矣。」李世民一面扣留了執失思力，一面親自到渭水橋上，向突厥表示了自己的作戰決心。頡利可汗摸不清唐朝的底細，不敢冒然從事，只得又和唐朝達成了和議。可見，李世民對突厥基本上繼承了高祖的邊戰邊和，以戰求和的政策。這種政策，是根據唐朝的實際情況決定的。這種政策僅是暫時的，目的是為後來的強硬政策打基礎。

唐朝建立後，高祖為了鞏固發展政權，不得不先對突厥妥協求和，繼又以戰求和。政策的變化，反映著唐朝國力的逐步強盛與政權的日益鞏固。反過來說，高祖對突厥妥協求和，正是為了集中力量對付與自己最有競爭能力的敵人。薛舉躍躍欲試，奪取長安；劉武周攻克高祖起兵的基地太原，又大舉南下，威脅關中；王世充占據洛陽，阻止唐軍東進中原。這種形勢，都迫使高祖不得不首先解決迫在眉睫的問題。因而，儘管連李世民也對妥協求和感到「痛心疾首」的時候，高祖還是忍辱負重，委曲求和。武德四年後，唐政權已經比較鞏固，力量也較前強大，所以，對突厥採取邊戰邊和，以戰求和的政策。在一定時期內，戰是為了和，和是為了將來的戰。貞觀年間，能夠大敗突厥，徹底解除北方的威脅，就是唐朝在邊戰邊和，以戰求和的政策指導下，鞏固政權，充實力量，從而改變了敵我力量的對比的結果。也可以說，高祖在這一時期對突厥的政策是以鞏固、發展唐朝政權為前提的。

統一戰爭與東突厥

隋朝以來，在北方形成的各個割據勢力，他們為了自身的利益，多與突厥發生這樣或那樣的關係。高祖要統一全國，削平北方的割據勢力，必然和突厥發生直接或間接的衝突。所以，高祖統一北方的戰爭，實際上也削弱了突厥伸向內地的勢力。

（一）北方的割據勢力與突厥

在隋末農民戰爭的過程中，隋朝的地方官吏也多乘機發展勢力，割據一方，稱王稱帝。在北方的割據勢力中，由於他們的地盤不大，力量不強，既不能抗拒突厥的進攻，還要鎮壓農民起義軍或與其他割據勢力抗衡，所以，大都依附於強大的突厥，向其稱臣納貢。農民軍領袖竇建德也被迫向突厥求和，接受其無理要求。《隋書》載：「隋末亂離，中國人歸之（突厥）者無數，遂大強盛、勢陵中夏。迎蕭皇后，置於定襄。薛舉、竇建德、王世充、劉武周、梁師都、李軌、高開道之徒，並僭尊號，皆北面稱臣，受其可汗之號。使者往來，相望於道也。」22既然各個割據勢力與突厥之間關係十分密切，無庸置疑，高祖要統一全國，消滅各個割據勢力，必然要和突厥發生衝突。所以，高祖的統一戰爭，雖然矛頭指向各個割據政權，但實際上他是削弱了突厥的力量。

凡是割據勢力，都是統一的障礙。在唐初的各個割據勢力中，劉武周、梁師都是最嚴重的障礙。因為他們的地盤與突厥接壤，與突厥的關係最為密切，經常借助突厥的兵力或在突厥的支持下，進占唐朝的土地，甚至威脅長安。其他割據勢力，雖然也與突厥有來往，但多限於借助突厥的聲勢，或者討好於突厥以圖自保，例如，薛舉雖然欲聯合梁師都與突厥進攻長安，但由於高祖的離間計成功，使薛舉的陰謀未能得逞。王世充與突厥相距較遠，突厥直接派兵支持王世充不甚容易，在唐軍兵臨洛陽城下時，王世充只求得竇建德的支援，並未向突厥借兵相助。所以，他們之間的關係只限於貿易、和親。例如，武德三年（六二〇）五月，「突厥遣阿史那揭多獻馬千匹於王世充，且求婚，世充以宗女妻之，並與之互市。」23七月，突厥又「遣使潛詣王世充，潞州總管李襲譽邀擊，敗之，虜牛羊萬計」24。突厥使者帶牛羊萬計，肯定也是以貿易為目的。竇建德與突厥相距較近，雖然「依倚突厥」，而且在突厥遣使迎接隋蕭皇后時，「勒兵千餘騎送之八番」25，但也沒有聯兵突厥，大舉南下，對唐朝形成威脅。

（二）劉武周、梁師都是突厥的代理人

劉武周、梁師都與其他割據勢力完全不同。

劉武周在大業十三年（六一七）剛剛自稱太守時，就「遣使附於突厥」，並與突厥合兵大敗隋師，「襲破樓煩郡，進取汾陽宮。獲隋宮人以賂突厥，始畢可汗以馬報之，兵威益振。」同時，突厥還「立武周為定楊可汗，遺以狼頭纛」[26]。劉武周就是在這種情況下自稱皇帝，改元天興，建立傀儡政權的。

武德二年（六一九）閏二月，突厥始畢可汗率軍南渡黃河，兵至夏州（治所在今陝西靖邊白城子），以五百騎授劉武周，欲攻太原，後因始畢可汗病死而未能得逞。四月，劉武周又「引突厥之眾，軍於黃蛇嶺（今山西榆次北），兵鋒甚盛」。[27]接著就攻下榆次，威脅太原，九月，劉武周兵臨太原城下，李元吉棄城逃奔長安，高祖的起家之地也陷入劉武周之手了。在唐軍大舉反攻，連敗劉武周部將宋金剛的時候，劉武周感到大勢已去，放棄太原，亡奔突厥；宋金剛也收拾其殘部，逃至突厥。後因他們又欲背離突厥，東山再起，均被突厥所殺。不難看出，劉武周的起家與建國稱帝是由突厥操縱的。大舉進攻唐朝是受突厥支持的，最後窮途末路又被突厥所殺，可見他完全是突厥的傀儡。取消這個傀儡，當然是削弱突厥的力量。

劉武周被殺後，突厥又以劉武周部將苑君璋「為大行台，統其餘眾，仍令郁射設督兵助鎮」。高祖派人爭取苑君璋，苑君璋部將高滿政迫使苑君璋歸唐，苑君璋不從，亡奔突厥。高滿政以馬邑（今山西朔州）歸唐，苑君璋復引突厥進攻馬邑，高滿政部將杜士遠又殺高滿政投降突厥。頡利可汗為了和親，又把馬邑歸還唐朝。由於這樣翻來覆去，苑君璋在唐和突厥之間猶豫不決，無

所適從。苑君璋子苑孝政勸其歸唐，郭子威又認為「突厥方強，為我唇齒」，應仍依突厥。苑君璋先按郭子威的意見與突厥合軍進攻太原之北境，繼又率部降唐。苑君璋這樣反覆無常，主要是雙方都在爭取他的結果。當他「所部稍稍離散，勢蹙請降」時，高祖立即「許之，遣使賜以金券。會突厥頡利可汗復遣召之，君璋猶豫未決」。這一切說明，突厥爭取內地的割據勢力，實際上是與唐朝進行較量。苑君璋最後歸唐，無疑是削弱了突厥的力量，擴大了唐朝的勢力。這是唐對突厥進行鬥爭的勝利。正因為如此，苑君璋最後降唐時，高祖並不計較他過去多次進攻唐軍的問題，反而還「拜安州都督，封芮國公，賜實封五百戶」[28]。

對唐朝來說，不管以什麼方式削平割據勢力，都是有利於統一的。打敗劉武周，實際上是消滅了突厥深入到內地的力量；苑君璋降唐，也就是突厥失去了向內地進攻的前哨陣地。由此可見，高祖的統一戰爭，包含著對突厥鬥爭的內容。

梁師都於大業十三年（六一七）在朔方郡（治所在今陝西靖邊白城子）開始反隋的時候，就是受突厥控制的。「始畢可汗遺以狼頭纛，號為大度毗伽可汗。師都乃引突厥居河南地攻破鹽川郡」[29]。武德二年（六一九）八月，梁師都與突厥合兵進攻延州（治所在今陝西延安）。武德三年（六二〇）七月，梁師都又引突厥南進唐境。

劉武周敗亡後，梁師都大有兔死狐悲之感，於是，他派人煽動突厥進攻唐朝。處羅可汗接受建議，做了全面部署，準備分別從幽州（今北京）、并州（今山西太原）、原州（今寧夏固原）等地發動全面進攻。這次軍事行動即將開始，處羅可汗死去，才未成為現實。非常明顯，劉武周的失敗，使梁師都感到大難將要臨頭。於是，他誘使突厥南進，妄圖阻止唐對全國的統一。

武德九年（六二六）八月，由於唐朝的日益強大，「師都浸衰弱，乃朝於突厥，為之畫策，勸令入寇」30。在梁師都的鼓動下，頡利、突利二可汗合兵十餘萬，大舉南進，直至高陵（今陝西高陵）、涇陽（今陝西涇陽），京師戒嚴。事實證明，梁師都這一割據勢力的存在，給突厥南進關中提供了前哨陣地。

貞觀二年（六二八），突厥內部發生政變，突利可汗欲聯唐攻擊頡利可汗。突厥政局不穩，當然無力援救梁師都。這時，唐太宗利用梁師都勢危援孤的困境，以書招降，梁師都執迷不悟，拒不從命。唐太宗遂派軍出擊。突厥發兵增援，被唐軍迎頭痛擊，打得大敗。突厥不敢再去援救。城中糧盡，軍心不穩。梁師都從父弟梁洛仁殺梁師都降唐，隋末以來的最後一個割據勢力被統一了。

梁師都從割據稱帝到最後滅亡，始終和突厥狼狽為奸，互相勾結。唐朝打敗梁師都，使突厥失去了向內地進攻的據點，實際上削弱了突厥的力量。這更進一步說明，唐初的統一戰爭，是對突厥鬥爭的一個方面。

（三）高開道的敗亡與突厥

高開道，滄州陽信（今山東陽信）人，「少以煮鹽自給，有勇力，走及奔馬」。隋末，首先參加格謙領導的在豆子䴚（今山東商河北）一帶活動的起義軍，格謙失敗後，他獨立成為一支隊伍。武德元年（六一八），他向北進陷漁陽郡（治所在今天津薊縣），自立為燕王。後來，其地盤發展到懷戎（今河北懷來東南）。高開道也和突厥關係非常密切：「開道又引突厥頻來為寇，恆、定、幽、易等州皆罹其患。突厥頡利可汗攻馬邑，以開道兵善為攻具，引之陷馬邑而去。時天下大定，開道欲降，自以翻復，終恐致罪，又北恃突厥之眾。」這就是說，高開道曾勾結突厥為害於今北京和河北的西北部一帶。

由於唐朝統一全國是大勢所趨，再加上「其將士多山東人，思還本土，人心頗離」31。於是，高開道部將張金樹逼使高開道自殺，然後向唐投降。唐以其地為嬀州（治所在今河北懷來東南）。高開道的覆滅，唐朝擴大了勢力範圍，突厥再不能於今北京和河北西北部的廣大地區自由出入了。

其他，像薛舉、李軌、王世充等，儘管只是與突厥有朝貢、貿易、和親的關係，但都程度不同地給突厥向內地發展勢力提供了方便。唐朝打敗他們，實現了統一，必然從經濟、政治、軍事各個方面使突厥失去從中原得到好處的機會，使其逐步喪失向中原發展的有利條件。在當時，突厥的社會發展遠較中原落後，突厥貴族的野蠻掠奪，必然影響中原地區生產的發展。高祖對突厥的政策是步步取得勝利的。妥協政策換取了太原起兵的機會，邊戰邊和政策贏得了唐朝政權的鞏固，統一全國的政策掃除了突厥向內地進攻的據點，使其不能再向內地發展勢力。正因為如此，應該肯定高祖對突厥的政策是順應了歷史發展的潮流。

唐與西突厥

突厥分裂為東西兩部分以後，西突厥雖然不像東突厥那樣，直接間接地干預高祖的建唐與統一，但由於西突厥的不斷擴充勢力，也對唐的建立與鞏固有程度不同的影響，所以，高祖也時刻注意西突厥的動向，採取相應的對策。

（一）西突厥概況

西突厥是在隋開皇三年（五八三）由達頭可汗宣布獨立的。但實際上在達頭可汗之父室點密時就已經成為一支獨立的政治力量了。室點密曾經單獨和波斯帝國與東羅馬帝國有所交往，向這些國家派遣過使臣，也接見過他們的使臣。達頭可汗還曾於西元五九九－六〇三年的四年中，占領過東突厥的大部分地區，成為事實上的東西突厥的最高可汗。但由於被隋軍打敗，最後奔赴吐谷渾去了。

大業五年（六〇九），隋煬帝西巡，西突厥處羅可汗不願與隋煬帝在大斗拔谷相見，隋煬帝就利用處羅可汗與其叔父射匱的矛盾，促使其互相攻伐。結果，處羅可汗失敗，隋煬帝又遣使迎接其到達長安，以禮相待。

大業八年（六一二），隋把處羅可汗所部分為三部分，其弟闕度設所部萬餘口居於會寧郡（治所在今甘肅靖遠）；特勒大奈所部在跟從隋煬帝進攻高麗失敗後居於樓煩郡（治所在今山西靜樂）；處羅可汗五百騎常隨煬帝巡遊，被賜號曷娑那可汗。這三股力量，後來各有所歸。闕度設被李軌所滅；特勒大奈隨高祖從太原起兵，因軍功被封為竇國公，賜姓史，他曾參加過征薛舉、平王世充、破竇建德、劉黑闥等戰爭，頗為高祖所重視；曷娑那可汗隨隋煬帝到江都，隋煬帝死後，隨宇文化及到達河北，宇文化及敗亡，他投唐到長安，被封為歸義郡王，後被東突厥使者殺於長安[32]。

（二）對西突厥的政策

處羅可汗歸附隋朝以後，西突厥的執政者是射匱可汗。射匱可汗死後的執政者是統葉護可汗。「統葉護可汗，勇而有謀，善攻戰。遂北并鐵勒，西拒波斯，南接罽賓，悉歸之，控弦數十萬，霸有西域，據舊烏孫之地」。這時，西突厥雖然非常強大，但並未進攻唐朝，反而於武德三年（六二〇）向唐「遣使貢條支巨卵」。高祖還曾打算聯合西突厥，共同對付東突厥。由於東突厥的「頡利可汗聞之大懼，復與統葉護通和，無相攻伐」[33]，才使高祖未達目的。

武德八年（六二五），統葉護可汗向唐請婚。唐高祖徵求裴矩的意見道：「西突厥道遠，緩急不能相助，今求婚，何如？」裴矩對曰：「今北狄方強，為國家今日計，且當遠交而近攻，臣謂宜許其婚以威頡利；俟數年之後，中國完實，足抗北夷，然後徐思其宜。」[34]這一段話，在兩《唐書》的《突厥傳》中，均載為封德彝所說，司馬光根據《實錄》記為裴矩所說。

在我看來，司馬光的記載是正確的。其一，《實錄》為當時人所撰，不容易把事實弄錯。其二，也是最重要的，裴矩對西域的情況非常熟悉，高祖徵求他的意見可能性最大。隋煬帝時，「西域諸國悉至張掖交市，帝令矩護視」。裴矩為了迎合煬帝的需要，「乃訪諸商胡國俗、山川險易，撰《西域圖記》三篇，合四十四國，凡裂三道：北道起伊吾，徑蒲類、鐵勒、突厥可汗庭，亂北流河至拂菻；中道起高昌、焉耆、龜茲，疏勒、踰蔥嶺、鏺汗、蘇對沙那、康、曹、何、大小安、穆諸國，至波斯；南道起鄯善、于闐、朱俱波、喝槃陀，亦度蔥嶺，涉護密、吐火羅、挹怛、忛延、漕國，至北婆羅門。皆竟西海。諸國亦自有空道交通。既還，奏之。」隋煬帝還親自詢問了裴矩許多「西方事」，自此以後，隋煬帝有關四夷之事，「委矩經略」。他還曾建議隋煬帝用「離間」[35]手段對付突厥。因為他對突厥的情況也十分熟悉。由此可見，有關對付西突厥的事，高祖徵求裴矩的意見是順乎情理的。其三，《新唐書》卷一〇〇〈裴矩傳〉還有：「時（東）突厥數盜邊，高祖遣使約西突厥連和，（西）突厥因請婚。」高祖問道：「彼勢與我絕，緩急不為用，奈何？」裴矩答曰：「然北虜（東突厥）方熾，歲苦邊，若權順許，以示外援，須我完實更議之。」高祖接受了這個建議。這段記載，雖然沒有明確提出「遠交而近攻」，但全部意思與司馬光在《資治通鑑》中所載是基本一致的。都是說對西突厥要和，集中力量對付東突厥。但是兩《唐書》中的〈封德彝傳〉中卻沒有這些內容。

根據以上分析，應該說高祖對突厥「遠交而近攻」的政策來自於裴矩。

對突厥實行「遠交而近攻」的政策，從隋文帝就開始了。隋文帝稱帝後，不像北周、北齊那樣賄賂突厥，北周嫁到突厥去的千金公主也竭力煽動沙缽略可汗為北周報被隋滅之仇，於是突厥不斷在隋邊境上製造事端。這時，曾送千金公主到突厥、又在突厥住了一年、還因他一箭雙鵰而受突厥可汗信任的長孫晟，由於對突厥的內部情況甚為熟悉，所以，他向隋文帝建議：「今宜遠交而近攻，離強而合弱。」[36]隋文帝接受這個建議，遣使贈送居於西方的達頭可汗狼頭纛一面，達頭可汗的使者到長安比沙缽略可汗的使者到長安有更高的待遇。這樣一來，達頭可汗高興，沙缽略可汗怨隋。隋文帝遂集中力量打敗沙缽略可汗。因此，可以這樣說，東西突厥的分裂與隋文帝的離間政策密切相關。換言之，隋文帝的「遠交而近攻」政策對突厥取得了勝利。

唐高祖繼承了隋文帝的政策，答應了統葉護可汗的求婚，欲使其牽制東突厥的頡利可汗。高祖遣高平王李道立出使西突厥，統葉護可汗遣真珠統俟斤與李道立到唐，向唐獻萬釘寶鈿金帶、馬五千匹，做為聘禮，但由於頡利可汗威脅道：「若迎唐公主，必假我道，我且留之。」[37]結果未能如約。從頡利可汗的態度看，他非常害怕唐與西突厥聯合。這正從反面說明了「遠交而近攻」政策是有很大威力的。

其實，「遠交而近攻」，並非要對東突厥採取強硬的政策，而是以戰求和。因為東突厥經常主動向內地進攻，「戰」，是迫不得已的。對西突厥和親，也不符合高祖的願望，而是為了集中力量對付東突厥，以免樹敵過多，也是不得已而如此。所以，「遠交」和「近攻」，是一種政策的兩個方面，不可分割開來。

高祖這種對突厥的政策，比較妥當地解決了和突厥的關係問題，從而加速了全國的統一，致使唐朝很快強大起來。為後來李世民大力反擊突厥的進攻準備了條件。因此，在隋末唐初的各種力量中，在對突厥的政策方面，高祖是高人一籌的。他對突厥是既利用，又遠之；既賄賂，又提防。總之，是妥協求和而不受制於人，借助於突厥的力量發展壯大自己。不可否認，這也是他能夠建立唐朝，進一步統一全國的一個方面。

註釋

1《中國古代民族關係史研究》，福建人民出版社一九八九年版，第一八三頁。
2 林幹：《突厥史》，內蒙古人民出版社一九八八年出版，第八-九頁。
3《突厥史》，第一頁。
4《周書》卷五〇，〈突厥傳〉。
5《大唐創業起居注》，第九-一一頁。
6《大唐創業起居注》，第九頁。
7《大唐創業起居注》，第一四頁。
8《大唐創業起居注》，第一四頁。
9《大唐創業起居注》，第三〇頁。
10《資治通鑑》卷一八五，武德元年五月。
11《舊唐書》卷一九四上，〈突厥傳上〉。
12《資治通鑑》卷一八六，武德元年九月、十月。
13《資治通鑑》卷一八七，武德二年二月。
14《資治通鑑》卷一八七，武德二年六月。
15《舊唐書》卷一九四下，〈突厥傳下〉。
16《資治通鑑》卷一八八，武德三年二月。
17《舊唐書》卷一九四上，〈突厥傳上〉。
18《資治通鑑》卷一九〇，武德五年八月。
19《資治通鑑》卷一九〇，武德六年十月。
20《舊唐書》卷六一，〈竇靜傳〉。
21《資治通鑑》卷一九一，武德八年四月。
22《隋書》卷八四，《突厥傳〉。
23《資治通鑑》卷一八八，武德三年五月。
24《資治通鑑》卷一八八，武德三年七月。
25《舊唐書》卷五四，〈竇建德傳〉。
26《舊唐書》卷五五，〈劉武周傳〉。
27《資治通鑑》卷一八七，武德三年四月。
28《舊唐書》卷五五，〈劉武周傳〉。
29《舊唐書》卷五六，〈梁師都傳〉。
30《資治通鑑》卷一九一，武德九年八月。
31《舊唐書》卷五五，〈高開道傳〉。
32 參考《突厥史》第六章有關部分。
33《舊唐書》卷一九四下，〈突厥傳下〉。
34《資治通鑑》卷一九一，武德八年四月。
35《新唐書》卷一〇〇，〈裴矩傳〉。
36《隋書》卷五一，〈長孫晟傳〉。
37《新唐書》卷二一五下，〈突厥傳下〉。

第十四章　開創歷史發展的新階段

東漢滅亡以後，經過三國的分裂，雖然又曾有過西晉的短暫統一，但僅僅三十六年，又出現了分裂的局面。隋統一以後，中國才又進入了歷史進程的第二個高潮。這個高潮，由於隋煬帝的暴政導致了農民起義和地方官員割據，從而使剛剛開始的高潮又遭中斷。因此，唐高祖建唐，統一全國，看來是恢復了被隋煬帝中斷的第二個高潮，但實際上他是第二個高潮的開創者、發展者。因為唐代的各種政治、經濟、軍事、文化制度，有些是在隋代尚未充分發展，還沒有顯示出其歷史作用，一直到唐代才進一步發展、完善進而著稱於史的；有些是從唐代開始並得到充分發展，又對後世產生了重要影響的。由此可見，唐代在中國古代史上的地位十分重要，它既有承前啟後的作用，又是一個歷史內容更為豐富的新階段的開端。唐高祖是這個歷史階段的開創者，他的歷史功績是應當充分肯定的。

唐以前歷史發展的概況

在中國古代歷史的進程中，自秦到唐，經歷了統一、分裂、再統一的多次反覆，每次反覆都會對歷史的前進增加新的內容。特別是魏晉南北朝階段，由於長期的民族大融合，更加豐富了中華民族歷史的內容。也就是說，高祖建唐，使其成為歷史新階段的開創者，是與中國古代的全部歷史密切相關的。換言之，高祖個人的所作所為，順應了歷史前進的要求。

（一）古代史上的三次高潮

世界上任何一個國家或民族都有自己本身的特點。這種特點，就是各個國家或民族本身歷史進程的反映。中華民族能夠自立於世界民族之林，為全人類歷史的發展做出重要的貢獻，也是通過自己本身歷史的特點反映出來的。

中國歷史的內容非常豐富，其特點也難以三言兩語說清，但至少在這方面是可以肯定的。就是中國古代史的發展是沿著曲折的道路前進的。既然不是平坦大道，當然會出現高潮，也會出現低潮。胡如雷教授認為：「中國古代史上一共出現過三次高潮，即秦朝和西漢、隋朝和唐朝前期、明朝和清朝前期。隋唐兩代是古代重要的盛世，不但經濟文化方面的成就光輝奪目，而且在多民族國家的形成和中外關係的發展方面也占有重要地位。」[1]這種看法，完全符合中國歷史的實際，隋到唐朝前朝是中國古代史上的第二個高潮時期。

（二）分裂以後的再統一

中國自秦統一後，政治、經濟、文化各個方面都逐步形成了一個整體。經過兩漢四百餘年的發展，歷史的進程已經達到了相當高的階段。自西晉以後，中國又陷入了分裂局面。經濟和文化也受到政治上分裂的影響，逐漸呈現出發展不平衡的狀態。特別值得注意的是大量少數民族進入黃河流域。由於各個民族的歷史進程不同，在和中原地區先進的政治、經濟制度接觸以後，必然和中原的各種制度發生不同的互相影響。這樣，就必然產生北方地區內的各個地區之間小的不平衡。這就是說，在南北大的不平衡中還有小的不平衡。當然，社會發展的任何時候都是不平衡的，這裡所謂的不平衡只是和秦漢時期相對而言。

從西晉滅亡到隋統一的二百七十多年裡，南方的經濟有較大的發展，北方經濟在遭戰爭破壞以後又逐步恢復與發展起來，而且最後又超過南方，從而奠定了北方統一南方的基礎。在政治方面，由於少數民族的漢化，從政權的組織機構到各種典章制度，也都逐步互相接近，趨向一致。在文化方面，從語言、文字、信仰到社會生活，也都在民族的融合過程中逐步統一起來。隋朝的統一，正是順應了這種歷史前進的要求。到了唐朝初年，人們的觀念也大大改變了。南北朝時期，人們互相歧視，敵對觀念甚強，到了唐代，人們就認為這種互相歧視是極不正常的了。李太師、李延壽父子就是為了改變以往史書中「南北分隔、南謂北為『索虜』，北指南為『島夷』」[2]的情況而修撰《南史》與《北史》的。只有站在統一國家的立場上，才能發現這種民族歧視的觀念應該改變。

（三）撥亂反正，恢復發展中斷了的第二個高潮

高祖是唐朝的創建者，他在這個新的歷史發展階段中是發揮了重要作用的。

從開皇元年（五八一），隋文帝代北周稱帝到仁壽四年（六〇四）隋文帝死，共二十四年的時間。在這二十四年裡，隋文帝實行了一系列的改革措施，如職官制度，選擇人才的制度，政權組織機構，兵制、刑法以及田制、賦役制度等，都有程度不同的改革與發展。這些改革與發展，

當然是有利於統一國家的鞏固與富強的。但是，自隋煬帝即位以後，形勢的發展急轉直下，正在發展、完備的各種制度又遭破壞了。隋煬帝開運河、修長城、建東都、進攻高麗等等，使兵制、田制、賦役制等均遭到破壞；農民起義的迅速發展，摧毀了整個國家機器，中止了各種制度的發展，更談不上再繼續完備了。高祖就是在這種情況下走上歷史舞台的。因此我們認為，如果說隋到唐前期是中國古代史的第二個高潮，那麼，隋煬帝的倒行逆施就是中斷了這個高潮，高祖建唐，正是恢復發展第二個高潮的開始。因此，如果說高祖起了撥亂反正的作用，是合情合理的。

高祖認為，漢高祖「撥亂反正」，糾正了秦的錯誤，從而出現了漢初的繁榮；他又「撥亂反正」[3]，糾正了隋的錯誤，要使唐朝富強。姜謨說：「唐公有霸王之才，必為撥亂之主。」[4]但在舊的史籍中稱頌李世民「撥亂反正」者不少，而讚揚高祖「撥亂反正」者卻是鳳毛麟角。這就更需要我們認真研究高祖的歷史地位，恢復歷史的本來面目了。

當時的「撥亂反正」，只能是把打亂了的封建秩序再恢復起來，使其遵循著固有的規律繼續前進。誠然，封建制度是束縛勞動人民的枷鎖，但是，人們是不能超越歷史所允許的範圍進行活動的。所以，恢復發展封建制度實際上就是為歷史的繼續前進創造條件。這正是隋煬帝和唐高祖在歷史上所發揮的作用截然不同的關鍵所在。

恢復發展賦役制度

古代任何一個政權，都是建立在通過賦役手段剝削與奴役勞動者的基礎之上的。如果這種剝削和奴役能夠局限在勞動者可以忍受的範圍之內，歷史是可以繼續前進的；反之，如果像隋煬帝那樣，隨心所欲，興師動眾，勞民傷財，社會的發展就會中斷。因此，制定賦役制度，把對勞動者的剝削與奴役限制在一定範圍內，是符合歷史前進的要求的。在這方面，高祖也是用心良苦的。

（一）初定租庸調法

在戰爭年代，農民起義軍或各地的割據勢力，都沒有固定的財政收入。瓦崗軍最初靠劫奪運河的船隻維持生計，後來奪取了洛口倉、黎陽倉、回洛倉，才使其力量不斷發展壯大。王世充多次與瓦崗軍爭奪糧倉，也是為了洛陽的地位能夠維持下去。高祖進據關中，首先占有永豐倉，也是同樣的目的。他到永豐倉後笑謂官屬曰：「吾千里遠來，志在此耳。既為我有，復何憂哉！於是開倉大賑窮乏。」[5]這種喜悅的心情，正說明在戰爭年代一個軍事集團占有物質財富是何等的重要。其他割據勢力，有的劫掠百姓，有的是搶奪隋地方官府，總之，都沒有一定的制度，而是隨心所欲地占有或掠奪。但這種做法只能是暫時的，不能持久。

高祖建國稱帝後，軍隊必須有糧餉，官吏必須有俸祿，政務也要有支出，再靠掠奪和占有就不是長久之計。於是，制定必要的賦役制度，就是不可避免的了。

高祖為了鞏固自己的地位，即位不久即著手制訂這方面的制度。武德二年（六一九）二月十四日制曰：「每丁租二石，絹二丈，綿三兩。自茲以外，不得橫有調斂。」[6]另外，杜佑還說：「（武德）二年制：每一丁租二石。若嶺南諸州則稅米，上戶一石二斗，次戶八斗，下戶六斗。若夷獠之戶，皆從半輸。蕃人內附者，上戶丁稅錢十文，次戶五文，下戶免之；附經二年者，上戶丁輸羊二口，次戶一口，下戶三戶共一口。凡水旱蟲霜為災，十分損四分以上免租，損六以上免租調，損七以上課役俱免。」[7]杜佑雖然沒有提到「絹二丈」，但他卻說「損六以上免租調」。可見人民對調的負擔是存在的。以上兩種記載雖然都沒有談到徭役，但杜佑說「損七以上課役俱免」，可見人民徭役的負擔也是存在的；否則，《新唐書》卷一〈高祖紀〉中為什麼有武德二年「二月乙酉，初定租、庸、調法」[8]的記載呢！既是「初定」，可能還不完善，既是包括「庸、調」在內，還有「免」的具體規定，就應當承認它的存在。

《通典》卷六〈校勘記〉說：「武德五年，嶺南諸州方先後歸唐，有關嶺南諸州令文，自不能於武德二年制定。」故而判定有關嶺南諸州的令文「誤」。這種判定，對人的因素估計不足。高祖如果像李軌、王世充、竇建德那樣，目光短淺，只想割據稱帝於一隅之地，當然他只能看到想到武德二年初他所據有的地盤，這就是關中和今山西的中南部一帶。但事實上高祖與李軌、王世充等人的主要區別，就在於他是野心勃勃，一心要取隋而代之，成為中國的正統王朝代表人。他建唐稱帝後，立即緊鑼密鼓地向各方面發展勢力，逐個消滅各地的割據勢力，實現全國的統一，正說明他不是一個滿足現狀者。反之，他是站在長安，看著全國；今天未過，又想著明天的胸懷大志者。因此，武德二年公布的賦役制度，不是僅為當時的關中與河東而制定，而是面向全國，面向統一的未來。

歷史上有預見或者對未來有所期望的人物是頗不乏先例的。在統一條件尚不成熟的時候，南朝的陳霸先就想「借將帥之功，兼猛士之力，一匡天下，再造黔黎」[9]。北朝的周武帝，也想在破齊之後，「平突厥，定江南，一二年間，必使天下一統」[10]。這些皇帝如此，已經具備了統一條件的唐高祖怎能不為統一以後的事業有所打算呢？絕不能忽視高祖本身的素質。

以上記載，可以說明三方面的意思。其一，可謂「自茲以外，不得橫有調斂」。實際上就是明確取消了隋煬帝的一切賦役制度。在太原起兵時，他就大肆指責隋煬帝「徵稅盡於重斂，民力殫於勞止」。故而形成「十分天下，九為盜賊，荊棘旅於闕廷，豺狼充於道路」[11]。他做了皇帝，當然要糾正這種現象。由此可見，他的賦役制度首先是針對隋末的橫征暴斂而言的。其二，建立新的經濟秩序，保證政府的財政收入，以穩定民心，鞏固新建的唐朝政權。其三，爭取民心，使尚未統一地區的人們看到希望，人心思唐；使邊遠地區的少數民族嚮往唐境，願意早日歸唐。這一切說明，武德二年公布的賦役制度，絕不僅是針對關中和河東地區的賦役徵收，而是具有更深遠的意義。

（二）完善租庸調法，恢復均田制度

武德七年（六二四），全國基本上實現了統一。武德二年（六一九）公布的租庸調法，過於簡單，必須進一步完善。這時，已經成為全國皇帝的唐高祖，為了發展國家的實力，加強自己的地位，必然發展完善各種制度，運用社會秩序的力量鞏固新建的政權。因此，他公布了更為詳細的賦役制度。

新的「賦役之法：每丁歲入租粟三石。調則隨鄉土所產，綾、絹、絁各二丈，布加五分之一。輸綾、絹、絁者，兼調綿三兩；輸布者，麻三斤。凡丁、歲役二旬。若不役，則收其庸，每日三尺。有事而加役者，旬有五日免其調，三旬則租調俱免。通正役，並不過五十日。若嶺南諸州則稅米，上戶一石二斗，次戶八斗，下戶六斗。若夷獠之戶，皆從半輸。蕃胡內附者，上戶丁稅錢十文，次戶五文，下戶免之。附經二年者，上戶丁輸羊二口，次戶一口，下戶三戶共一口。凡水旱蟲霜為災，十分損四已上免租，損六已上免調，損七已上課役俱免。」[12]這些內容，除了最後一部分與《通典》所載的武德二年的租庸調法有所重複以外，其他都是新補充的內容。

武德二年和武德七年兩次公布的租庸調法，有顯著不同的特點。首先，是後者比前者更為全面，更加具體。這是由戰爭年代到社會安定時期必然的發展。如果說戰爭年代要靠武裝力量爭取權勢的話，那麼，在戰爭結束以後，就要靠規章制度來維持社會秩序了。不難理解，後者比前者更為完善，不僅是為了保證政府的財政來源，也是為了提高這項制度對維持社會秩序的作用。其次，前者是單純的賦役制度，後者是和恢復均田制同時頒布。這樣一來，就把租庸調法和均田制度緊密地聯繫起來，從而使均田制成為租、庸、調法存在的基礎。這也容易理解，租和調都是農業生產的成果，徵發力役的多少，又和農業生產直接相關。這樣，就必須使勞動者占有一定土地。因此，武德七年把「賦役之法」和均田制同時頒布，正是要把這兩種制度結合起來，使這兩種制度同時為加強社會秩序發揮作用。

均田制的內容：「以度田之制，五尺為步，步二百四十為畝，畝百為頃。丁男、中男給一頃，篤疾、廢疾給四十畝，寡妻妾三十畝。若為戶者加二十畝。所授之田，十分之二為世業，八為口分。世業之田，身死則承戶者便授之；口分，則收入官，更以給人。」[13]不難看出，均田制中授田是以丁為主，租庸調的負擔也是以丁為主，這正是兩種制度的共同之處。武德七年，唐高祖把二者結合起來，使其為唐代歷史的發展產生了積極的作用。一直到百年以後，開元二十五年（七三七），玄宗又重申均田令，並規定「諸課戶一丁租調，準武德二年之制」[14]。由此可見，均田制和租庸調法的歷史作用是不可低估的。

（三）對隋代田制、賦役制的發展

武德年間所實行的均田制和租庸調制，是隋朝均田制和租調力役制的繼續和發展。所謂「繼續」，其內容已很清楚，勿須贅述；所謂「發展」，是因為歷史的前進出現了新的內容。這方面的內容是很多的。

隋朝遵北齊之制，一個丁男受露田八十畝，婦人田四十畝；另外，每丁又受永業田二十畝，夫婦共受田一百四十畝。但是，一對夫婦所納賦稅卻一倍於單丁。《隋書》卷二四〈食貨志〉：「丁男一床，租粟三石。桑土調以絹、絁，麻土以布絹。絁以匹，加綿三兩。布以端，加麻三斤。單丁及僕隸各半之。」這就是說，單丁受田百畝僅納一對夫妻受田一百四十畝的一半賦稅。這樣一來，就出現了許多不願結婚或隱瞞妻子的現象。「陽翟一郡，戶至數萬，籍多無妻」，正是由於「未娶者輸半床租調」的結果。高祖的均田令中，規定婦女不受田，不納稅，正是對這個問題的解決。制度較合理些，無疑會促使勞動者生產積極性有所提高。

另外，北魏、北齊時，各級官僚可以通過奴婢和牛領受大量土地，唐朝明確取消奴婢與牛的受田。這主要是各級官吏可以通過另一個途徑得到大量的永業田、職分田、公廨田，不必要再走通過奴婢和牛受田的老路。反之，唐又規定，僧、尼、道士、女冠也可以受田。這主要是因為隋朝以後，佛教、道教在統治者的倡導下有了進一步的發展，寺院、道觀都占有大量的土地，因而，法令中不得不承認這種既成事實。

在封建社會裡，土地私有是生產資料的基本所有制形式。實行均田制時國家掌握一定數量的土地，只能是特定條件下的一定時期內的暫時現象。國家掌握的土地向私人手中集中是歷史的必然規律。均田制下的土地買賣愈來愈有所發展，唐代均田制的有關內容也體現了這一規律。北魏時，永業田的買賣只限於賣出有餘和買進不足部分，北齊、隋時稍有放鬆。到了唐代初期，不僅各種永業田只要經過一定手續都可以買賣，而且口分田在遷居、賣作園宅、碾磑、邸店時，也都允許買賣。買賣尺度的放寬，勢必加劇國家掌握的土地向私人手中集中。高祖的均田措施，正順應了這一歷史發展的趨勢。

關於力役制度，也有改進。隋朝規定：每丁服役二十天，開皇十年（五九〇）五月，「以宇內無事，益寬徭役賦，百姓年五十者，輸庸停防。」[15]「輸庸停防」，就是五十到六十歲的人可以不再直接戍防，納絹代役。唐朝則擴大了以絹代役的範圍。一般力役，都可以日納三尺絹或三尺七寸五分布而不直接服役。這樣，必然有利於廣大農民靈活地安排生產，提高其生產積極性。

均田制與租庸調制在唐朝又實行了一百多年，可見其在唐初還是很有生命力的制度。唐朝前期的經濟發展與富強，與此制度密切相關。高祖恢復發展這種制度，對歷史的前進起了促進作用。

（四）戶稅與地稅

與租庸調制同時並存的另外一種稅收——地稅，也是從武德年間開始的。地稅就是義倉或社倉稅。武德元年（六一八）九月四日，高祖下令「置社倉」[16]。社倉是為了遇到水旱災荒時救災而設置的，義倉稅的徵收對象是「私有田地和均田令所授田地在內的墾田」[17]，畝稅二升。這項稅收，名義上是賑荒濟貧，實際上則是國家的正式稅收。在徵收以丁為對象的租庸調時，另徵收以田地為對象的義倉稅，顯然在占有大量私有土地者和勞動者之間有一定的調節作用，使勞動者的負擔相對合理一些。例如，玄宗時的王府之費在很大程度上依賴社倉，當然比依賴租調的負擔面要寬一些。

唐代的戶稅，可以追溯到北齊。張澤咸先生認為：「北齊時的九等戶制，是我國歷史上戶等制的最早記載之一，按戶等高低，分別交納不同數量的錢幣，可以視為唐代戶稅的真正淵源。因為唐代的戶稅，正是按戶等分別高低徵收錢幣的。」[18]《通典》卷六〈食貨・賦稅下〉載：武德六年（六二三）三月，「令天下戶量其資產定為三等」。武德九年（六二六）三月，「詔天下戶立三等未盡升降，宜為九等」。杜佑既然把這些內容寫在〈賦稅〉中，足證它與戶稅密切相關。否則，為什麼後來會出現「富商大賈，多與官吏往還，遞相認囑，求居下等」[19]呢?因此我們認為，唐代的戶稅也開始於武德年間。

唐初的地稅與戶稅，經過發展與演變，到了唐代後期，成為兩稅法的核心。由此可見，高祖開始推行的社倉制與按戶等收稅的制度，在唐代歷史上是起了重要作用的。

貨幣制的發展

古代貨幣的發展，到武德年間（六一八—六二六）也起了很大變化。從西漢到隋朝，五銖錢一直在貨幣流通中占主要地位。大業末年，各種制度均遭到破壞，貨幣流通也極混亂。在使用的五銖錢中，有很多偽造的劣幣，必須加以整頓。所謂「大業以後，王綱馳紊，巨奸大滑，遂多私鑄，錢轉薄惡」，[20]正是當時實際情況的反映。《新唐書》卷五四〈食貨志四〉載：「隋末行五銖白錢，天下盜起，私鑄錢行。千錢初重二斤，其後愈輕，不及一斤，鐵葉、皮紙皆以為錢。高祖入長安，民間行線環錢，其制輕小，凡八八九萬才滿半斛。」針對這種情況，高祖於武德四年（六二一）下詔：「鑄開元通寶，徑八分，重二銖四參，積十錢重一兩，得輕重大小之中，其文以八分、篆、隸三體。」還有人稱讚這種錢是「輕重大小最為折衷，遠近便之」。錢上的文字是由「歐陽詢撰其文並書，回環可讀」21。

「開元通寶」錢的流行，在我國貨幣發展史上有畫時代的意義。「開元」，即開國的意思，「通寶」，即流通的寶貨之意。在這種名稱中不包含貨幣的重量，與過去的秦半兩錢，漢五銖（二十四銖為一兩）比較，顯然是改變了以重量為幣名的傳統。同時，以錢為「寶」，也反映了人們對貨幣的作用有進一步的認識，也說明把貨幣視為財富的觀念大大增強了。從此以後，歷代的銅錢都不再以重量為名，都稱「通寶」、「元寶」22。這說明貨幣的發展已經進入了更高級的階段。這又是高祖為開創發展歷史的新階段所增加的新內容。

承前啟後的《唐律》

《唐律》，是我國古代法律的集大成者。它在古代法制史上承上啟下，一方面繼承並發展了秦漢魏晉南北朝至隋以來的法律；一方面又對五代宋元明清的法律有深遠的影響。同時，對亞洲各國古代法典的形成與發展也產生了積極的作用。就是這樣的《唐律》，也是從武德年間開始逐步形成的。

（一）《武德律》是《唐律》的基礎

唐代的法律文書分為律、令、格、式四種。律，是處理刑事犯罪的法律條文，也就是對犯罪者判罪量刑的依據。律最早可追溯到春秋末年各諸侯國的刑書，到戰國末年，各國的刑書已稱為律，後經秦律、漢律的發展，其內容雖有增減，但律的名稱就沿襲下來了。南北朝時期，北魏律的內容是兼採漢律和魏、晉律而成，漢律經秦律承襲於戰國時李悝的《法經》。陳寅恪先生認為：「北魏、北齊、隋、唐律為一系相承之嫡統，而與北周律無涉也。」23由此可見，唐律是由戰國時期的律文發展而來。

令，是國家制度方面的專用條例。最早起源於戰國。它與律的不同之處是「令偏重於教誡，律偏重於懲罰」24。由於令往往是由皇帝通過詔制頒布的，所以，它和律一樣，都被認為是國家的根本大法。律和令相互為用，相互補充。

格，就是政府頒布的內容來自詔敕的各種禁令。是針對各種違法者進行處罰的，故而可視為對律的補充或變通條例。它最早起源於漢晉，後經北魏到唐，都受到重視。

式，是關於國家政府各部門的辦事規則和公文程式，還有百官的職責和權限。式起源於戰國末期，經秦、漢、魏、晉發展到唐代。

律、令、格、式在歷史上的出現雖然有早晚不同，但四者並行是隋代開始的。

高祖稱帝以後，「詔納言劉文靜與當朝通識之士，因開皇律令而損益之，盡削大業所用煩峻之法。又制五十三條格，務在寬簡，取便於時。尋又敕尚書左僕射裴寂、尚書右僕射蕭瑀及大理卿崔善為、給事中王敬業、中書舍人劉林甫、顏師古、王孝遠、涇州別駕靖延、太常丞丁孝烏、隋大理丞房軸、上將府參軍李桐客、太常博士徐上機等，撰定律令，大略以開皇為準。於時諸事始定，邊方尚梗，救時之弊，有所未暇，惟正五十三條格，入於新律，餘無所改。」[25]這裡明確提到律、令、格，雖然未談到式，但另一敕文中卻說：「律令格式，且用開皇舊法。」[26]由此可見，以上記載可以說明三點意思。其一，廢除大業年間（六〇五—六一七）的一切法令；其二，唐初的律、令、格、式，都是沿襲「開皇舊法」而來；其三，制定新的律、令、格、式，遵循了「務在寬簡，取便於時」的原則。這就是說，武德律令發揮了由「煩峻之法」向「寬簡」之法轉折的作用。

太宗即位以後，本著「務在寬簡，取便於時」的原則，對《武德律》進一步進行修改，形成《貞觀律》。例如把絞刑改為斷右趾，又把斷右趾改為加役流三千里，居作二年。「比古死刑，殆除其半」。又「於隋代舊律，減大辟入流九十二條，減入徒者七十一條」[27]。這些無不說明，高祖確立的制定律、令、格、式的原則是順乎時代潮流的。

太宗時，《唐律》基本上形成。高宗即位後，又命長孫無忌、李勣、于志寧等人以《武德律》、《貞觀律》為藍本，制定《永徽律》。接著，又命長孫無忌等人對《永徽律》進行具體解釋，形成流傳至今的《唐律疏議》。《唐律》的逐步形成，《武德律》是其開端。所以高宗說：「律令格式，天下通規，非朕庸虛所能創制。並是武德之際，貞觀已來，或取定宸衷，參詳眾議，章備條舉，軌躅昭然，臨事遵行，自不能盡。」[28]這足以說明，《武德律》是《唐律》形成的基礎。

（二）《唐律》與唐初社會

高祖是在隋末農民大起義的風浪中建唐稱帝的。他對隋煬帝驕奢淫逸、以竭澤而漁的手段使廣大勞動者走投無路、被迫起義的事實，都親自耳聞目睹。隋煬帝身首異處的下場，不能不使他引以為戒。這樣以來，他就不得不把隋煬帝當作鏡子，放鬆對廣大勞動人民的奴役和壓榨，在統治集團內部也盡量不聽讒言，重用賢人。總之，採取各種手段緩和社會矛盾。

高祖制定《武德律》的原則，正符合社會發展的要求。他制定《武德律》以「開皇律令而損益之」，是因為「隋文帝參用周、齊舊政，以定律令，除苛慘之法，務在寬平」。反之，他「盡削大業所用煩峻之法」，是因為「煬帝忌刻，法令尤峻，人不堪命，遂至於亡」。由於他總結了歷史的經驗，吸取了教訓，所以，「初起義師於太原，即布寬大之令。百姓苦隋苛政，競來歸附。旬月之間，遂成帝業」。這就是說，他能夠從太原起兵，很快建唐稱帝，與其「布寬大之令」密切相關。

歷史的經驗和教訓，自己的親身體會，促使其在制定《武德律》的時候提出了「務在寬簡，取便於時」[29]的修撰原則，實際上也是他多面施政的指導思想。他取得長安以後，財政支出，很有節制；「徵斂賦役，務在寬簡」[30]。武德四年（六二一）四月，關於益州（治所在今四川成都）、夔州（治所在今重慶奉節）管內的囚徒疏理問題，他有制曰：「所有囚徒，悉行覆察，務使寬簡，小大以情。」[31]由此看來，「務使寬簡」是高祖處理各種社會問題的指導思想。這種指導思想，到太宗時更有進一步的發展。

貞觀十一年（六三七）正月，房玄齡等人完成受詔修訂的律令，「凡削煩去蠹，變重為輕者，不可勝紀」[32]。不久，「又刪武德、貞觀以來敕格三千餘件，定留七百條，以為格十八卷，留本司施行。斟酌今古，除煩去弊、甚為寬簡，便於人者」。後來，「高宗即位，遵貞觀故事，務在恤刑」。當他知道獄中囚犯人數不多時，遂「怡然形於顏色」[33]。不言而喻，高祖的制定律令原則，在唐初較長的時間內都得到了貫徹。

武德、貞觀、永徽時期，經濟發展，政治穩定，各種社會問題都較為緩和，是唐代社會的興盛時期。律、令、格、式是維持社會秩序、鞏固以皇帝為核心的中央集權的有力手段。唐初社會秩序安定，君民關係、君臣關係、民族關係都相對的諧調，如果說這與當時律、令、格、式的較為寬鬆密切相關，是無可非議的。也可以說，高祖提出的制定律令原則，對唐初社會的穩定發展起了促進作用。

（三）《唐律》的影響

《唐律》在中國古代法制史上發揮了承前啟後的作用。前面已略述其淵源，說明了其「承前」的歷史。下面再簡述其影響，說明其「啟後」的作用。

清朝的學者認為：「論者謂《唐律》一準乎禮，以為出入得古今之平，故宋世多採用之。元時斷獄，亦每引為據。明洪武初，命儒臣同刑官進講《唐律》。後命劉惟謙等詳定《明律》，其篇目一準於唐。」[34]顯而易見，宋、元、明律都是從《唐律》發展而來的。

至於《大清律例》和《唐律》的承襲關係更為明顯。例如，《唐律》篇目今所沿用者，有〈名例〉、〈職制〉、〈賊盜〉、〈詐偽〉、〈雜犯〉、〈捕亡〉、〈斷獄〉諸門。其《唐律》合而今分者，如〈戶婚〉、〈為戶役〉、〈婚姻〉……諸門。其名稍異而實同者，如〈衛禁〉、〈為宮衛〉……諸門。還有「分析類附者」諸門。總之，《大清律例》：「上稽歷代之制，其節目備具，足以沿波而討源者，要惟《唐律》為最善，故著之於錄，以見監古立法之所自焉。」[35]事實證明，《唐律》是戰國至隋的法制集大成者，又是宋、元、明、清律文的藍本。因此，我們認為《唐律》

在中國古代法制史上發揮了承前啟後的作用。

其實，《唐律》不僅在中國古代法制史上占有重要地位，而且對亞洲其他國家也有很大影響，特別是日本和朝鮮半島。

由於唐帝國的文化對當時世界的影響，日本把中國視為「東方文化大本營」，「對中國文化無限嚮往」，希望「過像漢人那樣燦爛的文化生活」[36]。遣唐使接二連三地到唐，正是日本學習唐文化的實際活動。在這種形勢下，《唐律》自然也是日本學習的內容。

西元六六七年（唐高宗乾封二年），日本制定了最早的成文法典《近江令》，《近江令》的主要依據就是武德、貞觀、永徽三朝的令。《大寶律令》是日本歷史上所謂畫時代的法典，它和《唐律》一樣，都有十二篇，其篇目次序都和《唐律》一樣，內容也大體相同，只是有些地方加以簡化與省併。正因為這樣，楊廷福先生認為，「日本律令制時代的法典，亦步亦趨地追隨唐朝」。另外，鳩山和夫與阪本三郎合著的《日本法制史一班》，把日本的法律發展分為四個時期，其中第二時期就俗稱為「模仿唐時代」[37]。可見，《唐律》對日本的影響是非常深遠的。

唐文化對朝鮮半島的影響也是非常深刻的。唐代初期，朝鮮半島由三國分立走向統一，統一以後的新羅，被日本人視為「中國文化的分店」[38]，因此，日本除了向唐派遣留學生外，還向新羅派了不少留學生。既然新羅是中國文化的分店，新羅文化中必然包含《唐律》的內容。

總而言之，《唐律》對中國、對亞洲的日本、朝鮮半島，還有越南等，都產生了重要的影響。其所以能產生這種影響，主要是唐帝國強盛，文化先進，與其他各國交往頻繁。這種局面的形成，與高祖開創的寬鬆原則密切相關。按照「務在寬簡」的原則處理各種問題，勢必形成寬鬆的社會氣氛、寬鬆的社會氛圍，可以使人們少受各種約束，充分發揮自己的作用，創造更多的物質財富和精神財富。唐初的經濟、文化都有很快的發展，與這種寬鬆的社會氛圍是有因果關係的。《唐律》對中外歷史的影響，說明唐帝國在當時的世界上具有崇高的地位。這種崇高的地位，產生於寬鬆的社會氛圍之中。

確立唐代的官制

秦始皇統一中國後，「事不師古，始罷封侯之制，立郡縣之官」，確立了一定的官制，劉邦建立西漢，「輕刑約法，而職官之制，因於嬴氏」。東漢又「聿遵前緒」，魏、晉時期的官制，也「大抵略同」。南北朝時，南北有所差別。隋文帝「復廢周官，還依漢魏」。雖然隋統一承襲了漢、魏的官制，但由於隋煬帝「號令日改，官名月易」[39]，又造成了混亂的局面。本來，隋統一南北後，對秦漢以來的官制進行了總結，但由於隋煬帝的倒行逆施，中斷了官制的繼續發展。因此，高祖建唐以後，恢復重建統一國家的官制，為官制的繼續發展奠定了基礎。

（一）中央官制

《舊唐書》卷四二〈職官志一〉：「高祖發跡太原，官名稱位，皆依隋舊。又登極之初，未遑改作，隨時署置，務從省便。武德七年定令：以太尉、司徒、司空為三公；尚書、門下、中書、秘書、殿中、內侍為六省；次御史台；次太常、光祿、衛尉、宗正、太僕、大理、鴻臚、司農、太府為九寺；次將作監；次國子學；次天策上將府；次左右衛、左右驍衛、左右領軍、左右武侯、左右監門、左右屯、左右領為十四衛府。」這些都是「京職事官」。所謂「職事官」，就是「諸統領曹事，供命王命，上下相攝，以持庶績」。具體說，就是有一定的組織系統，有明確的任務，有相應的權力和品級的官員。

三公地位最高，都是正一品，但無實權，多為親王或文武大臣加官，實際上是一種榮譽職務。

六省中的尚書、門下、中書三省，是政府機關，三省的長官都是宰相。但由於唐初的尚書省長官尚書令是李世民，他常統兵外出，四處征討，很難實際理政，所以，尚書省的副長官左右僕射就成了實際的宰相。由於這三省在政權機構中的作用很大，故而地位非常重要。三省的分工是：中書省負責進奏表章，起草詔敕策命，也就是按照皇帝的意思制定政策；門下省是審議機關，就是對中書省草擬的詔敕、起草的政策進行審議；尚書省是執行機關，為了執行政令方便，尚書省下又設吏、戶、禮、兵、刑、工六部，分別管理有關事務。由於這些部門在政權機構中所起的作用最大，所以後來往往把唐中央的官制概括為三省六部制度。

其他三省，秘書省是國家圖書機關、殿中省為皇帝的衣食住行服務，內侍省管理宦官，都與政權無大關係，不甚重要。御史台是監察機關。太常、光祿等九寺與將作監等監，是分別管理兵、刑、錢、穀等各種事務的機構。國子學是最高學府。

天策上將府是一臨時機構。武德四年（六二一），因秦王李世民攻取洛陽，平定王世充有功，「前代官皆不足以稱之，特制天策上將，位在王公之上」。並且，「開天策府，置官屬」[40]。實際上是李世民羅致人才，擴充自己勢力的機構。玄武門之變剛剛結束，天策府司馬宇文士及就從太極殿的東上閣門出來宣敕：「諸軍並受秦王處分。」[41]可見天策府與李世民發動玄武門之變密切相關。玄武門之變的勝利，使李世民成為太子，位在天策上將之上，天策府當然沒有存在的價值，於是，天策府很快撤銷了。由此可見，天策上將府是為了獎勵李世民的戰功而設，沒有組織系統，沒有國家政權的職能，所以，隨著李世民地位的變化，它就失去存在的意義了。這是武德年間（六一八—六二六）官制的特殊情況。

左右衛等十四衛府，是中央各部門負責宿衛的軍職官員。

中央官制的核心，是三省六部制。三省制起源很早，它「經過漢代的孕育，至曹魏終於正式誕生。這時，中書省已經成立，門下省和尚書省也完全脫離少府，成為獨立的機構。三省相輔相成，形成一套制度。雖然這套制度在當時還不很完善，但經過兩晉南北朝的發展，取得了長足的進步」[42]。經隋到唐初，這套制度逐步進入了完善的新階段。完善的標誌是：三省的長官都是宰相；三省的地位平等，權力平衡；三省分工明確，互相牽制，避免了個別人的專斷。這正是把古代的宰相制度發展到了新的階段[43]。

（二）地方官制

唐初的地方行政建制分州、縣二級。

州，是由隋的郡改名而來，州的長官是刺史。州分上、中、下三等。四萬戶以上為上州，二萬戶以上為中州，二萬戶以下為下州[44]。

州刺史的職責，是維持社會秩序，考核官吏，勸課農桑。每年要到所屬的縣巡察一次，「觀風俗，問百年，錄囚徒，恤鰥寡，閱丁口，務知百姓之疾苦」。還要發現人才，推薦人才。如果「有不孝悌，悖禮亂常，不率法令者，糾而繩之」[45]。對於清正廉潔的官吏和徇私舞弊的官吏，要分別褒貶獎懲。對於一些重大問題要上奏朝廷。

州以下的單位是縣。縣分京縣、畿縣、諸州縣。京縣，在唐初是指長安、萬年、河南、洛陽四縣，開元十一年（七二三），又增加了太原和晉陽二縣。也就是京師和東都以及後來的北都以內的縣。畿縣是指長安、洛陽以及後來太原附近的縣。諸州縣又按人口多少分為上縣、中縣、中下縣、下縣四等。五千戶以上為上縣，二千戶以上為中縣，一千戶以上為中下縣，不足一千戶者為下縣[46]。

縣的長官是令，縣令的職責：「皆掌導揚風化，撫字黎氓，敦四人之業，崇五土之利，養鰥寡、恤孤窮，審察冤屈，躬親獄訟，務知百姓之疾苦。所管之戶，量其資產，類其強弱，定為九等。其戶皆三年一定，以入籍賬。……至於課役之先後，訴訟之曲直，必盡其情理。……若籍賬、傳驛、倉庫、盜賊、河堤、道路雖有專當官，皆縣令兼綜焉。」[47]

州、縣長官及其所屬官吏，都是外職事官。

高祖還確定了各級官吏的待遇。武德元年（六一八），「文武官給祿，頗減隋制，一品七百石，從一品六百石，二品五百石，從二品四百六十石，三品四百石，從三品三百六十石，四品三百石，從四品二百六十石，五品二百石，從五品百六十石，六品百石，從六品九十石，七品八十石，從七品七十石，八品六十石，從八品五十石，九品四十石，從九品三十石，皆以歲給之。外官則否。」

另外，還有與品級相對的職分田。「一品有職分田十二頃，二品十頃，三品九頃，四品七頃，五品六頃，六品四頃，七品三頃五十畝，八品二頃五十畝，九品二頃，皆給百里內之地。諸州都督、都護、親王府官二品十二頃，三品十頃，四品八頃，五品七頃，六品五頃，七品四頃，八品三頃，九品二頃五十畝。鎮戍、關津、岳瀆官五品五頃，六品三頃五十畝，七品三頃，八品二頃，九品一頃五十畝。」[48]

（三）其他官制

除了職事官以外，還有散官和勛官。

散官就是沒有組織系統、沒有實際任務而有品級的官。也可以說是有名無實的官。既然如此，散官必然不如職事官重要。但由於散官是取得職事官的途徑，也可以說散官是職事官的候補職位。所以，欲入仕者還必須首先取得散官的地位。

散官分文散官和武散官兩種。文散官從最高的開府儀同三司到最低的將仕郎共二十九階。一般文散官都要輪流到吏部上班，不去上班者，可拿錢代替。這大概有接受考核，準備為職事官的意思。武散官從最高的驃騎大將軍到最低的陪戎副尉、歸德執戟長上，共四十五階。一般武散官都輪流到兵部去上班，不去者，也和文散官一樣可以拿錢代替。雖然不是所有的散官都能進而為職事官，但它畢竟給入仕者一種希望，故而有其存在的必要。

勛官是為獎勵戰士的軍功而設置的官位。高祖又沿用隋制，「至七年頒令，定用上柱國、柱國、上大將軍、大將軍、上輕車都尉、輕車都尉、上騎都尉、騎都尉、驍騎尉、飛騎尉、雲騎尉、武騎尉，凡十二等，起正二品，至從七品」。

另外，唐初高祖還曾設有臨時性的官吏。例如，行台尚書省。其中以陝東道大行台尚書省最有影響。因為陝東道大行台尚書令是李世民，在尚書令下還設有僕射、左右丞、都事等一整套官吏，分別管理各種事務。其他行台尚書省也大體類同。設置這種機構，主要是因為「武德初，以諸道軍務事繁，分置行台尚書省」[49]。隨著全國的統一，李世民由秦王而為太子，這些臨時機構就先後撤銷了。

高祖建唐稱帝以後，設置了一整套完備的官制，用職事官、散官、勛官、臨時官等職位，分別安排統治階級中各種不同類型的人才。使他們有發揮作用的機會，又可名正言順地得到俸祿。這樣，就可以充分體現「君使臣，臣事君」的原則，以便達到「君使臣以禮，臣事君以忠」[50]的目的。實際上這是要在統治階級內部建立一種秩序，運用這種秩序使整個統治集團上下一致，左右和諧，最後取得鞏固以皇帝為首的中央集權的結果。如果統治集團內部的關係諧調，使國家機器能夠正常運轉，就不容易激化統治集團和廣大人民的矛盾。因此，官制的作用不是孤立的，它和整個社會的發展密切相關。高祖繼承前代並有發展的唐初官制，為後來「貞觀之治」中相當君禮臣忠的君臣關係創造了條件。

恢復發展科舉制度

科舉制度創始於隋，確立於唐，這是歷史發展的必然結果。魏晉時期，由於士族門閥勢力的膨脹，九品中正制度盛行一時。後來，由於寒門庶族勢力的發展，限制他們在政治上有所進取的九品中正制日益顯得不相適應。於是，在南北朝後期就產生了通過考試走上政治舞台的科舉制度的萌芽。隋統一南北後，這種萌芽逐步發展為科舉制度的雛形。正當這種制度進一步完善的時候，隋煬帝的倒行逆施導致了全國規模的農民大起義，中斷了各種制度的發展與完善。高祖建唐稱帝，恢復發展這種制度，正是為歷史的繼續前進發揮促進作用。

（一）科舉制度的起源與發展

關於科舉制度創始於何時的問題，唐宋以來就說法不一。有人主張開始於隋，有人主張開始於唐。其所以有不同的認識，主要是因為有關史書對這一問題的記載不甚明確。根據當代史學家的研究：「常科成立於隋開皇七年，制科成立於隋開皇十八年，整個科舉制形成於隋開皇年間。它是隋文帝開皇三年一系列政制改革中的一部分。雖然它的形成只是初具雛形，但對稍後的定型具有重大的影響。」[51]另一位學者說，隋代早期的科舉制：「明顯比南北朝時期科舉的『萌芽』狀態提高了一步，但卻沒達到李唐王朝那種確立了的『制度化』科舉的程度，是介於『萌芽』和『制度化』之間的一個階段。」[52]筆者正是根據這兩位學者的意見，接受了科舉制創始於隋，確立於唐的結論。而兩位學者的表述雖然不同，但兩種表述的意思是完全一致的。

既然「初具雛形」的隋代科舉制度難以說得清楚，那麼，確立時期的唐代科舉制度就顯得非常重要了。唐代確立科舉制度是從高祖開始的。

高祖建唐初期，還沒有一定的選官制度。由於「天下兵革方息，萬姓安業，士不求祿、官不充員，吏曹乃移牒州府，課人應集，至則授官，無所退遣。四五年間，求者漸多，方稍有沙汰」[53]。為了改變這種暫時的狀況，高祖也先後採取了另一種措施。《新唐書》卷四四〈選舉志上〉：「自高祖初入長安，開大丞相府，下令置生員，自京師至於州縣皆有數。既即位，又詔秘書外省別立小學，以教宗室子孫及功臣子弟。其後又詔諸州明經、秀才、俊士、進士明於理體為鄉里稱者，縣考試，州長重覆，歲隨方物入貢；吏民子弟學藝者，皆送於京學，為設考課之法。州、縣、鄉皆置學焉。」設置各級學校，解決了生徒的來源問題；命各州推薦「明經、秀才、俊士、進士明於理體為鄉里稱者」，解決了鄉貢的來源問題。高祖的這項措施，實際上是為推行科舉制度開闢了道路。

唐代參加常科考試的考生，來自兩個方面。一是由中央到地方的各級學校中的合格學生中而來，一是未經學校正規學習而學業有成的人，前者稱生徒，後者稱為鄉貢。高祖從這兩方面促使科舉制度的實施，成為後來進一步發展科舉制度的先河。

後來，他又下詔：「擇善任能，救民之要術，推賢進士，奉上之良規。自古哲王，宏風闡教，設官分職，惟才是與。……朕膺圖馭宇，寧濟兆民，思得賢能，用清治本。招選之道，宜革前弊，懲勸之方，式加常典，苟有才藝，所貴適時，潔己登朝，無嫌自進。宜令京官五品以上及諸州總管刺史（各）舉一人。其有志行可錄，才用未申，亦聽自己，具陳藝能，當加顯擢，授以不次。」[54]在這裡，高祖首先肯定了選官的原則是「擇善任能」、「推賢進士」、「惟才是與」，接著又表示要「宜革前弊」，這當然是針對隋朝而言，其中包含著對隋制的繼承與改革。最後要求五品以上京官和州總管刺史各舉一人，還允許「有志行可錄，才用未申」者可以「自進」。顯然，這和科舉制中的鄉貢原則基本一致。

根據以上情況，我們認為很不完整，也難以說得清楚的隋代科舉制度，到唐初就不同了。唐初科舉制度的概貌已經顯示出來，高祖採取的有關措施，為這一制度的進一步發展與完善創造了條件。由此可見，高祖在恢復發展科學制度方面發揮了積極作用。「自武德以後，便有進士諸科」[55]，正說明高祖真正實行科舉制度了。

（二）科舉制度的歷史作用

科舉制度在取代九品中正制方面是歷史的一大進步。西漢以來，選拔官吏的途徑主要是察舉，魏晉以後的選官辦法是九品中正制。察舉就是上層官員對下層人士的推薦。九品中正制是按照州、郡、縣所特設的大小中正對有關人士進行評議的結果選官。隨著士族勢力的發展，九品中正制逐步發展為按照門第選官，以致形成「上品無寒門，下品無士族」[56]的局面。但在士族勢力的膨脹嚴重影響寒門庶族的政治要求時，二者就不能不發生衝突了。科舉制度就是為迎合寒門庶族的政治要求而產生的選官制度。

科舉制度可以比較合理地在更大的範圍內選取有用的人才，可以打破門第界限，開創士人憑才能競爭從而走上政治舞台的途徑。這樣，有利於超群的人才發揮社會作用，同時也可以緩和社會各階層之間的矛盾，有助於社會安定，發展生產。因此，科舉制取代九品中正制是順應了歷史前進的要求。

高祖把隋代初具雛形的科舉制推向前進，促使這種雛形向著制度化的方向發展，以致這種制度逐步完善成熟，對後世產生了重要影響。不僅如此，科舉制度對後來西方的文官制度也有催生的作用。西方學者都認為中國是文官制度的創始者。美國卡特政府的人事總署署長艾倫•坎貝爾於一九八三年來華講學時說：「西方所有政治教科書中，當談到文官制度的時候，都把文官制度的創始者歸於中國。」[57]這就是說，西方的文官制度來源於中國的科舉制度。由此可見，科舉制度的歷史作用是有世界意義的。

誠然，科舉制度在發展中也產生了不少弊病，例如，把知識分子引到做官的一條路上去，限制了人們的眼界和思路，影響了自然科學的發展。但是，這些弊病還不能和剛剛起步，正在發揮前進作用的唐初科舉制度聯繫起來。高祖恢復發展科舉制度的積極作用是必須肯定的。

恢復發展府兵制度

府兵制度起源於西魏，經北周、隋，到唐中期退出歷史舞台，前後大約兩個世紀。最初的府兵，是宇文泰為發展私人勢力而組成的一支勁旅，到了北周，就逐步發展成為皇帝的禁軍了。高祖恢復和發展這種制度，對鞏固以關中為中心的唐朝政權起了積極作用。同時，這是建立起一種適合非戰爭時期的軍事秩序。這種秩序，既使國家保持相當的軍事力量，也不至於有過多的經濟負擔。

(一)府兵制的淵源

府兵制就是以軍府為單位的軍事組織，它有完整的指揮系統和組織系統。府兵制的建立，是與關隴貴族集團的形成互相作用的結果。關隴貴族是靠府兵的支持起家的，府兵又是根據關隴貴族的政治需要發展起來的。

最初，府兵是賀拔岳、北魏孝武帝等人從中原帶到關中的鮮卑人。因為東魏和西魏的對立，經常發生戰爭，軍隊自然也需要擴充。於是，宇文泰就開始吸收漢人參加府兵，關隴地區許多豪強都擁有部曲和鄉兵，宇文泰把這些地方武裝收編過來，也成為府兵的組成部分。

到了北周武帝時，府兵的實際統帥權有所改變。原來，府兵的統帥部是都督中外諸軍事府，宇文泰是大丞相，大冢宰，都督中外諸軍事；後來，宇文護任大冢宰，都督中外諸軍事，實際掌握府兵。周武帝為了親自掌握兵權，於建德元年（五七二）殺了宇文護，使府兵成為名副其實的禁衛軍。武帝為了鞏固自己的地位，以擴大兵源的辦法充實軍事力量。建德二年（五七三），他「改軍士為侍官，募百姓充之，除其縣籍，是後夏（漢）人半為兵矣」58。這裡所謂的「百姓」，無疑是指均田制下的民戶。他們大量離開民籍，成為府兵，說明人們嚮往府兵。一般農戶嚮往府兵的原因，是均田制下的農民負擔較重，參加府兵，實際上就擺脫了沉重的賦役負擔。大量農民湧入府兵隊伍，促使府兵的成分有所變化，民族融合也有進一步的發展。這些情況，說明當時的兵民還是分離的。

到了隋朝，府兵制又有了發展，最明顯的變化就是府兵制與均田制的關係更加密切。開皇十年（五九〇），隋文帝下詔道：「魏末喪亂，宇縣瓜分，役車歲動，未遑休息。兵士軍人，權置坊府，南征北伐，居處無定。家無完堵，地罕包桑，恆為流寓之人，竟無鄉里之號，朕甚愍之。凡是軍人，可悉屬州縣，墾田籍賬，一與民同。軍府統領，宜依舊式。」59隋文帝為了改變府兵「居無定處」、「恆為流寓之人」的處境，遂使軍民同籍，把均田農民與府兵統一起來。不過，這並不等於二者毫無差別，均田農民不一定全是府兵。因為府兵要免除租調的負擔。隋煬帝時，「增置軍府，掃地為兵，自是租賦之入益減矣」60。正說明服兵役的人多了，免除租調的範圍越來越大，國家收入必然減少。

開皇九年（五八九），隋滅陳，統一全國，大規模的軍事行動告一段落，第二年，隋文帝就下詔兵農合一，把府兵與均田農民統一起來。實際上這是寓兵於農，與民休息，是發展生產的措施，正符合形勢發展的需要。

（二）唐初府兵制的作用

從府兵制的發展過程來看，在經常進行戰爭的年代，保持大量的職業兵是必要的。反之，在頻繁的戰爭結束後，寓兵於農，既有可隨時調遣之兵，又不影響社會生產，是可行的。高祖建唐後，恢復發展府兵制也說明了這個問題。「武德初，始置軍府，以驃騎、車騎兩將軍府領之。析關中為十二道，曰萬年道、長安道、富平道、醴泉道、同州道、華州道、寧州道、岐州道、豳州道、西麟州道、涇州道、宜州道，皆置府。」到武德三年（六二〇）又把道改為軍，如萬年道改為參旗軍，「軍置將、副各一人，以督耕戰，以車騎府統之」。武德六年（六二三），「以天下既定，遂廢十二軍，……居歲餘，十二軍復，而軍置將軍一人，軍有坊，置主一人，以檢察戶口，勸課農桑」61。府兵將軍的任務，由「督耕戰」到「勸課農桑」，意味著府兵作用的變化。武德初年，大規模的統一戰爭正在進行，府兵必然有作戰任務。由於當時唐所轄地盤主要是關中，故而首先從關中恢復府兵制是很自然的。既耕且戰的府兵，無疑是恢復隋代的制度；進一步以農桑為主，是高祖對府兵的發展，也是大規模統一戰爭結束以後的必然結果。

高祖從太原初起兵時，只有三萬來人，到攻取長安的時候，就增加到二十餘萬了。在統一戰爭告一段落的時候，軍隊自然需要減少。於是，高祖把大量軍隊遣散，僅留下了三萬自願充當宿衛者，把關中渭水以北沿白渠一帶肥沃的土地分給他們耕種，號稱「元從禁軍」。這些軍人，在其年老不能任事的時候，以其子弟代替，稱為「父子軍」62。這種情況，充分體現了從戰時到平時，把職業軍人變為亦農亦兵的社會需要。

府兵制在唐前期得到充分的發展。因為唐前期社會安定，大規模的戰爭較少，不需要大量的職業兵，亦兵亦農的兵制，既可以使政府保持相當的軍事力量，而且可以隨時調動使用；同時，還可以不影響生產的發展，也減少了政府軍事經費的開支。實際上這是建立一種非戰時的軍事秩序，以保證唐朝政權的鞏固與發展。唐朝前期，社會安定，經濟、文化都有較大的發展，與這種軍事秩序的社會作用密切相關。由此可見，高祖恢復發展府兵制，也對歷史的發展起了積極作用。

發展傳統文化

高祖建唐以後，不僅對恢復發展政治、經濟、軍事制度方面做出了重要貢獻，同時，對文化教育的發展也採取了有效的措施，唐代文化事業的高度發展及其深遠影響，與唐初的良好開端是分不開的。

（一）興辦學校，尊崇儒學

唐代的學校教育是中國傳統學校教育的發展。唐代的學校教育在中國古代教育史上占有重要地位，是因為古代的學校教育發展到唐代基本上定型了，後來的學校教育制度都是在唐代教育制度基礎上的修改和補充。「更重要的是四鄰吸收中國文化後所出現的『東亞教育圈』，也是完成於唐代，並以唐代制度為藍本。因此，要了解傳統中國教育的特質，以及傳統東亞諸國教育的特質，勢必先了解漢唐間學校教育發展不可，尤其是唐代的學制。」[63]由此可見，高祖建唐後，很快興辦學校，發展教育，是有重要歷史意義的。

《舊唐書》卷一八九上〈儒學傳序〉載：「及高祖建義太原，初定京邑，雖得之馬上，而頗好儒臣。以義寧三年（應為二年）五月，初令國子學置歲七十二員，取三品已上子孫；太學置生一百四十員，取五品已上子孫；四門學學生一百三十員，取七品已上子孫。上郡學置生六十員，中郡五十員，下郡四十員。上縣學並四十員，中縣三十員，下縣二十員。武德元年，詔皇族子孫及功臣子弟，於秘書外省別立小學。」

唐代的學校制度基本上繼承了隋代。如隋有國子學、太學、四門學、書學、算學，唐代都繼承下來了。高祖時雖不是十分完整，但從中央到地方的各級學校都已初具規模。

學校的教學內容，主要是儒家的經書。「凡教授之經，以《周易》、《尚書》、《周禮》、《儀禮》、《禮記》、《毛詩》、《春秋左氏傳》、《公羊傳》、《穀梁傳》各為一經；《孝經》、《論語》、《老子》，學者兼習之。」[64]由此可見，興辦學校和尊崇儒學是一致的。

武德七年（六二四）二月，高祖敕曰：「自古為政，莫不以學為先。學則仁、義、禮、智、信，五者俱備，故能為利深博。朕今欲敦本息末，崇尚儒宗，開後生之耳，行先王之典謨。」[65]

高祖「頗好儒臣」，興辦學校，以儒家經書為主要教學內容，而且還明確表示他「敦本息末」的意思就是「崇尚儒學」。可見，他是要以儒家思想治理國家的。

自西漢以來，儒家思想基本上占據正統地位。統治者總想利用這種思想建立穩定的社會秩序，以利於「正君臣，明貴賤，美教化，移風俗」[66]。隋朝末年，由於農民起義遍地爆發，統治集團內部四分五裂，地方割據勢力也乘機而起，實際上就是破壞了穩定的社會秩序。高祖為了鞏固自己的地位，也必須建立穩定的社會秩序。在當時，沒有任何一種思想可以超過儒家思想的威力。所以，他只能選擇儒家思想實現自己的願望。同時，當時人們也都認為：「武為救世之砭劑，文其膏粱歟！亂已定，必以文治之。否者，是病損而進砭劑，其傷多矣！然則武得之，武治之，不免霸且盜，聖人反是而王。故曰武創業，文守成，百世不易之道也。若乃舉天下一之於仁義，莫如儒。」67這就是說，在用武力取得國家政權之後，必須用儒家思想治理國家是效果顯著的。唐初社會秩序日益穩定，君臣關係、君民關係都相對和諧，為經濟文化的發展創造了良好的環境，因此，高祖在這方面的歷史作用也是不可忽視的。

（二）抑制佛教氾濫

抑制佛教的氾濫和尊崇儒學是一個問題的兩方面，都是為了加強皇權。

自佛教傳入中國以後，就和在思想領域裡占統治地位的儒家思想相互影響。佛教能夠在逐步中國化的過程中得到發展，主要是和儒家思想日益調和、會通、融合的結果。但是，由於兩者產生的地理、歷史條件和文化傳統不同，二者的內容又有互相對立的一面，同時，由於儒家思想的正統地位，故而佛教在中國的發展過程中又常常遭到儒家的批判和排斥。

從根本上說，儒家重視人生的現實，重視社會組織和人際關係。故而要求從個人本身開始，做到修身、齊家、治國、平天下。也就是使每一個人都在家庭、國家處於適當的地位，以達到家庭和諧，國家富強，天下太平的目的，這是積極的入世思想。而佛教則認為人生是痛苦，社會是苦海，要求人們出家，脫離現實，以達成佛目的，這是消極的出世思想。基於這個前提，二者對於生與死也有截然不同的態度。儒家認為，生與死都是自然現象，男女婚配，生兒育女，使社會得以延續，也就是要人們重視現實的人生。而佛教則宣揚因果報應，輪迴轉世，使人們希望在死後有好去處。前者重生，後者重死，也是不可調和的矛盾。

唐初，最早反佛的是傅奕。傅奕是相州鄴（今河北臨漳西）人，隋末李淵為扶風（治所在今陝西鳳翔）太守時即與其相識，李淵建唐稱帝後，先以其為太史丞，後為太史令。武德七年（六二四），他上疏建議滅佛。他認為佛教宣傳「不忠不孝，削髮而揖君親」，佛經是「妖書」，它迷惑百姓，使其相信因果報應：「布施一錢，希萬倍之報，持齋一日，冀百日之糧。」有些愚昧之人，「造作惡逆，身墜刑網，方乃獄中禮佛，口誦佛經，晝夜忘疲，規免其罪」。這是「乃追既往之罪，虛規將來之福」，完全是欺騙。

在傅奕看來，「且生死壽夭，由於自然，刑德威福，關之人主。乃謂貧富貴賤，功業所招，而愚僧矯詐，皆云有佛。」這是「竊人主之權，擅造化之力，其為害政，良可悲矣！」顯而易見，傅奕認為佛的作用和君主的權力是相互對立的。人的生與死是自然現象，刑德威福是人力所致。視富貴貧賤為佛的作用就是竊奪了君主的權力，為害於政。他還說：「禮本於事親，終於奉上，此則忠孝之理著，臣子之行成。而佛踰城出家，逃背君父，以匹夫而抗天子，以禮體而悖所親。」是「無父之教」。為了尊君奉親，以行忠孝，他主張「今之僧尼，請匹配，即成十萬餘戶，產男育女，十年長養，一紀教訓，自然盈國，可以足兵」。這樣一來，「四海免蠶食之殃，百姓知威福所在，則妖惑之風自革，淳樸之化還興。」[68]實際上這是以行忠孝的手段，達到鞏固唐朝政權的目的。這是儒家思想的根本所在。由此可見，佛教和儒家思想的衝突是政治上的分歧。正因為這是事關唐朝政權的問題，所以，高祖接受了這個建議。後因玄武門之變發生，才未能徹底實施。太宗即位後，傅奕又向太宗說：佛教「於百姓無補，於國家有害。」[69]也得到了太宗的贊同。

高祖對傅奕的建議雖然未曾徹底實施，但他和傅奕的思想是一致的。他尊崇儒學，正是和傅奕不謀而合的地方；他同意反佛，是為儒學的發展創造有利條件。因此，反佛和崇儒是一個問題的兩個方面。

（三）重視修撰類書和史書

為了繼承發揚傳統文化，為其所用，高祖也非常重視歷史文化遺產的整理。他下詔修撰《藝文類聚》，保存了唐以前豐富的文獻資料，為當今人們認識古代文化遺產、充分利用歷史文獻發揮了重要作用。

武德五年（六二二），高祖下詔修撰《藝文類聚》，武德七年（六二四）九月十七日由歐陽詢奏上，全書一〇〇卷。參加修撰的人，今能考知其姓名者有：歐陽詢、令狐德棻、陳叔達、裴矩、趙弘智、袁朗等。

《藝文類聚》是繼隋代《北堂書鈔》之後又一部類書。該書所引用的古籍有一千四百三十一種，其中保存到現在的不到十分之一。「這就是說，它的引文有百分之九十以上為今所不傳文書；而其餘的不足百分之十的徵引，也因其所援用者為唐前古本，可用以互校今傳之本而有可能糾訂其誤謬。清代校勘、輯佚學者曾經廣泛地利用了本書。」[70]這正是該書的可貴之處。

古代的類書，是綜合性的資料類編，在當時，它有傳授知識、臨文備查的作用。在今天，由於它保存了大量的文獻資料，給有關的學術研究與古籍整理提供了很多方便。因此，高祖的這一舉措，也是他的歷史功績之一。

另外，高祖還重要古籍的收集和整理。由於唐初「承喪亂之餘，經籍亡逸」，所以，時任秘書丞的令狐德棻建議：「購募遺書，重加錢帛，增置楷書，令繕寫。」結果是「數年間，群書略備」。不言而喻，這樣大量搜集、購買、繕寫遺書，對保存、利用歷史文化遺產是至關重要的。

在編寫史書方面，高祖也有重要舉措。令狐德棻建議道：「竊見近代已來，多無正史，梁、陳及齊，猶有文籍。至周、隋遭大業離亂，多有遺闕。當今耳目猶接，尚有可憑，如更十數年後，恐事蹟湮沒。陛下既受禪於隋，復承周氏曆數，國家二祖功業，並在周時。如文史不存，何以貽鑑今古？如臣愚見，並請修之。」令狐德棻從保存、利用歷史資料和史書的社會作用兩方面說明修撰史書非常必要。這和高祖是不謀而合。

高祖針對令狐德棻的建議下詔道：「司典序言，史官記事，考論得失，究盡變通，所以裁成義類，懲惡勸善，多識前古，貽鑑將來。」顯然這是說明史書的社會作用。這和令狐德棻所謂的「如文史不存，何以貽鑑今古？」正是異口同聲，如出一轍。高祖接著又說，自南北朝以來，建國稱帝者雖然「莫不自命正朔」，一些「名臣奇士」也多有著述，「然簡牘未編，紀傳咸闕，炎涼已積，謠俗遷訛，餘烈遺風，條焉將墜」。正因為如此，他要修撰史書。他指出：「中書令蕭瑀、給事中王敬業、著作郎殷聞禮可修魏史，侍中陳叔達、秘書丞令狐德棻、太史令庾儉可修周史，兼中書令封德彝、中書舍人顏師古可修隋史，大理卿崔善為、中書舍人孔紹安、太子洗馬蕭德言可修梁史，太子詹事裴矩、兼吏部郎中祖孝孫、前秘書丞魏徵可修齊史，秘書監竇璡、給事中歐陽詢、秦王文學姚思廉可修陳史。」這次修撰工作，「歷數年，竟不能就而罷」[71]。

這次修撰工作為什麼沒有成功？很可能是兩方面的原因：其一，與政治動盪有關。根據《唐大詔令集》卷八一載，這個〈命蕭瑀等修六代史詔〉發布於武德五年（六二二）十二月，與武德九年（六二六）六月的玄武門之變相距三年半，和「歷數年」的意思基本一致。因此，如果說玄武門之變影響了修史任務的完成，不能說沒有根據。其二，修史人員的安排不一定合適。因為貞觀三年（六二九）「太宗復敕修撰」的時候，又重新調整了人員的安排。由令狐德棻與岑文本修周史，李百藥修齊史，姚思廉修梁、陳史，魏徵修隋史，並與房玄齡總監諸代史。「令狐德棻總知類會梁、陳、齊、隋諸史」。還取消了魏史的修撰。從調整的內容看來，前者與後者有不少差別。從結果看，前者未見成效，後者順利成功，顯然與前者的人員組成不如後者密切相關。

從唐初修史的過程看來，雖然高祖的修史工作未能完成，但「武德已來創修撰之源」[72]，是不可改變的事實。蕭瑀等人奉高祖之命的修撰工作，至少在收集資料、整理資料方面有相當成就；其不成功的原因，也可為後來修史的借鑑。從另一方面說，高祖於建國不久就下詔修撰前代的歷史，以便把歷史當作鏡子，從中尋找借鑑，正充分顯示了高祖的政治遠見及其有所作為的風度。

唐初各種制度的社會作用

唐朝的各種政治、經濟、文化制度，都是在武德年間（六一八—六二六）恢復發展起來的。其中，有些制度，如均田制、租庸調制、府兵制等，都是繼承北朝而來，在唐朝前期得到充分發展而壽終正寢的。在其充分發展的過程中，為唐帝國的富強發揮了積極作用。另有一些制度，如科舉制度，一直延續到清朝末年，前後一千三百年之久，不僅是中國古代、近代政治制度史的重要內容，而且對西方的文官制度也有重要的啟迪作用。還有《唐律》，不僅在中國法制史上起到了承前啟後的作用，而且在亞洲法制的發展中也產生了重大影響，特別是對日本和朝鮮半島的影響更為顯著。

高祖大力恢復發展各種制度，就是要從政治、經濟、文化各個方面建立穩定的社會秩序，以利於緩和君民關係、君臣關係以及各種社會矛盾，達到鞏固發展唐朝政權的目的。運用社會秩序鞏固發展政權，是總結歷史經驗的結果。

唐初的政治家魏徵認為：「其隋之得失存亡，大較與秦相類。始皇併吞六國，高祖（隋文帝）統一九州，二世虐用威刑，煬帝肆行猜毒，皆禍起於群盜，而身殞於匹夫。原始要終，若合符契矣。」[73]這就是說，秦始皇統一六國與隋文帝統一南朝類似，秦二世、隋煬帝肆無忌禪，為所欲為，導致農民起義而亡類似。正因為如此，高祖在許多場合都把秦、隋滅亡引以為誡，要走漢興之路。他下詔修撰史書，也正是要把歷史當作鏡子。

劉邦建漢稱帝後，「天下既定，命蕭何次律令，韓信申軍法，張蒼定章程，叔孫通制禮儀，陸賈造《新語》。又與功臣剖符作誓，丹書鐵契，金匱石室，藏之宗廟。雖日不暇給，規摹弘遠矣。」[74]這就是說，西漢初年，劉邦就是從各方面建立制度，穩定社會秩序的。為了像劉邦那樣，把國家推向富強昌盛的道路，高祖也非常重視各種制度的作用，運用各種制度使統治集團的人物對其效忠，廣大人民接受其統治。

高祖建立起來的各種制度，到貞觀年間（六二七—六四九）得到充分的發展與完善。唐朝前期，經濟文化發展，政治穩定，與各種制度保證了社會秩序的作用密切相關。後人常常把漢唐相提並論，道理也在這裡。其實，唐不僅類似漢，而且遠遠超過了漢。這也是歷史進程的必然結果。

註釋

1 胡如雷：〈論隋唐五代在歷史上的地位〉，《河北學刊》一九八八年第二期。
2《北史》卷一〇〇，〈序傳〉。
3《舊唐書》卷七五，〈孫伏伽法〉。
4《冊府元龜》卷三四五，〈將帥部・佐命六〉。
5《冊府元龜》卷七，〈帝王部・創業三〉。
6《唐會要》卷八三，〈租稅三〉。另外，《冊府元龜》卷四八七與《資治通鑑》卷一八七相同。
7《通典》卷六，〈食貨・賦稅下〉。
8《資治通鑑》卷一八七相同。
9《陳書》卷二，〈高祖紀下〉。
10《周書》卷六，〈武帝紀下〉。
11《大唐創業起居注》，第一九頁。
12《舊唐書》卷八四，〈食貨志上〉。《唐會要》卷八三，〈租稅上〉。
13《舊唐書》卷四八，〈食貨志上〉。《唐會要》卷八三，〈租稅上〉。
14《通典》卷六，〈賦稅下〉。
15《通典》卷五，〈食貨五・賦稅中〉。
16《舊唐書》卷四九，〈食貨志下〉。
17 張澤咸：《唐五代賦役史草》，中華書局一九八六年版，第七〇頁。
18《唐五代賦役史草》，第八六頁。
19《全唐文》卷三五，〈禁隱蔽人戶等第敕〉。
20《通典》卷九，〈錢幣下〉。
21《資治通鑑》卷一八九，武德四年七月。
22 蕭清：《中國古代貨幣史》第五章第二節，人民出版社一九八四年版。
23《隋唐制度淵源略論稿》，三聯書店一九五四年版，第一一五頁。
24 唐長孺主編：《隋唐五代史》，中國大百科全書出版社一九八八年版，第二三九頁。
25《舊唐書》卷五〇，〈刑法志〉。
26《大唐詔令集》卷一二三，〈平王世充赦〉。
27《通典》卷一六五，〈刑制下〉。
28《舊唐書》卷五〇，〈刑法志〉。
29《舊唐書》卷五〇，〈刑法志〉。
30《舊唐書》卷四八，〈食貨志〉。

31《唐大詔令集》卷八三，〈益州夔州管內疏理囚徒制〉。
32《資治通鑑》卷一九四，貞觀十一年正月。
33《舊唐書》卷五〇，〈刑法志〉。
34《四庫全書總目》卷八二。
35《四庫全書總目》卷八二。
36 木宮泰彥著，胡錫年譯：《日中文化交流史》，第一七一一八頁。
37《唐律初探》，天津人民出版社一九八二年版，第一七九頁。
38《日中文化交流史》，第一五二頁。
39《隋書》卷二六，〈百官制上〉。
40《資治通鑑》卷一八九，武德四年十月。
41《資治通鑑》卷一九一，武德九年六月。
42 陳仲安、王素：《漢唐職官制度研究》，中華書局一九九三年出版，第四〇頁。
43《漢唐職官制度研究》，第八九頁。
44《唐六典》卷三〇，〈上州中州下州官吏〉。
45《舊唐書》卷四四，〈職官志三〉。
46《唐會要》卷七〇，〈量戶口定州縣等第例〉。
47《唐六典》卷三〇，〈京縣畿縣天下諸縣官吏〉。
48《新唐書》卷五五，〈食貨志五〉。
49《舊唐書》卷四二，〈職官志一〉。
50《論語・八佾》。
51 陳仲安、王素：《漢唐職官制度研究》，中華書局一九九三年出版，第二八六頁。
52 黃留珠：《中國古代選官制度述略》，陝西人民出版社一九八九年版，第一九〇頁。
53《通典》卷一五，〈選舉三〉。
54《全唐文》卷二，〈令京官五品以上及諸州總管刺史各舉一人詔〉。
55《唐語林校證》，中華書局一九八七年出版，第三七一頁。
56《晉書》卷四五，〈劉毅傳〉。
57 邱繼臣：〈科舉制與文官制〉，《中國青年報》一九八八年三月十七日。
58《通典》卷五，〈食貨五〉。
59《隋書》卷二，〈高祖紀下〉。
60《隋書》卷二四，〈食貨志〉。
61《新唐書》卷五〇，〈兵志〉。
62《新唐書》卷五〇，〈兵志〉。
63 高明士：《唐代東亞教育圈的形成》，台北一九八九年版，第六九頁。
64《唐六典》卷二一，〈國子監〉。
65《唐大詔令集》卷一〇五，〈興學敕〉。
66《舊唐書》卷一八九上，〈儒學傳序〉。
67《新唐書》卷一九八，〈儒學傳序〉。
68《舊唐書》卷七九，〈傅奕傳〉。
69《舊唐書》卷七九，〈傅奕傳〉。
70 胡道靜：《中國古代的類書》，中華書局一九八二年版，第二九頁。
71《舊唐書》卷七三，〈令狐德棻傳〉。
72《舊唐書》卷七三，〈令狐德棻傳〉。
73《隋書》卷七〇，〈論〉。
74《漢書》卷一下，〈高帝紀下〉。

第十五章　「貞觀之治」的奠基人

「貞觀之治」是封建史家津津樂道的太平盛世。我們認為，貞觀年間確是社會安定，經濟發展，社會矛盾較為緩和的時期。生活在這一時期的勞動者生產積極性較高，從而使歷史有了較快的發展。因此，在建國以後的史學界也對「貞觀之治」給予了充分肯定。

不管是各種教材，還是有關專著，凡談到「貞觀之治」的有關內容，都不外唐太宗善於總結歷史經歷，從中吸取教訓，納諫求賢，實行輕徭薄賦政策等方面。其實，這幾個方面，都不是從貞觀年間開始的，而是在武德年間已見端倪，到貞觀年間又有發展的。如果說武德年間奠定了「貞觀之治」的基礎，倒是完全符合歷史實際的。

武德年間（六一八—六二六），高祖統一部署力量，有計畫有步驟地統一全國，結束了隋末以來的戰亂局面，創造了政治穩定、經濟發展的有利條件，這是「貞觀之治」形成的必要前提。

「貞觀之治」的歷史地位

「貞觀之治」久為人們所稱道。它不僅是唐以前所未有的封建盛世，也是唐以後歷代皇帝所讚頌的典範。但是，以往稱讚「貞觀之治」僅只是視其為唐太宗的歷史功績，這樣孤立地看問題是不全面的。太宗是唐第二代皇帝，他的各項社會舉措，都是對高祖事業的繼承和發展。他的所作所為，沒有任何一面是對高祖事業的否定和糾偏，因此，「貞觀之治」形成的原因，必然包括高祖的歷史功績。

（一）「貞觀之治」形成的原因

關於「貞觀之治」形成的原因，有些史學家以為是由於隋末農民大起義沉重地打擊了封建統治者，迫使他們不得不改弦更張，採取一些有利於社會發展的措施，促使經濟發展，社會安定。這種看法固然不錯，但若深層次地考慮，就會發現以上所談的原因，只是在農民戰爭之後新建王朝總結歷史經驗、吸取教訓，避免重蹈覆轍的一般原因。另外，還需要探究「貞觀之治」形成的特殊原因。這種特殊原因，就是高祖的所作所為，為「貞觀之治」的形成鋪平了道路。

事實上，太宗在總結歷史經驗、吸取教訓的時候，除了注意隋煬帝的暴政導致了農民起義以外，還非常重視統治集團內部的關係問題。他十分清楚，隋朝的土崩瓦解，一個重要的原因就是統治集團內部矛盾的激化。隋煬帝猜忌楊素，致使其子楊玄感起兵造反；李密遭隋煬帝歧視，也參加了楊玄感的隊伍。後來，薛舉、李軌、劉武周、蕭銑等，相繼割據一方，宇文化及縊殺隋煬帝，王世充於東都稱帝，李淵乘機對隋取而代之等等，無不說明隋煬帝直接敗亡於眾叛親離之中。他還特別總結了西晉滅亡的教訓。他認為，晉武帝「見土地之廣，謂萬葉而無虞；睹天下之安，謂千年而永治，不知處廣以思狹，則廣可以長廣；居治而忘危，則治無常治」。故而出現「賈充凶豎，懷奸志以擁權；楊駿豺狼，苞禍心以專輔」[1]。最後形成八王之亂，促使西晉滅亡。正是這些事實，迫使太宗不得不重視調整君臣關係。他說：「正主任邪臣，不能致理，正臣事邪主，亦不能致理。

惟君臣相遇，有同魚水，則海內可安。」[2]根據以上情況，僅從農民起義打擊統治者，迫使其改弦更張方面說明形成「貞觀之治」的原因是不夠的。如果說農民大起義打擊封建統治者可以形成「貞觀之治」，那麼，在黃巾起義、黃巢起義、紅巾軍起義、李自成起義之後為什麼沒有出現類似的盛世呢？這又從另一方面說明，把問題簡單化是難以令人信服的。

為什麼說高祖的所作所為是為「貞觀之治」的形成鋪平了道路呢？

首先，高祖建國以後，立即進行統一全國的大業。隨著軍事上的勝利，不斷恢復發展各項制度，運用制度的作用，穩定社會秩序；同時，興辦學校，尊崇儒學，從思想上鞏固統一和新建的政權。這樣，就為「貞觀之治」的出現創造了一個良好的環境。在黃巾起義、黃巢起義之後，既沒有出現統一的局面，更談不上從制度和思想各方面鞏固統一的措施；反而是國家分裂，群雄割據，給廣大人民帶來了更為沉重的災難。由此可見，高祖統一國家，運用制度和思想的作用，促使社會安定，經濟文化發展，是有重要歷史意義的。

其次，在統一戰爭中，高祖極其重視羅致人才。在唐初的大臣中，有隋朝的官吏，農民軍的將領，失意的知識分子等等。凡是有一技之長可為所用者，高祖都不放過。這樣，就為「貞觀之治」的形成準備了力量。後來，太宗所重用的人員中，如房玄齡、杜如晦、魏徵、李靖、李勣、尉遲敬德、于志寧以及一些文人等等，都是高祖為其羅致的。高祖建立適當的官制和選拔人才制度，促使統治集團內部的關係和諧；運用儒家思想貫徹君禮臣忠的原則。紅巾軍失敗後的明朝，李自成失敗後的清朝，都沒有做到這一點。朱元璋為了加強皇權，大殺功臣，所謂的「胡藍之獄」，也就是胡惟庸和藍玉兩案，被殺者四萬五千餘人。因其他原因被殺者也為數不少。這樣，統治集團內部的關係必然緊張，君臣互相猜忌，多數人不能充分發揮作用。清朝初年，實行民族高壓政策，思想上的統治更加嚴酷，屢興文字獄，嚴重束縛了人們的思想，特別是知識分子，很難發揮作用。這些情況說明，在元末、明末的農民戰爭之後，沒有出現像「貞觀之治」那樣的盛世，並非農民戰爭沒作用，而是明初、清初沒有出現像唐高祖那樣的政治家、軍事家，為盛世的形成創造良好的環境。進一步說，明初、清初也沒有出現像唐太宗那樣的傑出政治家，創造性的繼承發展高祖的事業，最後形成「貞觀之治」。

總而言之，對「貞觀之治」的形成來說，僅從農民戰爭的作用來找原因是不夠的，高祖的貢獻絕不可忽視。不重視歷史人物個人的作用，就不能說明歷史的真相，也不是科學的態度。

（二）「貞觀之治」的影響

「貞觀之治」在中國歷史上是有很大影響的。吳兢在《貞觀政要》的序中說：「太宗時政化，良足可觀，振古以來，未之有也。」正因為如此，他才編撰《貞觀政要》，使「貞觀之治」的經驗，供後人借鑑。陳寅恪先生認為：「斯太宗實錄之分類節要本，即吳兢《貞觀政要》一書所以成古今之要籍也。」[3]既然《貞觀政要》是太宗實錄的「分類節要本」，無疑《貞觀政要》就是反映「貞觀之治」的著作。因此，從後人重視《貞觀政要》的情況就可以看出「貞觀之治」的影響。

從唐代開始，稍有作為的皇帝都把《貞觀政要》視為座右銘。唐憲宗曾謂宰臣曰：「近讀《貞觀政要》，粗見當時之事，以太宗神武，一事少差，諫者往復數四，況朕寡昧，事不得中者，卿須十論，不得一二而已！」後來又說：「嘗讀《貞觀政要》，見太宗立言行事，動本至仁。」[4]唐文宗在未即位時，「喜讀《貞觀政要》，每見太宗孜孜政道，有意於茲」[5]。更為甚者，唐宣宗「書《貞觀政要》於屏風，每正色拱手而讀之」[6]。

唐朝以後，宋仁宗也「嘗讀太宗政要，亦云：太宗言任人必以德行學業為本，王珪曰：人無學業豈堪大任。帝復曰：人臣不可不知書，宰相尤須有學」[7]。女真族所建立的金朝，皇帝也重視《貞觀政要》，金熙宗曾謂侍臣曰：「朕每閱讀《貞觀政要》，見其君臣議論，大可規法。」翰林學士韓昉對曰：「皆由太宗溫顏訪問，房杜輩竭忠盡誠。其書雖簡，足以為法。」[8]

元代的戈直對該書進行考訂注釋，其目的也是因為「國家致治之方未必無小補云」。無疑也是為皇帝讀此書提供方便。明憲宗在其〈御制貞觀政要序〉中說：「朕萬機之暇，銳情經史，偶及是編（指《貞觀政要》），喜其君有任賢納諫之美，臣有輔君進諫之忠，其論治亂興亡利害得失，明白切要，可為鑑誡，朕甚嘉尚焉。」

清朝官修的《四庫全書總目》，對《貞觀政要》也有很高的評價：「然太宗為一代令辟，其良法善政，嘉言微行，臚具是編，洵足以資法鑑。前代經筵進講，每多及之。故中興書目稱歷代寶傳，至今無闕。」「經筵」，是為古代帝王研讀經史而設的御前講席。既然「前代經筵講進，每多及之」，該書的內容對清代也「洵足以資法鑑」，可見歷代帝王都重視《貞觀政要》。

從《貞觀政要》的影響看，該書的主要內容是太宗實現「貞觀之治」的指導思想和具體措施。這種指導思想和具體措施，開始於高祖，形成於太宗。因此，僅把「貞觀之治」視為太宗的功勞是不公允的。如果沒有高祖奠定的基礎，「貞觀之治」就是無源之水。太宗共當了二十三年皇帝，即便是從即位之日起就開始致力於盛世之舉，十年八年也難形成為歷代稱頌的時代。況且，貞觀十三年（六三九）魏徵就批評太宗不如貞觀之初了呢！魏徵從多方面批評說：「陛下貞觀之初，無為無欲，清靜之化，遠被遐荒。考之於今，其風漸墜，聽言則遠超於上聖，論事則未逾於中主。」又說：「陛下貞觀之初，損己以利物，至於今日，縱欲以勞人，卑儉之跡歲改，驕奢之情日異。」

又說：「貞觀之初，求賢如渴，善人所舉，信而用之，取其所長，恆恐不及。近歲已來，由心好惡，或眾善舉而用之，或一人毀而棄之，或積年任而用之，或一朝疑而遠之。」[9]魏徵批評太宗，不敢誇大事實，妄加罪名。由此可見，至少可以說，太宗自貞觀十三年以後治國的銳氣就遠不如初了。既然如此，如果認為「貞觀之治」是從太宗即位才開始快速形成的，絕不會符合事實。

為什麼從《貞觀政要》中只看到太宗對「貞觀之治」的功勞，而看不到高祖的貢獻呢？這主要是因為貞觀九年（六三五）高祖去世後，太宗命許敬宗修改實錄的結果。許敬宗既然奉命修改實錄，當然要對太宗歌功頌德。前面說過，《貞觀政要》是貞觀實錄的分類節要本，當然從中只能看到唐太宗的豐功偉績。例如，貞觀九年高祖去世後，太宗毫不掩飾地說：「朕觀古先撥亂之主皆年逾四十，惟光武年三十三。但朕年十八便舉兵，年二十四定天下，年二十九升為天子，此則武勝於古也。」[10]在這裡，他不僅自認為超過一切古人，而且，也隻字不提其父的事蹟，僅只自吹自擂說，自己如何「舉兵」、「定天下」、「為天子」。其實，當高祖在世時他並不是這種態度。例如，貞觀七年（六三三）十二月，當時為太上皇的高祖與太宗置酒漢未央宮，高祖命突厥頡利可汗起舞，又命南蠻酋長馮智戴詠詩，既而笑道：「胡、越一家，自古未有也！」太宗立即恭維道：「今四夷入臣，皆陛下教誨，非臣智力所及。」[11]

兩相比較，貞觀七年太宗不管內心如何，但表面上對高祖是謙虛謹慎，完全是兒子對老子的態度。貞觀九年則是妄自尊大，把「定天下」也視為自己的功勞。其所以如此，很可能就是許敬宗等奉命修改實錄者為了突出太宗，故意拔高其歷史作用。

科學的歷史觀，必須使歷史恢復其本來面目。《貞觀政要》中太宗的作用非常突出，看不到高祖的貢獻，並非高祖沒有作用，而是被許敬宗等史官給掩蓋了。筆者寫本書的用意，就是要從各個方面如實地說明高祖的歷史作用。至於許敬宗如何修改實錄的問題，以後還要詳細敘述。

重視歷史的經驗和教訓

自古以來，歷代統治者都重視總結歷史的經驗和教訓。高祖繼承了這種傳統，更加重視歷史的經驗和教訓，特別是對秦亡漢興、隋亡唐興的借鑑，更使他感到迫切。他從歷史的借鑑中否定了隋煬帝的倒行逆施政策，採取了多種順應歷史前進的舉措，把歷史的經驗和教訓變成了歷史前進的動力。

（一）重視歷史的經驗和教訓是古代的傳統

歷代的統治者，為了鞏固自己的地位，不得不從歷史上總結經驗，吸取教訓，找尋借鑑。西周的統治者就認為：「殷鑑不遠，在夏后之世。」[12]這就是說，夏桀的亡國是殷紂的一面鏡子。劉邦即位後，聽了陸賈總結可以馬上得天下，不可以馬上治天下的經驗，認為非常重要，立即就要陸賈為他總結「秦所以失天下，吾所以得之者何，及古成敗之國」[13]。被劉邦大加讚賞的《新語》，就是這種政治需要的產物。張釋之也是因為「言秦漢之間事，秦所以失而漢所以興者久矣」[14]，而使漢文帝非常滿意的。這種傳統，到了唐代更有進一步的發展。在高祖時開始修撰，太宗時完成的五代史中，不再像《漢書》、《三國志》那樣，宣揚皇權神授，天人感應的思想，而是以統治者本身去尋找政治上治亂興衰的原因。

魏徵說：「皇天無親，唯德是輔；天時不如地利，地利不如人和。」他在論述北齊的滅亡時，明確論證了這種觀點。他說：齊後主前後，齊國的各種條件沒有變化，「太行、長城之固自若也，江淮、汾晉之險不移也，帑藏輸稅之賦未虧也，士庶甲兵之眾不缺也」；但為什麼「前王用之而有餘，後王守之而不足」呢？因為「前王之御時也，沐雨櫛風，拯其溺而救其焚，信賞必罰，安而利之，既與共其存亡，故得同其生死。後主則不然，以人從欲，損物益己。雕牆峻宇，甘酒嗜音，鄽肆遍於宮園，禽色荒於外內，俾晝作夜，罔水行舟，所欲必成，所求必得。……視人如草芥，從惡如順流。佞閹處當軸之權，婢媼擅回天之力，賣官鬻獄，亂政淫刑，刳剖被於忠良，祿位加於權馬，讒邪並進，法令多聞，……於是土崩瓦解，眾叛親離，顧瞻周道，咸有西歸之志」。總之，由於北齊後主「土木之功不息，嬪嬙之選無已，徵稅盡，人力殫，物產無以給其求，江海不能贍其欲」。因此，「齊氏之敗亡，蓋亦由人，匪唯天道也」[15]。同樣的客觀條件，齊後主前後卻有興衰的不同，邏輯的結論，當然是齊後主的所做所為導致了國家的衰亡。

在論及陳朝的滅亡時，魏徵也同樣從統治者本身去找原因。他說：「遐觀列辟，纂武嗣興，其始也皆欲齊明日月，合德天地，高視五帝，俯協三五。」但後來為什麼不能堅持下去呢？因為有的君主是「中庸之才」，這種人「口存於仁義，心怵於嗜欲。仁義利物而道遠，嗜欲遂性而便身。便身不可久違，道遠難以固志」。有些投機取巧者，專門對這種君主投其所好，「以悅導之，若下坂以走丸，譬順流而決壅」，促使其墮落腐化，以至於喪身亡國。陳朝就是這樣。

陳「高祖拔起壟畝，有雄桀之姿。……掃侯景於既成，拯梁室於已墜」。到了世祖，「清明在躬，早預經綸，知民疾苦，思擇令典，庶幾至治」。陳後主就大不相同了，他「生深宮之中，長婦人之手，既屬邦國殄瘁，不知稼穡艱難。……政刑日紊，尸素盈朝，躭荒為長夜之歌，嬖寵同豔妻之孽，危亡弗恤，上下相蒙，眾叛親離，臨機不寤，自投於井，冀以苟生，視其以此求全，抑亦民斯下矣」[16]。這樣一來，陳朝的滅亡也就不可避免了。

在論及隋朝的滅亡時，魏徵雖然讚揚過隋文帝「躬節儉，平徭賦，倉廩實，法令行，君子咸樂其生，小人各安其業，強無凌弱，眾不暴寡，人物殷阜，朝野歡娛」。但他又指出，由於隋文帝「素無術學，不能盡下，無寬仁之度，有刻薄之資」，再加違背嫡長子繼承制度，因此，隋朝亂亡之兆，「起自高帝，成於煬帝，所由來遠矣，非一朝一夕」[17]。為什麼隋朝亂亡之兆成於煬帝呢？因為隋煬帝「淫荒無度，法令滋章，教絕四維，刑參五虐，鋤誅骨肉，屠剿忠良，受賞者莫見其功，為戮者不知其罪。驕怒之兵屢動，土木之功不息，頻出朔方，三駕遼左，旌旗萬里，徵稅百端，猾吏侵漁，人不堪命」[18]，故而爆發了大規模的反隋浪潮。

以上情況說明，唐人不僅注意統一王朝的盛衰，也重視地區性政權的興亡。這樣廣泛的總結歷史的經驗教訓，是前人沒有的。同時，用對比的方法，指出在同樣的條件下，前後君主的所作所為不同，導致不同的後果。這樣，就更有力地說明，國家的治亂興衰決定於統治者的所作所為。

（二）高祖重視歷史的經驗和教訓

高祖重視總結歷史經驗的事實很多，他一登上皇帝的寶座，就圍繞著怎樣鞏固其統治地位的問題從歷史上尋找借鑑。秦亡漢興，隋亡唐興的類同之處很多，所以，他特別重視總結這方面的經驗和教訓。

武德元年（六一八），在談到秦亡漢興時，高祖認為：「秦以不聞其過而亡，典籍豈無先誡，臣僕諂諛，故弗之覺也。」這就是說，前代君主的過失，史書雖有記載，但後代君主還可以重蹈覆轍，這主要是有的臣下投其所好，不能如實反映情況。這就要求後代君主必須自覺聽取正確意見，不要只聽順耳之言。秦亡漢興就是這樣，「漢高祖反正，從諫如流。洎乎文、景繼業，宣、元承緒，不由斯道，孰隆景祚？」換言之，漢初的統治者糾正了秦的錯誤，才使漢朝興盛起來。高祖正是以此為借鑑，才又認真總結了隋朝滅亡的教訓。

武德二年（六一九），高祖謂裴寂曰：「隋末無道，上下相蒙，主則驕矜，臣惟諂佞。上不聞過，下不盡忠，至使社稷傾危，身死匹夫之手。朕撥亂反正，志在安人，平亂任武臣，守成委文吏，庶得各展器能，以匡不逮。比每虛心接待，冀聞讜言。」[19]在高祖看來，「上不聞過，下不盡忠」是君臣兩方面的事；主驕矜，臣諂佞，是君臣兩方面各自的表現。故而解決問題也需要從兩方面考慮。除了自己要善於聽取正確意見外，還要用人得當，使武臣文吏各發揮其長處，互相配合。顯然，這比漢高祖僅只是「從諫如流」前進了一步。既然隋亡的教訓促使他面對現實，可見他已認識到總結歷史經驗的現實意義了。

高祖的〈罷貢異物詔〉更能說明問題。他開頭就說：「逸遊損德，昔賢貽訓；玩物喪志，前典格言；西旅獻獒，召公於是作誡；東齊饋樂，尼父所以離心；隋末無道，肆極奢靡，內騁倡優之樂，外崇耳目之娛，冠蓋相望，徵求不息，公利擾遽，傜費無窮。」顯然這都是總結過去。在總結過去的基礎上，他又針鋒相對地說：「朕受命君臨，志在儉約，日旰忘食，味爽求衣，纂組珠璣，皆云屏絕，雕琢綺麗，久從抑止。其侏儒短節，小馬庳牛，異獸奇禽，皆非實用。諸有此獻，委宜停斷。」[20]這更清楚地說明高祖的現實措施是以總結歷史經驗為前提的。

武德七年（六二四）四月，為了穩定社會秩序，制定新的律令，高祖也總結了有關的經驗和教訓。他說：制定律令，非常重要。「所以禁暴懲奸，宏風闡化。安民立教，莫此為先。」但是，

「秦併天下，墮滅禮教，恣行酷烈，害虐蒸民，宇內騷然，遂以顛覆。漢氏撥亂，思易前軌，雖務從約法，蠲削嚴科，尚行葅醢之誅，尤設黔黎之禁。安民之道，實有未宏，刑措之風，以茲莫致。」魏晉以後，以上流弊更有發展。到了隋朝，「雖云釐革，然而損益不定，疏舛尚多，品式章程，罕能甄備。」由於律令很不完備，可以隨意解釋，故使「愚民妄觸，動陷羅網。屢聞刊改，卒以無成」。因此，他要「補千年之墜典，拯百王之宿弊，思所以正本證源，式清流末，永垂憲則，貽範後昆。爰命群才，修訂律令」。他還指出，修訂律令要考慮到歷史的發展，時代的不同；必須「斟酌繁省，取合時宜，矯正差違，務以體要」[21]。在這個詔書中，高祖首先肯定制定律令非常必要，接著就指出破壞律令或律令很不完備帶來的後果，最後說明他制定了適合時宜的新律令。非常明顯，高祖是在總結前人經驗教訓的基礎上頒布新的律令的。

正確認識歷史的發展，是統治者進行政治決策的必要條件。高祖正是在這方面為「貞觀之治」開創了先河。太宗說：「以古為鏡，可以知興替。」[22]這樣明確地把歷史當做鏡子，正是唐人超過前人的地方。太宗還更概括地說：「看古之帝王，有興有衰，猶朝之有暮，皆為蔽耳目，不知時政得失，忠正者不言，邪諂者日進，既不見過，所以至於滅亡。」[23]顯然，這比高祖總結秦亡漢興，隋亡唐興的歷史更有普遍意義。但是，誰也不能否認，後者對前者有繼承發展的關係。先有具體的論述，後有抽象的概括，這是人們認識事物的普遍規律，唐高祖、唐太宗當然也不會例外。

綜上所述，唐初統治者總結歷史經驗教訓的深度和廣度都遠超過了前人。他們不僅總結統一王朝的治亂盛衰，也注意了分裂時期地區性政權的興亡；不僅深入分析歷代某人某事的成敗原因，同時也善於綜合概括帶普遍意義的經驗教訓。這些事實，都與高祖密切相關。由於高祖重視歷史的經驗和教訓，認識到史書有「懲惡勸善，多識前古，貽鑑將來」24的作用，所以命魏徵等人修撰五代史，借修史的機會總結前人的經驗和教訓。由於高祖重視歷史的經驗和教訓，故而採取了多種符合社會實際的政策，收到了明顯的社會效益，促使太宗進一步從深度和廣度上總結經驗和教訓。從這種意義上說，高祖對「貞觀之治」的形成確有不可忽視的作用。

重視納諫

納諫，作為太宗的美德已屢見於史書，但高祖的納諫卻很少有人注意。其實，高祖的納諫才更應受到重視。他十分清楚，隋煬帝身首異處的重要原因之一，就是他拒諫飾非，偏聽偏信，致使眾叛親離，不知死之將至。針對這種情況，他必然要虛心求諫，聽取各種意見。因此，高祖納諫是他順應歷史前進的要求，是鞏固其統治地位的客觀需要。這樣一來，太宗納諫只能是對高祖納諫的繼續和發展。

（一）君不聞過，必失天下

高祖由於意識到秦二世、隋煬帝飾非拒諫所導致的結果，故而他非常重視臣僚們的進諫。

武德元年（六一八），萬年縣法曹孫伏伽為了高祖不忘隋亡唐興的歷史，特意講了一套應重視納諫的道理。他說：「臣聞天子有諍臣，雖無道不失其天下；父有諍子，雖無道不陷於不義。故云子不可不諍於父，臣不可不諍於君。以此言之，臣之事君，猶子之事父故也。隋後主所以失天下者何也？止為不聞其過。當時非無直言之士，由君不受諫，自謂德盛唐堯，功過夏禹，窮侈極欲，以恣其心，天下之士，肝腦塗地，戶口減耗，盜賊日滋，而不覺知者，皆由朝臣不敢告之也。向使修嚴父之法，開直言之路，選賢任能，賞罰得中，人人樂業，誰能搖動者乎？」孫伏伽還告誡高祖說：「陛下勿以唐得天下之易，不知隋失之不難也。」[25]在孫伏伽看來，君主不聞其過就會失去天下。高祖看了孫伏伽的上疏，非常高興，對其賜帛三百匹，以示獎勵。

君主必須納諫的道理，太宗將其更加深化了。他說：「自知者明，人不能善鑑己過。如善為文章，工諸技藝，皆自謂己善，他人不及。」其實，自認為好的文章往往有「蕪音拙句」。梳髮必須要有明鏡，才能看清自己的形容。按照這種道理，君主必須有匡諫之臣，才能發現自己的過失。他還根據自己的體會說：君主「一日萬機，一人聽斷，細微差僻，安能盡美？唯有魏徵隨事諫正，多中朕失。其進喻啟沃，有同明鏡。分明善惡，瞭見己形」[26]。孫伏伽用簡單的比喻方法，以君臣、父子的關係，聯繫到隋煬帝敗亡的實際，說明君主必須納諫的原因。太宗則從皇帝日理萬機，個人精力有限，不可能盡善盡美的道理，把秦亡漢興，隋亡唐興的具體事實理論化了。顯然，這是由淺入深，由具體事實到抽象概括的進一步發展。從這裡又可以看出，太宗的納諫美德也是對高祖的繼承和發展。

（二）淫逸之風，必須禁止

由於高祖認識到納諫的重要意義，所以，對於有益的批評，他都能認真考慮。孫伏伽曾批評他說：「陛下二十日龍飛，二十一日有獻鷂鶵者，此乃前朝之弊風，少年之事務，何忽今日行之！又聞相國參軍事盧牟之獻琵琶，長安縣丞張安道獻弓箭，頻蒙賞勞。但『普天之下，莫非王土；

率土之濱，莫非王臣』，陛下必有所欲，何求而不得？陛下所少者，豈此物哉！」這就是說，高祖剛做皇帝就接受別人玩樂方面的貢獻，把皇帝降低到一般少年人的水平，皇帝的需求絕不在這些方面。

孫伏伽還批評說：「近者，太常官司於人間借婦女裙襦五百餘具，以充散妓之服，云擬五月五日於玄武門遊戲。臣竊思審，實損皇猷，亦非貽厥子孫謀，為後代法也。」孫伏伽認為，「此謂淫風，不可不改」。

孫伏伽還根據「性相近而習相遠」的道理，要求慎重選擇皇太子身邊的群僚，絕不能使「無義之人，及先來無賴，家門不能邕睦，及好奢華馳獵馭射，專作慢遊狗馬聲色歌舞之人」27接近太子，以免對太子有不良的影響。

高祖對這些批評和建議都愉快地接受了。這充分反映了高祖很富有進取心的精神狀態。這正是一個開國君主，一心要把國家推向富強，並極力鞏固自己地位的真實反映。太宗正是繼承了這種精神狀態，才促使形成「貞觀之治」的。

富有進取心的精神狀態，還表現在高祖要求臣下如實地反映情況方面。他在《令陳直言詔》中，尖銳地批評那些「表疏因循，尚多迂誕；申請盜賊，不肯至言；論民疾苦，每虧實錄；妄引哲玉，深相佞媚，假託符瑞，極筆阿諛，亂語細書，動盈數紙」28。這種反對因循守舊，不肯直言，華而不實，空話連篇的求實作風，正是開國君主進取精神的另一種表現。

（三）言而有信

武德四年（六二一），唐軍平定了王世充，鎮壓了竇建德起義軍後，高祖先後下過〈平竇建德大赦詔〉、〈平王世充大赦詔〉，表示「大赦天下」，但忽而又「責其黨與，並令配遷」。為此，孫伏伽又批評他道：「臣聞王言無戲，自古格言；去食存信，聞諸舊典。……言之出口，不可不慎。……既云常赦不免皆赦除之，此非直赦其有罪，亦是與天下斷當，許其更新。以此言之，但是赦後，即便無事。因何王世充及竇建德部下赦後乃欲遷之？此是陛下自違本心，欲遣下人若為取則？」[29]在孫伏伽看來，皇帝絕不可失信與人，否則，就會失去民心。高祖接受了批評。同時，孫伏伽還建議設置諫官，以利於高祖納諫，也被高祖採納了。

（四）分析不同意見，適當取捨

在許多重大問題上，高祖能夠聽取各種不同的意見，然後經過自己的分析，最後做出決定。例如，由於突厥頻繁的向內地進攻，唐朝經常要興師動眾，揮兵北上。這樣一來，運送軍糧就是一個很大的問題。為了解決運送軍糧的困難，并州大總管府長史竇靜上表請求在太原「置屯田以省饋運。時議者以民物凋零，不宜動眾，書奏不肯。靜頻上書，辭甚切至。於是徵靜入朝，與裴寂、蕭瑀、封德彝等爭論於殿庭，寂等不能屈，竟從靜議。歲收數千斛，高祖善之，令檢校并州大總管」[30]。為了屯田問題，把持不同意見的雙方集中於殿庭，當面討論，最後，既採納了竇靜的意見，收到了實效，也沒有責怪固執己見的裴寂等人。這種作法，顯然有利於統治集團內部發表有益的意見。

由於按照竇靜的主張進行屯田的效果很好，故而接著又有秦王李世民請求增置屯田於并州（治所在今山西太原）境內，也得到了高祖的支持。

（五）不為護親而拒諫

高祖不僅可以聽取各種意見，集思廣益，最後做出決策，而且當有人和他本人的意見不一致，有所爭執時，他也可以考慮別人的意見，適當採納。例如，武德二年（六一九），高祖曾命殿內監竇誕和右衛將軍宇文歆幫助齊王元吉鎮守太原。當時，李元吉驕奢淫逸，殘暴異常，任意田獵，蹂踐百姓禾稼，奪民財物，還隨意射人，觀其避箭。竇誕聽之任之，隨聲附和。宇文歆則如實向高祖反映道：「王在州之日，多出微行，常供竇誕遊獵，蹂踐穀稼，放縱親昵，公行攘奪，境內獸畜，取之殆盡。當衢而射，觀人避箭，以為笑樂。分遣左右，戲為攻戰，至相擊刺，疻傷致死。夜開府門，宣淫他室，百姓怨毒，各懷憤嘆。以此守城，安能自保！」果然不出所料，當劉武周兵臨太原城下時，李元吉棄城逃跑，奔赴長安。太原失守，高祖怒不可遏。他對禮部尚書李綱說：「元吉幼小，未習時事，故遣竇誕、宇文歆輔之。強兵數萬，食支十年，起義興運之資，一朝而棄。宇文歆首畫此計，我當斬之。」李綱不同意這種看法，當面反駁道：「賴歆令陛下不失愛子，臣以為有功。」高祖認為宇文歆有罪，李綱認為他有功，顯然是針鋒相對的。反駁皇帝的意見，當然非同小可。因此，李綱又進一步解釋他自己的看法說：「齊王年少，肆行驕逸，放縱左右，侵漁百姓，誕曾無諫止，乃隨順掩藏，以成其釁，此誕之罪。宇文歆論情則疏，向彼又淺，王之過失，悉以聞奏。且父子之際，人所難言，歆言之，豈非忠懇。今欲誅罪，不錄其心，臣愚竊以為過。」高祖認為李綱之言頗有道理，遂於第二天「召綱入，升御座」，並對他說：「今我有公，遂使刑罰不濫。元吉自惡，結怨於人。歆既曾以表聞，誕亦焉能制禁。」[31] 經過李綱的解釋，高祖好像恍然大悟，既不再追究宇文歆的責任，又指出了李綱的片面看法。因為李綱認為李元吉之過，在於竇誕不諫。高祖明確指出，「歆既曾以表聞，誕亦焉能制禁」。這樣一來，解脫了所有的有關者，而只認為「元吉自惡，結怨於人」，當然可以使臣僚們心悅誠服，忠於自己。

（六）不為自己之過辯解

古代的皇帝，有至高無上的權力，有生殺予奪的大權，故而很少有人敢冒犯他的尊嚴。唐初的皇帝對此有清醒的認識。太宗曾對長孫無忌等人說：「夫人臣之對帝王，多順從而不逆，甘言以取容。」所以，他要臣僚們對他的發問「不得有隱，宜以次言朕過失」[32]。這一點，也和高祖有共同之處。例如，武德四年（六二一），諫議大夫蘇世長在披香殿（在武功慶善宮）侍宴時，他指桑罵槐地說：「此殿隋煬帝所作耶，是何雕麗之若此也？」高祖立即指責說：「卿好諫似直，其心實詐。豈不知此殿是吾所造，何須設詭疑而言煬帝乎？」蘇世長又說：「臣實不知，但見傾宮、鹿台（均為紂王所造）琉璃之瓦，並非受命帝王愛民節用之所為也。若是陛下作此，誠非宜。臣昔在武功，幸常陪侍，見陛下宅宇，才蔽風霜，當此之時，亦以為足。今因隋之侈，民不堪命，數歸有道，而陛下得之，實為懲其奢淫，不忘儉約。今初有天下，而於隋宮之內，又加雕飾，欲撥其亂，寧可得乎？」蘇世長是在王世充失敗後才投降唐朝的隋臣，他居然敢當面把唐高祖比做亡國之君殷紂王、隋煬帝，真可謂膽大妄為。但是，高祖並沒有因此而有任何不悅，反而「深然之」[33]。

在這方面，高祖比太宗還更高明些。太宗雖然要求臣僚們「言朕過失」，但他真正碰到有人當眾批評時，他就怒不可遏了。有一次，他罷朝大發雷霆說：「會須殺此田舍翁。」當長孫皇后問他為誰而發怒時，他說：「魏徵每廷辱我。」長孫皇后對他大加讚揚說：「主明臣直；今魏徵直，由陛下之明故也。」[34]這樣，太宗才又高興起來。

高祖則截然不同，當殷紂王早已遭人唾罵，大家又都對隋煬帝深惡痛絕的時候，蘇世長竟敢把他和殷紂王、隋煬帝相比，他也毫無責怪之意，當然更顯得難能可貴。這主要是由於他認識到「隋氏以主驕臣諂亡天下」，從而「虛心求諫」，並要求臣僚們「有懷必盡，勿自隱也」[35]的結果。由此看來，在怎樣對待自己的過失方面，從高祖到太宗，是一脈相承的。

（七）帝不棄法

高祖是從隋末農民戰爭的風浪中起家的，隋煬帝那種擅權弄法、炙手可熱的後果，他是歷歷在目的。所以，他對自己的言行頗為謹慎，力求不再重蹈隋煬帝的覆轍。武德元年（六一八）年底，高祖剛做皇帝不久，「有犯法不至死者，上特命殺之」。監察御史李素立諫曰：「三尺法，王者所與天下共也；法一動搖，人無所措手足。陛下甫創洪業，奈何棄法，臣忝法司，不敢奉詔。」[36]高祖接受了李素立的意見，收回了自己的命令。從此以後，李素立受到了重用，很快被提升為侍御史（監察御史是正八品，侍御史為從六品）。另外，孫伏伽也曾向他建議說：「往者天下未平，威權需應機而作；今四方既定，設法須與人共之。但法者，陛下自作之，還須守之，使天下百姓信而畏之。」[37]也同樣得到了高祖的重視。從這些情況看來，好像是皇帝的權威受到了限制，但實際上卻大大提高了高祖的威望。

在封建社會裡，法是統治集團意志的集中體現。至高無上的皇帝，如果按法辦事，必然得到統治集團的擁護和支持；反之，如果像隋煬帝那樣，隨心所欲，為所欲為，則必然為統治集團所拋棄。因為當時法的作用就是維護統治者的地位和社會秩序。社會秩序的實質，就是要把少數人對多數人的統治和奴役合法化、固定化。皇帝如果不受法的任何約束，必然使社會秩序遭到破壞，從而導致少數人對多數人的奴役和統治不能合法化、固定化。隋煬帝的暴政導致了農民起義，正是這種原因。在當時的歷史條件下，廣大勞動人民也往往把法視為能夠保護自己利益的東西。所以，當大家認為的「清官」敢於說出「王子犯法，與民同罪」的時候，就會得到被奴役者的喝采。反之，一些暴君、污吏，迷信自己的權威，目空一切，為所欲為的時候，就會遭到人民的反對，以致失去一切，斷送自己。正因為如此，高祖能夠聽取諫言，不隨意違法，收到了鞏固其地位的效果。

（八）糾正不利的軍事行動

在一般人看來，納諫屬於政治範疇。是否重視納諫，是評論政治家的重要內容。高祖在政治方面的納諫，以上已舉多例。但在軍事方面的納諫還鮮為人知，故再舉例加以說明。

武德元年（六一八）正月，高祖還未做皇帝，他以唐王的身分命李建成為左元帥，李世民為右元帥，率十餘萬人進軍東都。四月，又主動撤軍。撤軍的理由，李世民說是「吾新定關中，根本未固，雖得東都，不能守也」[38]。但「根本未固」的含義是什麼呢？只有從開府儀同三司韋雲起的上表中才能知其大概。

韋雲起針對唐軍東進上表道：「國家承喪亂之後，百姓流離，未蒙安養，頻年不熟，關內阻飢。京邑初平，物情未附，鼠竊狗盜，猶為國憂。周至、司竹，餘氛未殄；藍田、谷口，群盜實多。朝夕伺間，極為國害。雖京城之內，每夜賊發。北有師都，連結胡寇，斯乃國家腹心之疾也。捨此不圖，而窺兵函、洛，若師出之後，內盜乘虛，一旦有變，禍將不小。臣謂王世充遠隔千里，山川懸絕，無能為害。待有餘力，方可討之。今內難未弭，且宜弘於度外。如臣愚見，請暫戢兵，務穡勸農，安人和眾，關中小盜，自然寧息。秦川將卒，賈勇有餘，三年之後，一舉便定。今雖欲速，臣恐未可。」[39]非常清楚，關中的生產尚未恢復，民生問題尚未解決，因而長安周圍鋌而走險者尚多，甚至「京城之內，每夜賊發」。而且還有梁師都勾結突厥的騷擾。這就是關中還不鞏固的原因所在。由於韋雲起的上表有理有據，致使高祖改變了軍事行動。武德四年（六二一）平定東都，正在韋雲起預料的「三年之後」。事實證明，唐軍西撤，先鞏固關中，後來在統一戰爭中採取先西後東的方針是完全正確的。這更有力地說明了高祖在軍事行動上納諫的重要意義。

（九）對所有諫言並非完全接受

事實證明，高祖也並非對所有的諫言都能全部接受。禮部尚書李綱就曾說過：「陛下功成業泰，頗自矜伐，臣以凡劣，才乖元凱，所言如石投水，安敢久為尚書。兼以愚臣事太子，所懷鄙見，復不採納，既無補益，所以請退。」[40]對高祖的建議是「如石投水」，對李建成的建議也不被採納，所以導致李綱「請退」。可見，高祖拒絕別人的意見也並非偶然。事實上也不是絕無僅有。

武德四年（六二一）七月，諫議大夫蘇世長隨高祖校獵於高陵（今陝西高陵），由於「大獲禽獸」，高祖高興地問群臣曰：「今日畋，樂乎？」蘇世長對曰：「陛下遊獵，薄廢萬機，不滿十旬，未足為樂！」無疑這是對高祖為遊獵而荒廢政事的批評。但高祖卻對這種批評斥之為「狂態復發」[41]。接著，由於突厥進攻武功（今陝西武功西北），致使人民逃亡，高祖卻於這時下詔去武功遊獵。對此，蘇世長諫曰：「突厥初入，大為民害，陛下救恤之道猶未發言，乃於其地又縱田獵，非但仁育之心有所不足，百姓供頓，將何以堪？」對於這樣忠懇的建議，他卻表示「不納」[42]。

儘管以上情況說明高祖並不能完全接受正確的建議，但這並不奇怪。一個至高無上的皇帝絕不可能事事尊重正確的意見，不帶任何偏見。像高祖這樣，能夠經常按別人的諫言糾正自己的行動，已經是難能可貴的了。備受後代稱讚的太宗，也曾「嫌上封者眾，不近事實，欲加黜責」[43]。由此可見，要求封建皇帝處處事事接受正確的建議是不可能的。

羅致人才

羅致人才，重用人才，是高祖取隋而代之並又統一全國的重要原因。隋煬帝因為眾叛親離而敗亡，高祖不僅耳聞目睹，而且自己就是背叛隋煬帝而起家的，更有深切體會。正因為如此，高祖從太原起兵到統一全國，不放鬆任何機會發現人才、羅致人才、重用人才。由於高祖這種求賢用能愛才重才的思想發揮了重要作用，故而使來自各個方面的文臣武將，都能為唐初的政權盡心盡力。

（一）太原起兵時羅致人才

高祖為了實現其政治上的奮鬥目標，一開始就非常注意收羅可以利用的各種人才。大業十三年（六一七）七月，從太原起兵時僅三萬人，到十月兵臨長安城下時即達二十多萬人。發展之迅速，十分驚人，如果不重視發現人才、重用人才，顯然是不可能的。在他準備起兵時，就非常注意發現人才。除了自己「接待人倫，不限貴賤」以外，還命「皇太子於河東潛結英俊，秦王於晉陽密招豪友。太子及王，俱稟聖略，傾財賑施，卑身下士，逮乎鬻繒博徒，臨門廝養，一技可稱，一藝可取，與之抗禮，未嘗云倦，故得士庶之心，無不至者」44。參加太原起兵的重要人物，大都是高祖千方百計爭取來的各種人才。大業末年的晉陽鄉長劉世龍（劉龍），經常出入於太原副留守王威、高君雅家中，對王、高的情況瞭如指掌，後經裴寂推薦受高祖重用。在高祖與王、高的矛盾激化時，高祖通過他充分掌握了王、高的動態，致使高祖順利地除掉了王威、高君雅。

高祖在起兵前，為了充分掌握長安的情況，遂命「避仇太原」的李思行赴長安偵察情況，由於任務完成的很好，對情況的認識很有見解，高祖非常滿意，遂「授左三統軍，從破宋老生，平京城，累授嘉州刺史，封樂安郡公」45。

大業末年，為鷹揚府司馬的許世緒，很有見地的分析了當時的形勢，勸高祖抓緊有利時機，起兵反隋，從而得到高祖的重用。武德年間為蔡州（治所在今河南汝南）刺史，封真定郡公。

（二）進軍長安與統一戰爭中羅致人才

在向長安進軍途中以及在後來的統一戰爭過程中，只要有可能，高祖就盡力收羅各類人才，于志寧、顏師古、長孫無忌、房玄齡、姚思廉、李靖、李綱、屈突通、蕭瑀、褚亮、尉遲敬德、魏徵、秦叔寶、李世勣、宇文士及、薛收、劉洎、岑文本等人，都在這一時期先後加入了高祖統治集團。這些文官武將，在武德、貞觀年間，都從不同方面對唐朝政權的鞏固與發展發揮了重要作用。

另外，出身於皇家隸人的錢九隴，儘管其社會地位不高，甚至「貪財與婚」的許敬宗也感到恥辱，從而在修史時為其「曲敘門閥，妄加功績」46，但由於其「善騎射」，從而得到高祖的信任，並「常置左右」47。後來由於屢立戰功而授金紫光祿大夫，又拜左監門郎將，右武衛將軍等職，又封郇國公。貞觀年間死了以後，還贈左武衛大將軍、潭州都督，陪葬獻陵。還有一個出身於皇家隸人的樊興，也因戰功卓著而除右監門將軍，並封榮國公，賜物二千段，黃金三十錠。永徽年間死後，也陪葬獻陵。

以上事例，都說明凡是在實際活動中能發揮作用的人，高祖都是非常重視的。

在武德年間的統治集團中，有原來隋朝的官員，有農民起義軍的將領，有從敵對勢力中轉化過來的文官武將，也有從下層社會中因有戰功而新起來的各類人物，還有少數民族的上層成員。高祖能夠兼收並蓄，使各種人物都能發揮其作用，都能夠為唐朝的建立與鞏固各盡其力，當然是收到了實效的。貞觀年間，以上各種力量雖然又進行了重新組合，但只不過是在武德年間形成的基礎上因秦王集團的勝利而打亂了太子集團的結果。這種重新組合，並沒有改變組成唐初統治集團的各種成分。因此，必須在讚頌「貞觀之治」時重視高祖為其打下的基礎。

輕徭薄賦，發展生產

自古以來，任何一個政權的存在，都必須依賴一定的經濟基礎。經濟的發展又依賴於廣大勞動者生產積極性的提高。因此，稍有政治遠見的統治者都用輕徭薄賦的政策促使勞動者積極從事生產。高祖為了使新建的唐政權建立在牢固的經濟基礎之上，也大力減輕賦役，勸農務本，增加社會勞動力，全面發展生產。

（一）屢減賦役，勸農務本

輕徭薄賦政策也是「貞觀之治」的重要內容。但是，這種政策也是從武德年間開始實行的。《舊唐書》卷四十八〈食貨志上〉：「高祖發跡太原，因晉陽宮留守庫物，以供軍用。既平京城，先封府庫，賞賜給用，皆有節制，徵斂賦役，務在寬簡，未及逾年，遂成帝業。」這就是說，高祖在準備建國稱帝的時候，就很注意節制開支，「徵斂賦役，務在寬簡」。這種一方面減少開支，一方面減少徵斂的政策，正是他在政治上成功的原因之一

武德六年（六二三）三月，高祖下〈簡徭役詔〉：「自夫隋氏失馭，刑政板蕩，豺狼競起，肆行凶虐，徵求無度，侵奪任己，下民困擾，各靡聊生，喪亂之餘，百不存一。……念此黎庶，凋弊日久，新獲安堵，衣食未豐，所以每給優復，蠲其徭役，不許差科，輒有勞擾，義存簡靜，使務農桑。……自今以後，非有別敕，不輒差科徭役及迎差供承。」[48]

四月，又下〈禁止迎送營造差科詔〉：「隋末喪亂，豺狼競逐，率土之眾，百不一存，干戈未靜，農桑咸廢，凋弊之餘，飢寒重切。永言念此，悼於厥心。今寇賊已平，天下無事，百姓安堵，各務耕織，家給人足，即事可期。所以新附之民，特蠲徭賦，欲其休息，更無煩擾，使獲安靜，自修產業。猶恐所在州縣，未稱朕懷，道路送迎，廨宇營築，率意徵求，擅相呼召，諸如此類，悉宜禁斷，非有別敕，不得差科。不遵詔者，重加推罰。」[49]

六月，他又下〈勸農詔〉，指出隋末戰亂，造成「田畝荒廢，饑饉存臻，黎元無辜，墜於溝壑」。必須「勸農務本，蠲其力役」[50]。

根據以上情況可知，高祖完全認識到勞動者的飢寒交迫或家給人足與賦役的輕重密切相關；

勞動者能否生存下去又與政權的盛衰有關。這種認識，到唐太宗時更為成熟，於是，被概括為：「為君之道，必先存百姓，若損百姓以奉其身，猶割股以啖腹，腹飽而身斃。」[51]由此可見，輕傜薄賦的思想，從高祖到太宗有了進一步的發展。輕傜薄賦的政策並非唐太宗所創，而是繼承武德時期的政策並有所發展。輕傜薄賦的實質就是順乎民心，自古以來的政治家，都懂得民心的向背與政權的存亡密切相關。貞觀年間，君臣們一再強調「君，舟也；人，水也。水能載舟，亦能覆舟」。正說明唐初統治者是力爭順乎民心的。這是自西漢以來統治者對皇權神授觀念的扭轉。

西漢以後，在相當長的時間內，董仲舒的天人感應說在思想領域中占有重要地位。在各種史書中都有明顯的反映。例如，班固在《漢書》中編造了一套自堯、舜以至夏、商、周、秦的劉氏世系，從而得出結論說：「漢承堯運，德祚已盛，斷蛇著符，旗幟上赤，協於火德，自然之應，得天統矣。」[52]顯然這是說，秦的滅亡，漢的建立，是天的安排。

西晉時，陳壽所撰的《三國志》也同樣宣揚這種觀點。因為曹操是譙（今安徽亳縣）人，所以，關於曹丕即將代漢的問題，陳壽寫道：「初，漢熹平五年（一七六），黃龍見譙。」以此預示「其國後當有王者興，不及五十年，亦當復見」。四十五年後，果然又一次「黃龍見譙」[53]，當然，這就意味著火德（漢）當滅、土德（魏）當興於譙。在漢亡前四十五年，天就預告人們，曹氏將要對漢取而代之。可見曹氏代漢是順乎天意的。至於後來司馬氏取代曹魏，「如漢魏故事」，也是由於「天祿永終，曆數在晉」[54]。西晉初年的史學家，用這種天人感應說來論證西晉統治者的地位的合理性，無疑是迎合了統治者的需要。

唐初的統治者轉變了這種觀念，拋開了天人感應、皇權神授的思想。高祖認為，秦亡漢興，隋亡唐興的關鍵在人而不在天。魏徵等人所修撰的五代史中更貫穿了「皇天無親，唯德是輔；天時不如地利，地利不如人和」[55]的思想。太宗更明確地說：「今天下安危，繫之於朕。」又說：「天子者，有道者則人推而為主，無道則人棄而不用，誠可畏也。」[56]這就是說，皇帝的地位不是永遠牢固的，隨時有被推翻的可能。正是基於這種認識，唐高祖、唐太宗都非常重視解決君民關係問題。輕傜薄賦，發展生產，正是他們解決君民關係的有力措施。太宗發展高祖在這方面的舉措，而且在思想上也更為明確，固然應該稱道，但高祖的開創之功也絕不可忽視。

（二）增加社會勞動力

增加社會勞動力，是發展生產的有力舉措。在這方面，高祖也頗有成就。

南北朝以來，佛教在社會上廣泛傳播，頗有影響。唐朝初年，仍然相當流行。因為十多萬僧尼不事生產，逃避租賦，在唐初人口大量減少的情況下，不僅不利於生產的發展，也直接影響政府的稅收。因此，統治者既有利用佛教對廣大人民進行精神奴役的一面，同時也有和佛教發生矛盾的一面。這就是佛教有時得到統治集團的支持，有時又被排斥的基本原因。

武德九年（六二六），太史令傅奕上疏，大肆攻擊佛教，他認為僧人「遊手遊食，易服以逃租賦」。他又根據當時實際情況指出：「況天下僧尼，數盈十萬，翦刻繒彩，裝束泥人，而為厭魅，迷惑萬姓者乎！今之僧尼，請令匹配，即成十萬餘戶，產育男女，十年長養，一紀教訓，自然益國，可以足兵。」他還借北齊章仇子他的話說：「僧尼徒眾，糜損國家，寺塔奢侈，虛費金帛。」[57]傅奕首先指出僧尼逃避租賦及其他方面對國家的危害，繼又提出使僧尼還俗匹配，以便增加社會勞動力與兵源。這就是說，把十餘萬消費者變成生產者，既可以減少國家開支，又可以增加收入，擴大兵源，使國家富強。這完全是為了唐朝政權的鞏固而考慮。

由於傅奕反對佛教的理由和高祖鞏固其地位的願望是一致的，同時，高祖「亦惡沙門、道士苟避徵傜，不守戒律」，所以，他下詔：「命有司沙汰天下僧、尼、道士、女冠，其精練行者，遷居大寺觀，給其衣食，毋令闕乏。庸猥粗穢者，悉令罷道，勒還鄉里。京師留寺三所，觀二所，諸州各留一所，餘皆罷之。」[58]

從傅奕的上疏看，佛教氾濫，必然成災。貞觀十一年（六三七），馬周上疏說：「今之戶口不及隋之什一。」[59]隋朝的戶口，在其極盛之時，有戶八百九十萬七千五百三十六，口四千六百一萬九千九百五十六[60]。隋朝的十分之一，也不過是戶八十餘萬，口四百餘萬。武德年間肯定還不到此數。這樣少的人口，僅僧尼就有十餘萬人。他們不事生產，專門消費，當然影響社會財富的增加。因此，高祖把這些人大部分「勒還鄉里」，從事生產，當然是積極的措施。後來，太宗還贊成傅奕的意見，正說明高祖遏制佛教的氾濫對貞觀年間是有所作用的。

除此而外，高祖還採取過不少其他措施，增加社會勞動力。例如，他下〈太常樂人蠲除一同民例詔〉，規定「因罪謫入營署」的太常樂人，不再世襲，「宜得蠲除，一同民例，……若已仕宦，見入班流，勿更追呼，各從品秩。自武德元年以來配充樂戶者，不入此例」。這樣，就必然使這一部分太常樂人的後代改變其社會地位，提高其生產積極性，也更加擁護唐朝政權。他還下過〈赦逃亡募人詔〉，規定「其義士募人有背軍逃亡者，自武德二年十月二十日已前，罪無輕重，皆赦除之，飢寒困弊不能自存者，所在官司，隨事賑給」[61]。這項措施，也必然使很多逃避兵役的勞動者回到生產戰線上去。

大業末年，隋煬帝進攻高麗，使大量被迫參戰的勞動者失散在高麗，造成許多人妻離子散，家破人亡。針對這個問題，隨著唐與高麗的關係逐步好轉，高祖於武德五年（六二二）致書高麗王高建武道：「……隋氏季年，連兵構難，攻戰之所，各失其民，遂使骨肉乖離，室家分析，多歷年歲；怨曠不申。今二國通好，義無阻異，在此所有高麗人等，已令追括，尋即遣送；彼處有此國人者，王可放還，務盡撫育之方，共弘仁恕之道。」這樣禮尚往來，互有好處的建議，自然為高麗王所接受。「於是建武悉搜括華人，以禮賓送，前後至者萬數，高祖大喜」62。這樣互相遣送對方人員，既符合人道主義精神，使有關者父母妻子團聚，合家歡樂，有利於生產的恢復與發展，也改善了唐與高麗的關係。貞觀年間的盛世與這種和諧的政治氣氛是一脈相承的。

武德政治的歷史作用

過去的不少史學著述中，在談到「貞觀之治」的時候，往往是孤立地論述太宗的政績，而忽視太宗政績的淵源，把武德、貞觀時期的歷史割裂開來，從而拔高太宗，貶低高祖。這不符合歷史進程的實際內容。

事實證明，高祖在其執政的八年多的時間裡，建樹頗多，為「貞觀之治」的形成奠定了基礎。

首先，他不滿足於建唐稱帝，而是於立足長安之後，迅速開始有計畫有步驟地統一全國。統一全國，是促使經濟文化全面發展的先決條件。只有統一，才能消除分裂割據，各自為政的局面，使各地經濟文化的交流沒有障礙，使生產的發展，社會的安定有一個必要的環境。統一國家的良好環境十分重要，可以肯定，在南北朝時期或隋唐之際的分裂時期，戰爭頻繁，賦役繁重，社會動蕩，人民的生命財產朝不保夕，是根本不可能形成「貞觀之治」的。應該說，唐高祖統一全國，與秦始皇、隋文帝統一全國具有同樣重要的意義。

其次，恢復發展各種制度，建立穩定的社會秩序，使各階層的人都明確自己在社會中所處的地位，以便其生產、生活有所遵循；不再像隋末那樣，因隋煬帝隨心所欲，任意徵斂，廣大人民不能正常地進行生產生活，統治集團內部也互相猜疑，分崩離析；而是各種人都受一定程度的制約，使社會的發展遵循著一定的秩序前進。誠然，秩序也是束縛人們手足的繩索，但在大規模的戰爭之後，人們都渴望安定的生活，有一定的制度限制統治者橫徵暴斂，廣大人民也按一定的制度負擔賦役，總比隋末統治者竭澤而漁，人民走投無路要好得多。唐初，經濟逐步發展，文化日益豐富多彩，社會安定，正是社會秩序發揮作用的結果。

再者，高祖重視總結歷史經驗，從中吸取教訓，故而實行輕徭薄賦，增加社會勞動力的政策，形成寬鬆的社會氛圍，大大促進了勞動者生產積極性的提高。唐初，勞動人口很快增加，也提高了經濟繁榮的速度，都是這些政策的直接後果。

另外，高祖注意羅致人才，為「貞觀之治」的形成準備了骨幹力量。

武德初年，全國還在四分五裂，百廢待興的形勢下，高祖為統一全國，恢復與發展生產付出了大量精力。他做皇帝不到九年，在完成上述任務的前提下，又從各方面為「貞觀之治」的形成準備了條件，這已經是在歷史條件所允許的範圍之內盡到最大的努力了。因此，把高祖視為「貞觀之治」的奠基人是當之無愧的。

註釋

1《晉書》卷三，〈論〉。
2《貞觀政要》卷二，〈求諫〉。
3 陳寅恪：《陳寅恪史學論文選集》，上海古籍出版社一九九二年版，第六六五頁。
4《玉海》卷四九。
5《舊唐書》卷一七，〈文宗紀〉下史臣曰。
6《資治通鑑》卷二四八，大中二年二月。
7《玉海》卷四九。
8《金史》卷四，〈熙宗紀〉。
9《貞觀政要》卷一〇，〈慎終〉。
10《貞觀政要》卷一〇，〈慎終〉。
11《資治通鑑》卷一九四，貞觀七年十二月。
12《詩經·大雅·蕩》。
13《史記》卷九七，〈陸賈傳〉。
14《史記》卷一〇二，〈張釋之傳〉。
15《北齊書》卷八，〈論〉。
16《陳書》卷六，〈論〉。
17《隋書》卷二，〈論〉。
18《隋書》卷四，〈論〉。
19《舊唐書》卷七五，〈孫伏伽傳〉。
20《全唐文》卷一，〈高祖皇帝〉。
21《唐大詔令集》卷八二，〈頒新律令詔〉。
22《貞觀政要》卷二，〈任賢〉。
23《貞觀政要》卷一，〈政體〉。
24《舊唐書》卷七三，〈令孤德棻傳〉。
25《舊唐書》卷七五，〈孫伏伽傳〉。
26《魏鄭公諫錄》卷五，〈太宗謂侍臣自知者明〉。
27《舊唐書》卷七五，〈孫伏伽傳〉。
28《全唐文》卷一，〈高祖皇帝〉。
29《舊唐書》卷七五，〈孫伏伽傳〉。
30《舊唐書》卷六一，〈竇靜傳〉。
31《舊唐書》卷六二，〈李綱傳〉。
32《貞觀政要》卷二，〈納諫〉。
33《舊唐書》卷七五，〈蘇世長傳〉。
34《資治通鑑》卷一九四，貞觀六年三月。
35《資治通鑑》卷一八七，武德二年二月。
36《資治通鑑》卷一八六，武德元年十二月。
37《舊唐書》卷七五，〈孫伏伽傳〉。

38《資治通鑑》卷一八五，武德元年四月。
39《舊唐書》卷七五，〈韋雲起傳〉。
40《舊唐書》卷六二，〈李綱傳〉。
41《資治通鑑》卷一八九，武德四年七月。
42《舊唐書》卷七五，〈蘇世長傳〉。
43《舊唐書》卷七一，〈魏徵傳〉。
44《大唐創業起居注》，第四-五頁。
45《舊唐書》卷五七，〈李思行傳〉。
46《舊唐書》卷八二，〈許敬宗傳〉。
47《舊唐書》卷五七，〈錢九隴傳〉。
48《唐大詔令集》卷一一一，〈賦斂〉。
49《唐大詔令集》卷一一一，〈賦斂〉。
50《唐大詔令集》卷一一一，〈田農〉。
51《貞觀政要》卷一，〈君道〉。
52《漢書》卷一，〈高帝紀下〉。
53《三國志》卷二，〈文帝紀〉。
54《三國志》卷四，〈三帝紀〉。
55《北齊書》卷八，〈總論〉。
56《貞觀政要》卷一，〈政體〉。
57《舊唐書》卷七九，〈傅奕傳〉。
58《資治通鑑》卷一九一，武德九年四月。
59《資治通鑑》卷一九五，貞觀十一年八月。
60《通典》卷七，〈食貨七〉。
61《全唐文》卷一，〈高祖皇帝〉。
62《舊唐書》卷一九九上，〈高麗傳〉。

第十六章　智勇兼備的政治家、軍事家

高祖建立唐朝，絕不是偶然的。在隋朝末年，農民起義軍與地方割據勢力遍布各地。最初，高祖只不過是這些地方割據勢力中的一支，但他能夠抓緊一切有利時機，利用一切可用的力量，壯大自己，削弱別人；最後，鎮壓了農民起義軍，消滅了各個割據勢力，統一了全國。不可否認，他有超過別人的智慧和能力。換言之，由於高祖充分發揮了他的政治軍事才能，所以才能在對敵鬥爭中取得了勝利。這樣一來，如果弄清高祖取得勝利的原因，自然也就認識了唐朝建立的客觀條件與主觀因素了。

隋末善於應變

隋朝末年，形勢極其複雜。高祖是隋朝的地方官員，和隋煬帝是君臣關係。在隋煬帝驕奢淫逸，拒諫飾非的情況下，他既受命有鎮壓農民起義軍的任務，又有防禦突厥南進的使命。怎樣應付這樣複雜的局面，一方面要取得隋煬帝的信任，便於保存自己；一方面又要在鎮壓農民起義軍中壯大自己，發展勢力。這是一個非常嚴重的問題。面對諸多困難，高祖善於應變，他順利而巧妙地避開了隋煬帝的注意，發展壯大了自己。

（一）忍辱負重，眼望未來

怎樣對付隋煬帝，以便有效地處理君臣關係，這是高祖首先需要考慮的問題。

隋朝末年，隋煬帝倒行逆施，勞民傷財，社會矛盾激化。但隋煬帝並沒有意識到這是自己的所作所為導致的危機；反而變本加厲，一方面殘酷地鎮壓農民起義，一方面又在統治集團內部猜忌別人，打擊異己。凡有不利於隋煬帝為所欲為者，都有遭受迫害甚至身首異處的可能。所以，大業年間的政府官員，大都心懷疑懼，惶恐不安。甚至讚揚隋文帝的人也被猜忌，慘遭殺害。例如，隋文帝時的內史侍郎薛道衡，以才學頗有盛名，後又相繼出任襄州總管、番州刺史，隋煬帝即位，又召他到京，欲用為秘書監。薛道衡見了隋煬帝，呈上〈高祖文皇帝頌〉一文。隋煬帝看過，大為不滿，認為頌揚隋文帝就是嘲諷他自己。於是，妄加罪名，令薛道衡自盡。薛道衡自以為無罪，不願自殺，隋煬帝又派人縊而殺之[1]。當時都認為這是很大的冤案，在這種情況下，作為統治集團中的一員，李淵當然也不例外，無時無刻不在考慮怎樣對付隋煬帝對他的猜忌與迫害。

李淵在這方面的應變能力，正是他政治手段的一種反映。

隋煬帝根據圖讖之言，李氏將有取代楊氏為帝的可能，於是，他對李姓之人特別注意，李淵當然也是更為注意的對象之一。有一次，隋煬帝徵召李淵赴行在，李淵因病未往，隋煬帝遂對李淵的外甥大罵道：你舅死得了嗎？對此，李淵自然是提心吊膽，遂故意縱酒作樂，以示其意志消沉，沒有野心。還有一次，隋煬帝當面呼他為「阿婆」[2]。在男尊女卑的時代，視一個野心勃勃的貴族官員為老太婆，無疑是極大的侮辱。儘管如此，李淵還是忍辱負重，眼望未來，不聲不響地幹著別人意想不到的事業。

為了取得隋煬帝的信任，他還不惜犧牲別人。大業九年（六一三），正當隋煬帝第二次進攻高麗時，禮部尚書楊玄感於黎明（今河南浚縣）起兵南下，進攻洛陽。楊玄感的弟弟楊玄縱正隨隋煬帝進攻高麗，當楊玄縱知其兄起兵時，私自離隊南逃，欲參加其兄的反隋隊伍。

當時，李淵正在懷遠鎮（今遼寧遼陽市西北）督運軍糧，他「知楊玄縱兄弟逊（逃）還，密表聞奏，煬帝始知玄感起逆，乃班師。於是慰勞高祖（李淵），論以親親之意」[3]。同時，又立即重用李淵。由於楊玄感與尚書兵曹郎斛斯政頗有交情，斛斯政在進攻高麗時因楊玄縱逃走而怕受牽連，遂投奔高麗（後被高麗送回處死）。於是，與斛斯政有親戚關係的元弘嗣也受到株連。元弘嗣當時任弘化（今甘肅慶陽）留守。隋煬帝命李淵去逮捕元弘嗣，並任命他為弘化留守，並且兼知關右諸軍事。關右，即函谷關以西廣大地區。要李淵兼管關西京師周圍的軍事，當然是隋煬帝對李淵的極大信任。

（二）對農民起義軍軟硬兼施

在對待農民起義軍方面，他用軟硬兼施的手段，也顯示出他高瞻遠矚，很有政治眼光。大業十一年（六一五）十二月，隋煬帝命民部尚書樊子蓋發關中兵數萬鎮壓絳郡（治所在今山西新絳）起義軍。樊子蓋只知燒殺驅逐，嚴加防範，對放下武器者也全部坑殺。這樣一來，起義軍反隋的怒火更加高漲。於是，李淵奉命取代樊子蓋。李淵既不放棄武力鎮壓，又從政治上發動攻勢，用爭取民心的辦法，誘騙起義軍投降。凡是投降者，李淵都「引置左右，推赤心待之，人人自安，願效死力」，這樣，就對起義軍起了瓦解作用。在當時的歷史條件下，個體小生產者只能看到眼前的利益。所以他們認為：「我輩本無逆心，徒以政令嚴苛，懼外（死）為盜耳，前後首者為子蓋所殺，窮無所歸，今唐公與人無隔疏，遠意坦如也。我輩知不死矣，遂相率歸首，前後至者數萬。」[4]顯而易見，政治攻勢要比單純的軍事鎮壓對統治集團更為有利。這說明李淵在統治集團中確是高人一籌的。

欲做皇帝而不露鋒芒

高祖在政治上的特點，是深謀遠慮而不鋒芒畢露。他對當時政治形勢的認識以及根據自己的認識所採取的行動，都說明他的這些特點是非常突出的。在隋末農民起義遍地爆發的時候，統治集團內部也分崩離析，很多地方官吏乘機割據一方，稱王稱帝。李淵是統治集團中的一員，他雖野心勃勃，欲取隋煬帝而代之，但卻不露聲色，表面上還堅持與隋煬帝保持君臣關係。他不像薛舉、李軌那樣，割據一方，匆忙稱帝；也不像劉武周、梁師都那樣，依靠突厥，屢次舉兵南下，以攻為守，鞏固自己的地盤。和農民起義軍比較，既不像竇建德那樣，僅占據河北一帶，不再進取，發展力量；也不像瓦崗軍那樣，與隋軍激戰於中原，強攻東都，最後與隋軍兩敗俱傷。更不像蕭銑那樣，偏安於長江中游，不敢問鼎中原；又不像王世充那樣，既無雄心大志，又被瓦崗軍圍困於洛陽，不能向四周發展。他避開強大農民軍的鋒芒，運用以戰求和的手段，既取得了突厥的支持，解除了後顧之憂，同時也不讓突厥大軍南下；以免使自己受制於突厥，不便按照自己的願望行動。他認為長安是隋的都城，在政治上很有影響，關中的農民起義軍分散，而且力量不強，隋軍在關中的力量也較薄弱。因此，他從太原起兵，長驅南下，直到長安。在進軍途中，他妥善地處理了和李密的關係。例如，李密殺了翟讓以後，躊躇滿志，得意忘形，要李淵尊他為盟主，共同推翻隋朝。李淵抓住了李密的弱點，用「卑辭推獎以驕其志」的手段，麻痺李密，鬆懈其鬥志，使其牽制東都的隋軍，以便自己順利向長安進軍，以收漁人之利。處理這個問題的過程，正說明他起兵以後的行動是以其對當時的政治形勢的正確認識為前提的。

李淵到了長安，立隋代王侑為皇帝，遙尊隋煬帝為太上皇，實際上這是李淵要做皇帝的準備過程。但是，他又不立即做皇帝，而是在隋煬帝被宇文化及縊殺以後，又在群僚們的督促之下才登上皇帝的寶座。顯然，這比宇文化及於窮途末路稱帝，王世充直接逼越王侗讓位稱帝都高明得多。這樣一來，他不像宇文化及那樣落個篡權弒君的罪名，也不同於楊玄感、李密，被視為背君之逆臣，而是名正言順地做了皇帝。只有政治眼光遠大的人才能如此名利雙收。這就是說，在當時的情況下，雖然稱王稱帝者不少，但最有能力成為全中國的皇帝者，只有唐高祖一人。

統一全國的戰略部署者

高祖在即位前後所發揮的作用有顯著的不同。在未做皇帝時，他雖然考慮到全國的形勢，但他的具體行動只是戰場的指揮官。建唐稱帝後就不同了，他考慮的主要問題是對統一全國的戰爭進行戰略部署。因此，怎樣評價唐高祖的問題，必須注意這種形勢的變化。

（一）與李世民在統一戰爭中的不同作用

高祖即位以後，統一全國的戰爭才剛剛開始，他仍然需要為戰爭操勞費心。但由於形勢的發展，他的地位也起了變化，所以，他不再像從太原向長安進軍途中那樣，親自在戰場上指揮作戰，對每個戰役與具體的戰術都做周密的安排，而是對統一全國的戰爭做戰略上的原則部署。因此，衡量高祖這一階段的軍事才能，絕不能忽視這種歷史條件的變化。以致只看到李世民平定薛仁果、李軌，消滅劉武周，攻破洛陽，打敗竇建德等的赫赫戰功，而看不到高祖為統一全國而做的戰略部署。當李世民平東都，獲竇建德以後，高祖賜李世民的手詔中說：「聞獲建德，竟如汝所料，畫策者雖吾，平定者汝也。」5顯然，這既是高祖的自謙之詞，也是對李世民的表彰。高祖在自謙之詞中認為自己在統一戰爭中只是起了出謀畫策的作用，從而可知李世民等各個戰場的指揮作戰者，只是整個統一戰爭的一個方面的具體執行者。弄清這種關係，就不會只看見李世民等能征善戰的將軍才能，看不見高祖統一部署全國戰爭的統帥本領了。其實，李世民自己也承認：「重以薛舉、武周、世充、建德，皆上稟睿算，幸而剋定。三數年間，混一區宇。」6兩人的口氣完全一致，都認為高祖是統一戰爭的全面部署者，李世民是幾個戰役的具體指揮者。父子們的歷史功績，體現著全體與局部的相互關係。

（二）全國開展招撫活動

大業十三年（六一七）十一月，高祖進兵長安。這時，他雖然還未正式做皇帝，但已開始進行統一的事業，為做統一國家的皇帝做準備了。

十二月，薛仁果兵圍扶風（今陜西鳳翔），欲東進長安，高祖遂派李世民率軍西向，迎擊薛仁果軍。同時，又派姜謩、竇軌出散關（在今陜西寶雞西南），安撫隴右（今甘肅六盤山以西），還命李孝恭招撫山南（秦嶺以南，嘉陵江以東，伏牛山以西，長江以北），李孝恭自金州（今陜西安康）出巴、蜀，「檄書所至，降服者三十餘州」[7]。另外，還曾派張道源招撫山東（函谷關以東）。武德元年（六一八）正月，命李建成、李世民率軍十餘萬人進軍東都。二月，遣太常卿鄭元璹出兵商洛（今陜西商州東南）、南陽（今河南鄧縣），另遣左領軍司馬馬元規徇安陸（今湖北安陸）及荊（今湖北江陵）、襄（今湖北襄樊）。四月，用軟硬兼施的手段，迫使依靠突厥，割據五原郡（治所在今內蒙古五原南）的張長遜歸附。五月，李淵做了皇帝。六月，又遣太僕卿宇文明也招慰山東。十月，詔右翊衛大將軍淮安王李神通為山東道安撫大使，黃門侍郎崔民幹為副使，山東諸軍並受其節度，這時，大規模的統一戰爭尚未展開，各地農民起義軍與割據勢力仍在各占一方，稱王稱帝。也就是說，高祖還沒有被視為是全國的皇帝。直到武德三年（六二〇）八月，王世充還認為「唐帝關中，鄭帝河南」[8]，唐軍不應當東進。武德四年（六二一）三月，唐軍已兵臨東都的時候，竇建德還要求李世民「退軍潼關，返鄭侵地」[9]，這都充分說明，武德初年高祖的帝位還未得到全國各地的承認。

高祖的招撫活動是與統一戰爭相輔進行的。李孝恭安撫巴、蜀，是為沿江東下，進攻蕭銑做準備的，李孝恭就是因獻平蕭銑之策而受高祖器重的；鄭元璹、馬元規分別向南陽、安陸、荊襄一帶發展勢力，是要在蕭銑與王世充兩大勢力之間擴大自己的影響。李神通等人進兵山東，也並非是為了武力統一中原與河北廣大地區。這是因為：其一，是所率兵力不足，如與宇文化及殘餘勢力在聊城（今山東聊城東北）作戰失利，與竇建德農民軍作戰又全軍潰敗；其二，是關中尚未鞏固，高祖不能派大軍增援，李建成、李世民率軍東進又迅速撤回就是這種原因。因此，李神通東進的真正目的是宣揚唐軍的聲威，在竇建德與王世充兩大集團之間發展勢力，為武力統一山東創造條件。在長安立足未穩的時候，高祖的這些安排，無疑反映了他遠大的戰略眼光。

（三）重點進攻與見縫插針

在統一戰爭中，高祖對強大的敵人實行重點進攻，對幾支強大敵人之間的分散敵人實行見縫插針，分別消滅。這是高祖軍事思想的閃光之處。

李淵所面臨的統一任務，是西易東難。不過，西方的對手雖然力量不強，但卻虎視眈眈，時刻準備進兵長安。大業十三年（六一七）十二月，薛仁果號稱三十萬人，欲東犯長安，在扶風（今陝西鳳翔）被唐軍打敗。武德元年（六一八）八月，薛舉又欲乘唐軍受挫之機再犯長安，但由於薛舉因病而死未能行動。這時，東方的瓦崗軍正與王世充進行殊死的戰鬥，他們都不能考慮西進的問題。劉武周還在太原以北，構不成對關中的威脅，竇建德更沒有遠圖關中的打算。因此，高祖開始先易後難，先西後東的統一戰爭是符合實際情況的。

武德元年（六一八）十一月，平薛仁果，武德二年（六一九）正月，平河西、執李軌，東進的後顧之憂完全解除。本來，應該東進中原，但武德二年初，劉武周勾結突厥屢次南下，威脅太原。九月，李元吉棄太原而逃，劉武周長驅南下，威脅關中。高祖又不得不於武德二年十一月命李世民率軍渡河，回擊劉武周。這也是以王世充沒有西圖關中的打算為前提的。

武德三年（六二〇）四月，平定了劉武周，燃眉之急的問題都已解決。於是，七月李世民就奉命東進中原了。面臨唐軍壓境，王世充還是採取被動的守勢。這又說明，高祖先西後東的戰略部署是以對當時的全國形勢做了正確的分析為基礎的。

以上幾次大規模的戰爭，都是在高祖有計畫有步驟的安排下進行的。在與這些大規模戰爭進行的同時，高祖還組織了多處見縫插針的小規模出擊。武德元年（六一八）十月，正當李世民西進薛仁果時，撫慰使馬元規與鄧州（治所在今河南鄧縣）刺史呂子臧也正在進擊朱粲。朱粲是一支土匪軍的首領，曾稱楚帝於冠軍（今河南鄧縣北），最強大時有二十萬之眾，「剽掠漢、淮之間，遷徙無常，每破州縣，食其積粟未盡，復他適，將去，悉焚其餘資；又不務稼穡，民餒死者如積」[10]。更慘無人道的是在無食物時還殺害婦女兒童為食。曾為隋著作佐郎的陸從典和通事舍人顏愍楚，都曾被朱粲引為賓客。當缺糧時，他們全家都被吃掉。他還毫無人性地津津樂道說：「肉之美者莫過於人。」消滅這樣的土匪武裝力量，當然有利於全國的統一。但在鄧州之戰中，因馬元規未能與呂子臧很好的配合，他們均被朱粲軍所殺了。如果說他們都是為統一戰爭貢獻了生命，也是不算過分的。

不僅如此，就是在大規模戰爭的間歇階段，如多次主持重點進攻的李世民正在休整的時候，統一長江中下游的戰爭還在準備階段時，見縫插針的軍事行動仍然沒停止。

武德元年（六一八）十一月，李世民剛剛擊敗薛仁果回到長安。十二月，又被任命為陝東道大行台，蒲州、河北諸府兵馬並受節度。但他並未離京，到武德二年（六一九）正月，又奉命出鎮長春宮（在今陝西大荔東舊朝邑境內）。五月，李世民除了原來的太尉、尚書令、雍州牧、陝東道大行台的頭銜未變之外，又加上了右武侯大將軍、涼州總管職務，一直到十一月去征劉武周的一年時間裡，他未出征。就在這時，太常卿鄭元璹於武德元年（六一八）十二月大破朱粲於商州（今陝西商州），李神通於武德二年（六一九）正月進擊宇文化及於魏縣（今河北大名西），迫使宇文化及退走聊城（今山東聊城東北）。當年四月，高祖又遣大理卿郎楚之安撫山東，秘書監夏侯端安撫淮左。郎楚之於十月和竇建德作戰被俘，後又獲釋；夏侯端到黎陽（今河南浚縣）得到李世勣幫助，「傳檄州縣，東至於海，南至於淮，二十餘州，皆遣使來降」[11]。八月，蕭銑遣其將楊道生進攻峽州（今湖北宜昌），被州刺史許紹所敗。武德三年（六二〇）十二月，正當李世民進逼洛陽時，許紹又攻取了蕭銑的荊門鎮（今湖北荊門）。這時，許紹南與蕭銑，北與王世充常有戰爭。蕭銑與王世充，俘獲唐軍士卒皆加殺害，而許紹俘虜蕭銑、王世充的士卒則皆「資給遣之」[12]，採用這種政治上的瓦解手段，削弱蕭銑、王世充兩軍的士氣，使許紹的地盤逐漸穩定下來。

在王世充與竇建德兩大勢力之間，有李神通、郎楚之、夏侯端等唐軍的活動，在王世充與蕭銑兩大勢力之間，又有許紹的唐軍活動。高祖這種見縫插針，乘虛而入的政策，正是大規模軍事行動的輔助手段，它必然為大規模的軍事行動減少障礙，提供方便。也可以說，重點進攻與見縫插針是相輔相成的。

（四）軍事思想評說

從太原起兵，奪取長安到全國統一，充分顯示了高祖的軍事思想有許多獨到之處。避實攻虛，使其避開了東方強大的敵人，取得了占領關中，奪取隋都的勝利。先西後東，使其鞏固了統一全國的根據地關中。全面招撫、重點進攻與見縫插針，取得了統一全國的最後勝利。由此可見，高祖從建國稱帝到統一全國的勝利，是其軍事思想的勝利。

以上情況，說明高祖在統一全國的戰爭中已經不是具體戰役的指揮者，而是全盤考慮統一戰爭的戰略部署者。明確這一點，就不會把高祖與李世民簡單地類比，只看到李世民在具體戰役中所取得的勝利，而忽視高祖對全部統一戰爭戰略部署的作用，從而認為「高祖所以有天下，皆太宗之功」13。這種局部與全體的關係，正是因為高祖與李世民所處的地位不同而其所發揮的作用也不能同日而語。事實上，李世民只是指揮了對薛仁果、劉武周、王世充、竇建德戰爭的勝利，其他戰場，還有別人的功勞。例如，對蕭銑的戰爭，武德二年（六一九）即開始準備，武德四年（六二一）九月，唐軍在李孝恭、李靖統率下沿江東下，到武德五年（六二二）十月，全部統一了長江中游與嶺南。武德六年（六二三）八月，李孝恭、李靖又沿江東下，鎮壓了輔公祏起義，統一了長江下游與東南一帶。這些都是統一戰爭的組成部分，都是在高祖統一部署下進行的。

從另一方面說，如果高祖不採取先西後東的戰略，而是先戰王世充、李密，繼戰竇建德，那麼，薛舉東下長安，劉武周南進關中，都是可能實現的。這樣一來，李世民的軍事指揮才能也很難充分發揮出來。總之，戰略上的成功，是戰役上取得勝利的保證和前提。高祖從太原進軍長安的勝利，既說明他在具體戰役的指揮上以及治軍政策上有卓越的才能，也反映了他避開強大農民軍與割據勢力的鋒芒，而乘關中空虛攻取長安的戰略成功。

綜上所述，高祖在政治上有遠見卓識，他不願割據一方，稱王稱帝，而要做全國的皇帝。所以，當時只有他能夠實行改朝換代，再建統一帝國。他的軍事思想是為其政治目的服務的。因而，他做了皇帝以後，千方百計的採用軍事征服、政治瓦解、各個擊破等手段，消滅政敵，發展自己的勢力，最後統一全國。由此可見，認為高祖是智勇兼備的政治家、軍事家是實事求是的。

勿庸置疑，高祖與李世民是同一類型的人物，他們都在歷史的前進中起了積極作用，都是應該肯定的歷史人物。所不同者，是高祖在建立唐朝，統一全國，恢復生產與社會秩序方面發揮了作用；李世民在即位前，除了有卓著的戰功以外，在即位以後主要是在發展完善各種制度，發展社會經濟，建立政權機構，整頓吏治方面發揮作用。不言而喻，李世民的所作所為是以高祖的功績為基礎的。那種否定高祖，肯定李世民的觀點，是不符合歷史的真實情況的。

並非完美的英雄

任何歷史人物，都處在一定的歷史階段內，也必然帶有一定的歷史局限性，從而使其所作所為帶有一定的消極因素。高祖也不例外，因此，在肯定其歷史作用的同時，也應該注意到他的消極方面。

（一）為了達到自己的目的不惜犧牲人民的利益

高祖對當時形勢的認識，是以怎樣有利他進行改朝換代為目的的。在太原起兵之前，他為了奪取政權，又為了自己將要建立的政權的正統地位，儘管他早已有了推翻隋煬帝的野心，但還是堂而皇之地稱隋煬帝為「今上」、「當今聖主」，稱遍地爆發的農民起義為「群盜所在蜂起」[14]。這種鮮明的立場和觀點，說明他仍然和隋煬帝保持著貌合神離的君臣關係。同時也說明他不可能不去犧牲廣大人民的利益來滿足自己的願望。例如，為了取得突厥的支持，從太原起兵時就答應在戰爭中「征伐所得，子女玉帛，皆可汗有之」[15]。顯然，這是以廣大人民的生命財產的損失來滿足自己的欲望。損人利己，既違背民意，也與儒家思想「己所不欲，勿施於人」[16]格格不入。由此可見，高祖雖然注意爭取民心，但在這方面和他的政治野心發生牴觸時，他還是要犧牲人民的利益來滿足自己的私欲。這就是說，在評價高祖時必須全面考慮問題，不能只抓住一人一事孤立地去認識問題。例如，武德二年（六一九）二月，「武功人嚴甘羅行動，為吏所拘。」高祖問他為什麼做賊，他直言不諱地答道：「飢寒交切，所以為盜。」高祖以自責的口氣說：「吾為汝君，使汝窮之，吾罪也。」17 遂命免其罪。僅從這件事實看，這時的高祖和太原起兵時的李淵截然不同，但要深入分析一下，也就容易理解了。在奪取政權時，為了減少前進中的障礙，他不惜犧牲百姓的利益。在取得政權以後，為了穩定社會秩序，鞏固自己的地位，標榜自己取代隋煬帝是為了改弦更張，順乎民意，又不得不對百姓表示同情和憐憫。也可以說，軟硬兼施，是高祖奪取政權，鞏固其地位的必要手段，此時以軟，彼時以硬，因時而已。二者在高祖實現其改朝換代的野心中殊途同歸，並不衝突。

（二）喜好酒色

有的史學家批評高祖喜好酒色，史書確有這樣的記載。太原起兵時，晉陽宮副監裴寂送他宮女五百人，晚年也內寵甚多，以致在太子集團與秦王集團爭權奪位時，「建成與元吉曲意事諸妃嬪，諂諛賂遺，無所不至，以求媚於上」18。甚至在唐軍攻取洛陽後還親派貴妃數人赴洛陽選閱隋宮人。僅從這方面說，高祖與隋煬帝攻陷建康（今江蘇南京）後索要陳後主貴妃張麗華並無區別。其實，何止隋煬帝，唐太宗不是在殺了其弟李元吉後又納其弟之妃嗎？所有的封建皇帝沒有一個是一夫一妻的。封建制度的歷史條件，皇帝的特權思想，決定他們認為這是無可非議的事。眾所周知，隋文帝是勤於政事，注意節儉，頗有作為的皇帝，但他也因「尉遲迥女孫有美色」，

「見而悅之」，後來因獨孤皇后妒忌而「陰殺之」，故使隋文帝怒不可遏地說：「吾貴為天子，而不得自由！」[19]可見至高無上的皇帝在這方面是絕對自由，不容干涉的。否則，頗有權勢的獨孤皇后也就不必用「陰殺」的手段了。因此，我們認為，把這方面的問題視為封建皇帝不可避免的腐朽面，是合情合理的。封建皇帝在酒色方面的表現，只有程度高低的差別，沒有本質的不同，不必苛求。不然，就會忽視所有封建皇帝共有的本質方面。

（三）也有錯誤的決策

在當時的歷史條件下，人們還沒有科學的世界觀。更由於科學發展水平的限制，因為認識上的錯誤而作出失當的決策也是不可避免的。李淵剛到長安，就曾作出過大肆砍伐長安樹木為樵的錯誤決定。《冊府元龜》卷四八四《邦計部・經費》載：「唐高祖平京師，傾府藏以賜勛人，既而又患國用不足，太原人劉義節進計曰：『今義師數十萬並在長安，樵貴而布帛賤，若伐街衢及苑中之樹為樵，以易布帛，歲收數萬匹，立可致也。』」高祖接受了這個建議，「大收其利」。因為「樵貴而布帛賤」，就決定以長安樹木為柴，顯然這是鼠目寸光者的決策。長安城內生長大量的樹木，既可以美化京師，也有利於人們的生存與生活。從長遠觀點看，破壞生態平衡不僅對廣大人民有害，而且對統治集團也無好處。由此可見，高祖在這方面犯了為害人類的大錯誤。

固然，砍伐長安樹木可使統治集團立即獲利，但在自然環境遭到破壞的同時，不管是哪個階層的人，都會受到影響。這是高祖等統治者所不能認識的。因而，看待這個問題不能像認識封建政府向農民強徵賦稅徭役那樣，是損人利己的政策。不過，儘管這是高祖在歷史條件限制下，尚未認識破壞生態平衡有害人類的情況下所作出的決策，但他為人類歷史的發展帶來了消極影響，也是不容忽視的。

類似的問題還有，如武德元年（六一八）進軍東都的問題。當時關中尚不鞏固，主力大軍十餘萬人深入中原顯然不利，但這只能認為是高祖對當時的形勢還缺乏深刻的認識所致，不是什麼必然的問題。正因為如此，當韋雲起向他陳述了不宜東進的理由後，他立即糾正了錯誤，沒有造成嚴重的後果。但是，勞民傷財是無法彌補的。

以上情況，說明高祖並非完美的英雄，在他身上，有明顯的時代特點。他只是在歷史條件允許的範圍內發揮了一定的積極作用，沒有也不可能擺脫歷史的局限。所以，他也犯過不利於歷史前進的錯誤。

註釋

1《資治通鑑》卷一八一，大業五年十一月。
2《唐語林校證》，第四〇三頁。
3《冊府元龜》卷七，〈帝王部‧創業三〉。
4《冊府元龜》卷七，〈帝王部‧創業三〉。
5《全唐文》卷二，〈賜秦王獲竇建德手詔〉。
6《舊唐書》卷一，〈高祖本紀〉。
7《資治通鑑》卷一八四，義寧元年十二月。
8《資治通鑑》卷一八八，武德三年八月。
9《資治通鑑》卷一八九，武德四年三月。
10《資治通鑑》卷一八七，武德二年正月。
11《資治通鑑》卷一八七，武德二年十月。
12《資治通鑑》卷一八八，武德三年十二月。
13《資治通鑑》卷一九一，武德九年六月。
14《大唐創業起居注》，第一頁。

15《大唐創業起居注》，第九頁。
16《論語・衛靈公》。
17《唐會要》卷四〇，〈君上慎恤〉。
18《資治通鑑》卷一九〇，武德五年十一月。
19《隋書》卷三六，〈獨孤皇后傳〉。

第十七章　玄武門之變與高祖讓位

唐朝統一全國後，高祖改朝換代也就成功了。隨著改朝換代的勝利，統治集團內部爭權奪利的鬥爭逐步明朗化了。

在古代，任何一個統治集團，如果說在奪取政權的過程中還能步調一致的話，那麼，在奪取政權勝利以後，其內部就必然因爭權奪位而產生矛盾。因為，在當時的歷史條件下，統治集團的任何成員，都不可能為他們的共同利益而盡心竭力，在主觀上只能為自己的私利而奮鬥。所以，在取得一定勝利以後，各個成員之間，必然要為分享勝利成果而有所衝突。臣僚們邀功求賞，互比高低；皇帝親此抑彼，甚至殺功臣，樹親信，以至高無上者自居。在這些錯綜複雜的利害衝突中，他們結黨組派，各自拉攏勢力，排斥異己，形成各種各樣的矛盾。武德末年的玄武門之變，就是這樣的問題。高祖在玄武門之變以後被迫讓位，正是唐初統治集團內部爭權奪利鬥爭的結果。

高祖助長了李世民勢力的膨脹

歷史事實證明，古代任何一個統治集團，在其取得勝利以後，必然會發生各種各樣的爭權奪位的衝突。因為每一個成員都是抱著各自不同的目的參加進來的，他們都想在取得勝利以後實現自己的願望。在這個過程中，必然會發生錯綜複雜的矛盾。但這種不可避免的矛盾都是通過具體事實表現出來的。

古代的帝王，由於他們的特殊地位，后妃成群，子女眾多。在眾多子女中，他們厚此薄彼，親長疏幼或愛幼惡長者，屢見不鮮，反而對所有子女一視同仁者頗為罕見。高祖也不例外，玄武門之變的原因，就是從這裡開始的。

（一）高祖厚此薄彼

所謂玄武門之變，就是高祖的兒子們為爭奪太子地位而進行的互相殘殺，最後以李世民奪得太子地位而告終。

高祖共有二十二個兒子，其中為太穆皇后竇氏所生者四人，即長子李建成、次子李世民、三子李玄霸、四子李元吉。李玄霸早逝，與玄武門之變直接有關者是李建成、李世民、李元吉。

隋末，當李淵任太原留守時，只帶了李世民同往，李建成、李元吉都留在河東（今山西永濟西）。如果說這是因為李建成已經成人（時年二十九歲），可以獨立活動，李世民年僅十九歲，還不能獨當一面的話，那麼，李元吉也未曾在李淵左右又如何解釋呢！此事只有解釋為李淵寵愛李世民較為合適。

為了太原起兵，實行改朝換代的需要，最可靠的莫過於其子。於是，李淵召李建成、李元吉都到太原。

李建成、李元吉為什麼被留在河東呢？因為「隋末，高祖被詔捕賊汾、晉間，留建成護家，居河東」[1]。看來，李建成留在河東的理由名正言順，但也不能排除高祖有不喜愛建成的心情而故意這樣安排。李元吉被留在河東的理由，史書沒有記載，但可以從其他方面推知，高祖是不喜愛他的。「初，元吉生，太穆皇后惡其貌，不舉，侍媼陳善意私乳之」[2]。這就是說，李元吉初生下來就不被其母所愛。如前所述，李淵與其妻竇氏頗為恩愛，李淵的事業有成，也受過竇氏的很大幫助，因此，竇氏不喜愛的兒子李淵也不可能喜愛。

與建成、元吉同在河東的還有李淵的第五子智雲。智雲為後被封的萬貴妃所生，時年十四歲，建成與元吉赴太原時把他棄之河東，被隋官吏逮捕，送到長安，為陰世師所殺。按理說，建成既有「護家」的使命，就不應該把智雲棄之河東，被隋官員所害。況且，建成到了太原，也未遭李淵的責備。由此可見，李建成是不是因為「護家」留居河東，還值得懷疑；反而是因為不受其父喜愛而留居河東的可能性更大一些。把建成與年幼無知的智雲，生來不受父母喜愛的元吉放在一起，不能不使人想到建成也是不為其父所喜愛的長子。

攻取西河（今山西汾陽），是開始一戰，十分重要，李淵命兩個兒子（建成，世民）同時出戰。臨行時，李淵告誡他們說：「爾等年少，未之更事，先以此郡觀爾所為。人具爾膽，咸宜勉力。」兩人同時表態說：「兒等早蒙弘訓，稟教義方，奉以周旋，不敢失墜。家國之事，忠孝在焉。」由於當時尚未定官銜，故而軍中稱他們二人為「大郎」、「二郎」[3]。

大業十三年（六一七）六月，李淵建大將軍府，以李建成為隴西公、左領軍大都督，以李世民為敦煌公、右領軍大都督。在進攻霍邑的戰役中，兩人也同樣肩負責任。這些情況，看來是李淵對建成、世民同樣重用，但實際上小於建成十歲的世民並沒有被視為必須追隨別人的幼童，而是獨當一面的將軍。由此可見，把李建成、李世民相提並論，實際上就是抬高了李世民。

李淵從太原起兵，西渡黃河以後，就兵分兩路，一路是李建成、劉文靜、王長諧等，率軍數萬人，屯永豐倉（在今陝西華陰東北），守潼關，防備東方之敵；一路是李世民、劉弘基、殷開山等率軍數萬人，從渭水以北向西發展。這樣分配任務，看來是各自一方，不分上下，但實際上是給李世民發展勢力提供了有利機會。

東方之敵，最近的是河東（今山西永濟西）的屈突通。屈突通在李淵軍剛渡河後，即派桑顯和率軍數千人襲擊李淵的王長諧所部，結果大敗而回。這樣一來，屈突通自顧不暇，不敢西進。另外，中原的瓦崗軍與洛陽的王世充更沒有西向的意圖。不難看出，李建成駐軍永豐倉，只是象徵性的任務，根本沒有發展勢力、建功立業的可能。從總的方面看，李淵是要奪取長安，取隋而代之。李世民率軍西進，正是發展勢力，羅致人才，擴大影響，為奪取長安建功立業的好機會。李世民部劉弘基、殷開山西進至扶風（今陝西鳳翔），有眾六萬，最後南渡渭水，進兵長安故城（即漢長安城，在今陝西西安西北郊），李世民由渭北向西又渡渭而南，沿途會合了平陽公主、李仲文、何潘仁、向善志等各部隊伍，共十三萬人，屯於阿城（即秦阿房宮城，在今陝西西安西郊）。後來，李建成軍也到長安城外，屯於長樂宮（即漢長樂宮，在今陝西西安西北郊）。這時，李淵所有諸軍共二十餘萬。顯而易見，李建成的隊伍沒有很大發展。從這些實際效果看來，李世民取得發展勢力，建功立業的機會，完全是李淵的有意安排。

（二）李建成何以能為太子

根據以上情況，李淵進入長安後，特別是做了皇帝以後，有意立李世民為太子，並不是偶然的。有的學者懷疑，李淵對李世民說：「若事成，則天下皆汝所致，當以汝為太子。」並不真實。其實，這是誤會。從太原起兵前後到做皇帝的過程中，李淵的傾向性已很明顯，他竭力促使李世民的成長與發展，當然是有目的的。武德元年（六一八）五月，李淵做了皇帝，六月一日，以李世民為尚書令，七日，立李建成為太子。從這個過程看，可能是李淵為了實現其諾言，先欲立李世民為太子，因李世民「拜且辭」[4]，故而改為尚書令，所以，七天後才立李建成為太子，是合情合理的。

「拜且辭」，絕非李世民的本意。其所以如此，首先，是嫡長子繼承制已成為傳統，唐初的史學家批評隋文帝說：「聽哲婦之言，惑邪臣之說，溺寵廢嫡，托付失所。滅父子之道，開昆弟之隙，縱其尋斧，翦伐本枝。」[5]這就是說，隋文帝更換太子導致楊勇、楊廣兄弟不和，最後形成大禍。這一點，高祖絕不會忘記。高祖剛死不久，李世民就迫不及待地要看《起居注》和《國史》，最後又要史官按他的意思修撰《實錄》，主要也是害怕史官如實記載他殺兄奪嫡之過。宋代史學家范祖禹也說：「立子以長，不以有功，以德不以有眾，古之道也。」[6]由此可見，被視為「古之道」的嫡長子繼承制度，早已深入人心。況且，這時李建成已取得了「世子」的稱謂，實際上就是預備太子。因此，李世民在自己的條件還不是十分優於其兄時，自然不敢輕易去做太子。其次，是因為李淵雖然做了皇帝，但其勢力範圍僅限於汾水流域和渭水流域。就這樣一些局部地區，汾水流域還受到劉武周和突厥的威脅，渭水流域也隨時有被薛仁果進攻的可能。這就是說，高祖的地位還不鞏固，還沒有被視為是全國的皇帝。皇帝的地位如此，太子的地位當然也不像後來那樣重要。同時，削平群雄，統一全國，必須繼續進行。在這個過程中，發展力量，壯大自己，正可為最後奪取太子地位創造條件。頗有政治眼光的李世民，絕不會意識不到這一點。從高祖方面來說，既然僅有局部地區，距離做全國的皇帝當然還任重道遠，還需要建成、世民共同拚命出力，還不能明顯地偏袒一方。因此，高祖按照古代嫡長子繼承制的傳統，在李世民「拜且辭」以後，立李建成為太子是可以理解的。這時，李世民也被封為秦王，李元吉被封為齊王。再者，從太原起兵到奪取長安，李建成也同樣戰功卓著，甚至高於李世民。李世民既非嫡長子，也不具備憑實力、依功勞而為太子的條件。這一點，最為重要。

（三）李世民的地位日益顯要

武德元年（六一八）七月到十一月，李世民率眾平定薛仁果。薛仁果有眾十餘萬，號稱三十萬，直接威脅長安。李世民消滅這一割據勢力，無疑是立一大功。於是，十二月，高祖就下詔，以李世民為太尉、使持節、陝東道大行台，蒲州（治所在今山西永濟西）、河北（即黃河以北，指黎陽即今河南浚縣、相州也就是今河南安陽一帶）諸府兵馬並受節度。武德二年（六一九）五月，高祖又下詔，以李世民為左武侯大將軍，甘、涼等九州諸軍事，涼州總管，原來的太尉、尚書令、雍州牧、陝東道大行台依然如故。

武德二年（六一九）十一月到武德三年（六二〇）五月。李世民又率軍討伐劉武周，全勝而歸。李世民於五月回到長安，七月又奉命東征王世充。攻取東都以後，高祖因為李世民功勞過大，「前代官皆不足以稱之，特置天策上將，位在王公上」。於武德四年（六二一）十月，「以世民為天策上將，領司徒、陝東道大行台尚書令，增邑二萬戶，仍開天策府，置官屬」[7]。不難看出，李世民的戰功日多，地位日益顯要了。

（四）李建成在統一戰爭中的配角地位

在李世民戰功卓著，地位日益顯要的時候，李建成還是默默無聞，沒有太多的立功機會。武德二年（六一九），「司竹群盜祝山海有眾一千，自稱護鄉公，詔建成率將軍桑顯和進擊山海，平之」。司竹（園）在今陝西周至縣境內，距京師不遠，命李建成去解決千人之眾的「群盜」，自然是小事一樁，不足稱道。另外，李軌部將安修仁之兄安興貴，「殺賊帥李軌，以眾來降，令建成往原州應接之」。這次行動，不僅沒有立功，反而是「時甚暑而馳獵無度，士卒不堪其勞，逃者過半」[8]。原州的治所在今寧夏固原，按《資治通鑑》記載，安興貴殺李軌事在五月。五月的原州，不可能是「甚暑」而不堪忍受。這種記載，很可能是許敬宗為迎合李世民的需要而竄改史書的結果。勿庸置疑，李建成在當年的兩次軍事行動，都是徒勞無功的。

武德三年（六二〇）七月，高祖先命李世民東征王世充。接著，驃騎大將軍可朱渾定遠報告：「并州總管李仲文與突厥通謀，欲俟洛陽兵交，引胡騎直入長安。」於是，高祖又「命皇太子鎮蒲反（蒲州）以備之，又遣禮部尚書唐儉安撫并州，暫廢并州總管府，徵仲文入朝」[9]。這個消息的真實性值得懷疑。李仲文是李密的從父，在關中加入了李世民的隊伍，後隨李世民討伐劉武周。在當年四月收復太原後，他被留在并州。劉武周逃往突厥後，又「數遣兵入寇，仲文輒擊破之，下城堡百餘所。詔仲文檢校并州總管」[10]。這就是說，李仲文是因為打擊劉武周有功而為檢校并州總管的。

劉武周是突厥的傀儡，劉武周長驅直入南逼蒲州（治所在今山西永濟西），威脅長安，都受到突厥的支持。劉武周失敗，唐軍收復失地，使突厥失去進攻中原的前哨陣地時，突厥未敢直接與唐軍較量，反而在唐軍大獲全勝，李仲文剛到太原而且又屢次打擊劉武周的情況下，突厥怎能和李仲文一拍即合，共同直入長安呢！退一步說，即便是有這種可能，因為後來李仲文因此而被殺，但高祖的相應措施，是徵李仲文入朝，撤銷并州總管府，又命禮部尚書唐儉安撫并州，已使突厥失去依靠的伙伴了。劉武周全盛時，突厥未敢與其夥同行動，這時怎敢單獨進攻長安呢？由此可見，李建成奉命鎮守蒲州，只是象徵性的任務，也可以說是對李世民東進的聲援，並沒有什麼實際意義。

更能說明問題的，是李世民正在進行洛陽戰役的時候，高祖又調李建成去討伐稽胡。武德四年正月，「稽胡酋帥劉仚成部落數萬，為邊寇；辛巳，詔太子建成統諸軍討之」[11]。三月，李建成俘虜稽胡千餘人，釋放其酋帥數十人，並授以官爵，誘使劉仚成投降。李建成偽「稱增置州縣，築城邑，命降胡年二十以皆集，以兵圍而殺之，死者六千餘人，仚成覺變，亡奔梁師都」[12]。既然洛陽戰役正在緊張進行的時候，李建成被調往他處，可見鎮守蒲州的任務是可有可無，無關緊要。

李建成討伐稽胡，勝利還京，卻是冷冷清清，史書上僅有「太子還長安」[13]五個字的記載。李世民則大不相同，七月，李世民班師回京，「世民披黃金甲，齊王元吉、李世勣等二十五將從其後，鐵騎萬匹，前後部鼓吹，俘王世充、竇建德及隋乘輿、御物獻於太廟，行、飲主之禮以饗之」[14]。兩相比較，何等的懸殊！

一個人在事業上的成功，一要有能力，二要有機遇。李世民的聰明才智固然過人，但高祖的戰略部署和對任務的安排，正是為他的成功提供了機遇。反之，從攻西河，戰霍邑，進攻長安城來看，李建成的軍事才能也不弱於人，但在武德元年以後，他總是扮演配角。被安排在次要的戰場上，所遇對手不甚強大，不能使他充分發揮作用。這樣一來，必然使人感到李世民有傑出的才能，戰功卓著，李建成則庸庸碌碌，無所作為。這完全是高祖有意安排的結果。

（五）李建成的為人與才能

在統一戰爭中，李建成處於配角地位是否與其為人及其才能有關呢？回答應該是否定的。

在各種古籍中，對李建成的看法多有偏見。《舊唐書》作者說：「建成殘忍，豈主鬯才。」又說：「建成、元吉，實為二凶。」[15]《新唐書》作者說：他「資簡弛，不治常檢，荒色嗜酒，畋獵無度，所從皆博徒大俠」[16]。司馬光也認為他是「庸劣」[17]之輩。這些評論，都是受了許敬宗奉命修撰武德、貞觀實錄的影響，實際上李建成並非無德無才的「庸劣」之輩。

大業十三年（六一七）六月，李淵決定進攻西河（今山西汾陽），命建成、世民率軍攻取。他們二人共同表態說：「兒等早蒙弘訓，稟教義方，奉以周旋，不敢失墜。家國之事，忠孝在焉。故從嚴令，事須稱旨。如或有違，請先軍法。」他們這樣說，是因為當時「義師初會，未經講閱，大郎（建成）等慮其不攻，以軍法為言」。在行軍途中，建成、世民，「一同義士，等其甘苦，齊其休息。風塵警急，身即前行」。軍紀也非常嚴明，嚴禁軍士擾亂百姓，結果是人心所向，「將士見而感悅，人百其勇」[18]。這樣嚴格要求自己，與士卒同甘共苦，而且又奮勇前進，最後攻取西河。這樣有志氣，有信心取得勝利，而且又表現出智勇兼備的將軍，和「庸劣」的含義顯然格格不入。

大業十三年（六一七）十月，李淵大軍兵臨長安城下。根據安排，建成所部負責從東、南兩面攻城，世民所部負責從西、北兩面攻城。十一月九日，軍頭雷永吉等從景風門附近登城，突入城內。景風門是皇城東門，屬於李建成部的進攻範圍。非常明顯，在攻取長安時，李建成的軍隊雖然少於李世民，但卻取得破城的首功。如果說在指揮作戰方面李建成絕不亞於李世民，是有根據的。

武德元年（六一八）正月，李淵以唐王的身分命「世子建成為撫寧大將軍，東討元帥，太宗為副，總兵七萬，徇地東都」[19]。另有記載說：「唐王以世子建成為左元帥，秦公世民為右元帥，督諸軍十餘萬人救東都。」[20]二者的記載雖然不同，但都可以說明建成與世民在軍事上的地位相當，甚至建成還高於世民。這足以說明，從太原起兵到攻克長安，李建成的軍事建樹相當可觀。如果他連吃敗仗或屢攻不克，這時是不可能再被重用的。

鎮壓劉黑闥起義，李建成也相當賣力。當時，建成與世民的矛盾已經明顯，所以，他接受王珪與魏徵的建議，請求去平劉黑闥。正好是劉黑闥又借兵於突厥，捲土重來，連勝唐軍淮陽王道玄、原國公史萬寶所部以後，李元吉也招架不住的時候。李建成「督兵進討，頻戰大捷」[21]。最後，窮追猛打，迫使劉黑闥走投無路，徹底失敗。在這次作戰中，李建成對「獲俘皆撫遣之，百姓欣悅。賊懼，夜奔，兵追戰。黑闥眾猶盛，乃縱囚使相告曰：『褫而甲還鄉里，若妻子獲者，既已釋矣。』眾乃散，或縛其渠長降，遂禽黑闥」[22]。李建成對劉黑闥，既有軍事鎮壓，也有政治上的分化瓦解，這種軟硬兼施的手段，能夠取得勝利，正反映了李建成卓越的政治軍事才能。

關於李建成的政治、軍事才能，絕不僅表現在這些方面。由於玄武門之變中的失敗，他的所作所為被史書所歪曲或掩蓋者必然不少。根據許敬宗褒世民貶建成的原則，李建成的功績與才能是不可能被史書全面記載的。

同樣的道理，李建成的為人也需要認真考慮。李建成剛做了太子，萬年縣法曹孫伏伽就向高祖建議：「臣聞性相近而習相遠，以其所好相染故也。皇太子及諸王等左右群僚，不可不擇而任之。但是無德義之人，家門不能邕睦，及好奢華馳騁，嫚游聲色，不得使親而近之。臣歷觀往古，下覽近代，至於子孫不孝、兄弟離間，莫不為左右亂之。願陛下選賢才，以為皇太子僚友，如此則克隆磐石，永固維城矣。」23高祖愉快地接受了這個建議。勿庸置疑，高祖是要慎重選擇李建成僚友的。

在建成的僚友中，李綱（太子詹事）與其不甚協調，但李綱對建成只是說：「日殿下飲酒過量，非養生之道。……不宜聽受邪說，與朝廷生惎間。」至於「後太子寖狎亡賴猜間朝廷，綱頻諫不見聽」24的記載，根據後來的事實，缺乏有力證據。

後來的事實是什麼呢？應從魏徵說起。魏徵投唐後，被建成引為太子洗馬，一直到玄武門之變，建成被殺，都是建成的重要僚友。魏徵從政的主要特點，是善於進諫。貞觀年間，他先後進諫二百餘事。正因為如此，太宗把他當做一面鏡子。這樣的人，在建成身邊，應當也多有進諫。但史書記載，他對建成的進諫僅有兩次，一次是他和王珪（太子中允）共同建議建成請求出師，去鎮壓劉黑闥起義，另一次是太子集團和秦王集團矛盾激化時，他建議太子早日除去秦王，以致後來受到太宗的責備。

從進諫的內容看，都是政治、軍事問題，未曾涉及建成的為人。如果建成確實「荒色嗜酒」，或是「寖狎亡賴，猜間朝廷」，魏徵絕不會視而不見，充耳不聞。從另一方面說，一些「亡賴」之徒也必然會和魏徵這樣的正直大臣發生衝突。這些內容，都未見於史冊。即使是有些傳聞，連古代的史學家也不敢相信。司馬光說：「建成與元吉曲意事諸妃嬪，諂諛賂遺，無所不至，以求媚於上。或言蒸於張婕妤、尹德妃，宮禁深秘，莫能明也。」25既然是人們「莫能明也」的傳聞，無疑是缺乏有力的證據。由此可見，有關李建成為人方面的記載，既失之於籠統，也經不起推敲。這樣一來，李建成在統一戰爭中處於配角地位的原因，就不能是他的為人與才能問題了。

太子、秦王兩大集團的形成

高祖建唐稱帝之前，建成、世民兄弟還能同心協力，共同作戰。以後，情況逐步有所變化，李世民在高祖厚此薄彼思想的支配下，聲望日益提高，地位日益顯要，促使他欲為太子的願望日益高漲。反之，李建成當然不會輕易讓位，一定要千方百計鞏固自己的地位。在這種奪取和反奪取太子地位的鬥爭中，逐步形成了太子和秦王兩大集團。

（一）秦王的十八學士

在李建成已經取得太子地位的時候，李世民欲為太子，必須主動進攻，打倒李建成，取而代之。為了達到自己的目的，李世民一方面多立戰功，擴大自己的影響；一方面又大力羅致人才，組織力量。招納十八學士，就是最明顯的例子。

武德四年（六二一）十月，「秦王既平天下，乃銳意經籍，於宮城之西開文學館，以待四方之士。於是以僚屬大行台司勛郎中杜如晦，記室、考功郎中房玄齡及于志寧，軍咨祭酒蘇世長，天策府記室薛收，文學褚亮、姚思廉，太學博士陸德明、孔穎達，主簿李元道，天策倉曹李守素，記室參軍虞世南，參軍事蔡允恭、顏相時，著作佐郎、攝天策記室許敬宗、薛元敬，太學助教蓋文達，軍諮典藏蘇勖等，並以本官兼文學館學士。及薛收卒，征東虞州錄事參軍劉孝孫入館。令庫直閻立本圖其狀，具體其爵里，命褚亮為文贊，號曰《十八學士寫真圖》。藏之書府，用彰禮賢之重也。諸學士食五品珍膳，分為三番，更直宿閣下。每日引見，討論文典。得入館者，時人謂之登瀛洲。」26

成立文學館，看來是由於李世民「銳意經籍」，為了便於「討論文典」，實際上這是為了掩人耳目。因為當時李世民絕不能公開自己的奮鬥目標，只能在合法的外衣掩蓋下暗中進行準備。所以，成立文學館實際上就是進行組織上的準備。十八學士中，既有博學多識的知識分子，也有政治軍事方面的智囊之士，他們都在不同方面為李世民的成功做出了貢獻。

房玄齡、杜如晦都是玄武門之變的密謀策畫者。杜如晦早逝，房玄齡是太宗的終身宰相。房玄齡是最早勸李世民「遵周公之事」，要他「不顧小節」，除掉李建成的。杜如晦是李世民許多重大軍事行動的「參謀帷幄」者，因此，李建成認為：「秦王府中所可憚者，唯杜如晦與房玄齡耳。」27可見他們是秦王集團的核心成員。

虞世南因為「博識」，李世民和他「每論及古先帝王為政得失，必有規諷，多所補益」。故而李世民說：「朕因暇日與虞世南商略古今，有一言之失，未嘗不悵恨，其懇誠若此，朕用嘉焉。群臣皆若世南，天下何憂不理。」28

褚亮，「太宗每有征伐，亮常侍從，軍中宴筵，必預歡賞，從容諷議，多所裨益」29。

孔穎達，除了熟悉《左傳》、《易》、《尚書》、《毛詩》、《禮記》外，也頗「留心庶政」，對李世民「數進忠言，益見親待」30。

薛收，是房玄齡向李世民推薦的人物，推薦之時，李世民「即日召見，問以經略，收辯對縱橫，皆合旨要。授秦府主簿，判陝東道大行台金部郎中。時太宗專任征伐，檄書露布，多出於收，言辭敏速，還同宿構，馬上即成，曾無點竄」[31]。

于志寧，李世民為渭北道行軍元帥時，「召補記室，與殷開山等參贊軍謀。及太宗為秦王、天策上將，志寧累授天策府從事中郎，每侍從征伐，兼文學館學士」[32]。

以上諸人，都是在政治、軍事各方面頗有造詣的知識分子。文學館其他學士，主要是些熟悉經史的文人。李世民非常懂得從歷史上總結經驗，吸取教訓的重要作用。他明確說：「以古為鏡，可以知興替。」[33]這就是說，李世民在發展勢力的過程中，既需要政治軍事方面的智囊，也需要深知經史的文人。有人說：「武創業，文守成，百世不易之道也。」[34]其實，這種看法並不全面。事實證明，創業離不開文，守成也需要武。例如，李淵從太原起兵時，既需對形勢有正確的認識，不放鬆任何有利時機，做出果斷的決策；也需要有勇於進取的精神而且敢於付諸實施的英雄行為。從組織上說，既需李建成、李世民等衝鋒陷陣的將領，也需要溫大雅、虞世南、薛收等參與謀略，專掌文翰的文人。正因為這樣，高祖「建義太原、初定京邑，雖得之馬上，而頗好儒臣」[35]。李世民更是如此，他從秦王登上皇帝的寶座，正是善於運用文武互相配合的兩手政策，也正是有一批文臣武將對他大力支持的結果。當然，在歷史前進的一個階段中，暫時以文的一手為主，或以武的一手為主，都是可能的，但把二者截然分開，是不符合歷史實際情況的。這更進一步說明，李世民設置文學館，並不只是為了經史，而是有著更深遠的意義。所謂秦「王府開文學館，召名儒十八人為學士，與議天下事」[36]。正說明文學館不只是議論經史，而是李世民與學士們「議天下事」。當時李世民心目中最大的「天下事」，莫過於奪取太子的地位了。另外，文學館於李世民即位以後就壽終正寢，不再存在，更進一步說明文學館的設置主要是李世民為了奪取太子地位的需要而設立的。

（二）爭奪平劉黑闥之功

武德四年（六二一）七月，李世民剛從洛陽回到長安，竇建德故將劉黑闥又發動了反唐的戰爭。武德五年（六二二）正月，「黑闥至相州，僭稱東漢王，建元為天造。以范願為左僕射，董康買為兵部尚書，高雅賢為右領軍，又引建德時文武悉復本位，都於洺州」。既然劉黑闥建立政權，與唐分庭抗禮，高祖當然不能坐視不理，「於是太宗又自請統兵討之，師次衛州，黑闥數以兵挑戰，輒為官軍所挫」[37]。面對劉黑闥反唐，李世民「又自請統兵討之」，說明他過去接受重大任務都是主動請纓的。主動要求出征，當然有其目的。從結果看，他的勢力日益強大，身邊的人才愈來愈多，隨著軍功的增多其地位也更加顯要。這樣一來，必然有利於實現其野心。

李世民打敗劉黑闥後，班師還京。但劉黑闥並未徹底覆滅，仍然繼續與唐為敵，一度又進據洺州（今河北永年東南），恢復原來的地盤。在此情況下，李建成的謀臣王珪、魏徵勸李建成道：「殿下但以地居嫡長，爰踐元良，功績既無可稱，仁聲又未遐布。而秦王勛業克隆，威震四海，人心所向，殿下何以自安？」如果自請討伐劉黑闥，「且以立功，深自封植，因結山東英俊」[38]。不難看來，王珪、魏徵對當時的形勢認識得非常清楚，李世民主動要求出征，收到了屢立戰功，人才日多，聲望日益提高的效果；李建成也應針鋒相對，主動請纓，爭取戰場立功，乘機羅致人才，鞏固自己的地位。

李建成欣然同意王珪、魏徵的主張，要求出師河北，討伐劉黑闥。根據魏徵的建議，李建成運用分化瓦解的手段，取得了最後勝利。從這一事件可以看出，李世民力量的膨脹，已經直接威脅到了李建成的太子地位，李建成不得不採取相應措施，加強自己的地位。

事實證明，李建成也收到了相當的效果，除了取得了鎮壓劉黑闥的勝利以外，也發展了自己的勢力。例如，幽州大都督廬江王李瑗，就是李建成的重要黨羽。武德九年（六二六），「時隱太子建成將有異圖，外結於瑗。及建成誅死，遣通事舍人崔敦禮召瑗入朝，瑗有懼色」[39]。最後，李瑗被迫造反而被殺。此事正說明他和建成的關係非常密切。

隋末自稱幽州總管的羅藝，也加入了李建成集團。羅藝於武德三年（六二〇）降唐。在李世民平劉黑闥時，他曾率部數萬人破黑闥弟什善於徐河（今河北晉縣），俘斬八千人。後來，他「復將兵與隱太子建成會於洺州，因請入朝，高祖遇之甚厚。俄拜左翊衛大將軍。藝自以功高位重，無所降下，太宗左右嘗至其營，藝無故毆擊之」。後奉命鎮守涇州（治所在今甘肅涇川北）。「太宗即位，拜開府儀同三司，而藝懼不自安，遂於涇州詐言閱武，因追兵，矯稱奉密詔勒兵入朝，率眾軍於豳州」[40]。羅藝因李建成的關係使「高祖遇之甚厚」，對李世民的左右「無故毆擊之」，故而在李世民即位後「懼不自安」，從而舉兵叛唐。顯然，他是在李建成平劉黑闥時於河北加入李建成集團的。

另外，分散在山東各地的李建成黨徒還有不少。李世民於武德九年（六二六）六月七日做了太子。七月十一日就遣諫議大夫魏徵「宣慰山東，聽以便宜從事」。為什麼派魏徵「宣慰山東」呢？因為武德五年（六二二）十一月魏徵曾勸李建成主動請求出征，去鎮壓劉黑闥起義軍，並勸他結納山東豪傑。魏徵曾隨李建成對劉黑闥作戰，並隨時出謀畫策，無疑，對在作戰過程中結納山東豪傑的情況十分清楚，所以，派魏徵前去執行這項任務必然會收到預期的效果。

魏徵到了磁州（治所在今河北磁縣），碰到「州縣錮送前太子千牛李志安，齊王護軍李思行詣京師」。魏徵立即制止道：「吾受命之日，前宮、齊府左右皆赦不問，今復送思行等，則誰不自疑！雖遣使者，人誰信之！吾不可以顧身嫌，不為國慮。且既蒙國士之遇，敢不以國士報之乎！」他果斷地「皆解縱之」[41]。李世民對魏徵的舉措非常滿意。魏徵釋放李志安、李思行，是為了取信於其他更多的人。由此可見，李建成在山東的勢力是相當可觀的。

（三）兩大集團的主要成員

由於雙方競相發展勢力，逐步形成了以李建成為首的太子集團和以李世民為首的秦王集團。史載：「武德初，隱太子與秦王、齊王相傾，爭致名臣以自助。太子有詹事李綱、竇軌、庶子裴矩、鄭善果、友賀德仁、洗馬魏徵、中舍人王珪、舍人徐師謨、率更令歐陽詢、典膳監任璨、直典書坊唐臨、隴西公府祭酒韋挺、記室參軍事庾抱、左領大都督府長史唐憲；秦王有友于志寧、記室參軍事房玄齡、虞世南、顏思魯、諮議參軍事竇綸、蕭景、兵曹杜如晦、鎧曹褚遂良、士曹戴胄、閻立德、參軍事薛元敬、蔡允恭、主簿薛收、李道玄、典籤蘇勖、文學姚思廉、褚亮、敦煌公府文學顏師古、右元帥府司馬蕭瑀、行軍元帥府長史屈突通、司馬竇誕、天策府長史唐儉、司馬封倫、軍諮祭酒蘇世長、兵曹參軍事杜淹、倉曹李守素、參軍事顏相時；齊王有記室參軍事榮九思、戶曹武士逸、典籤裴宣儼，（袁）朗為文學。」[42]李建成與李世民兩大集團的形成，標誌著矛盾的進一步激化。太子是皇帝的繼承人，只能有一個，所以，當二人都竊伺這一目標時，勢必要互相傾軋，水火不容。

（四）李元吉站在李建成一邊

在李建成與李世民矛盾激化的時候，李元吉也是一個值得注意的人物。李元吉既無李世民那樣的卓著功績，而且當劉武周南下時，他放棄太原，逃奔長安，還受到指責。同時，又驕奢淫逸，不孚眾望，只有靠皇子的身分去分享勝利成果。還由於其貌不揚而不為其父母所愛，所以，在高祖厚此薄彼，明顯傾向於李世民的時候，從情感上說，他絕不會和李世民為伍。從另一方面說，李元吉也並非甘居人下者，他也是野心勃勃，做夢也想著太子進而為帝的寶座。但他又清楚地看到，如果和李世民一道除掉李建成，太子的地位還輪不到他。因為就功績和威望而言，他和李世民相比，還望塵莫及；況且，李世民奪取太子的地位是為了自己而不是為了元吉。反之，如果追隨李建成先除掉李世民，然後再和李建成較量，就會容易取勝。所以當有人煽動他奪取太子地位，以「元吉」二字合起來就是一個「唐」字為由，促使他發動事變的時候，他得意忘形地說：「但除秦王，取東宮如反掌耳。」李世民集團的成員也認為他「狠戾，終亦不事其兄」43。這些因素，決定他在太子集團和秦王集團進行鬥爭的時候，他只能站在李建成一邊。

（五）雙方都從後宮爭取內援

在雙方針鋒相對的鬥爭中，無不千方百計地爭取外援。為了爭取支持者，高祖的妃嬪們也成了他們爭取的對象，雙方都希望妃嬪們在高祖身邊為自己發揮作用。史載：「帝晚多內寵，張婕妤、尹德妃最幸，親戚分事宮府。建成與元吉通謀，內結妃御以自固。」44由於許敬宗等人奉命修撰實錄，對李世民在這方面的言行極力掩飾，故而是另一種記載：「太宗每總戎律，惟以撫接才賢為務，至於參請妃媛，素所不行。」[45]甚至更有「世民獨不奉事諸妃嬪」[46]的記載。其實，這種記載並不可信，這只是一種表面現象，因為他不是直接去巴結高祖的妃嬪，而是通過自己的妻子長孫氏進行曲線活動的。史載：「時太宗功業既高，隱太子猜忌滋甚。后（長孫氏）孝事高祖，恭順妃嬪，盡力彌縫，以存內助。」[47]事實證明，二者殊途同歸，雙方都想從後宮爭取內援。李世民發動玄武門之變時，長孫氏親自慰勉上陣將士，正說明她是李世民爭奪太子地位的忠實支持者。李世民通過長孫氏爭取內援比李建成直接爭取內援的效果更好，正說明在政治鬥爭中李世民高李建成一籌。

（六）高祖態度的反覆

太子集團與秦王集團從內部、外部爭取支持者的活動，必然對高祖產生影響。各方謀臣對主子的密謀計畫，後宮妃嬪的說長道短，儘管高祖對李世民有所偏愛，但又不能不受其影響而猶豫不決。所以，有時候因「世民功名日盛，上（高祖）常有意以代建成」，忽而又「無易太子意，待世民浸疏」[48]。在錯綜複雜的政治鬥爭中，主要決策人思想上出現反覆，是正常現象。政治家的任何重大政策，都是根據政治鬥爭的內容逐步發展而漸漸成熟最後形成的。有人對這一問題作簡單化的理解，把一個人在政治態度上的反覆視為矛盾現象，或認為是史籍記載的失誤，從而肯定一種，否定一種，得出不正確的結論。

古代的皇帝，在廢立太子的問題上出現反覆者屢見不鮮。隋文帝初立楊勇為太子，後受楊廣、楊素等人的影響，又廢楊勇而立楊廣為太子。臨終之時，發現楊廣行為不端，又欲廢楊廣而立楊勇。後來的唐太宗，初立承乾為太子。貞觀十七年（六四三），承乾被廢後，在立魏王泰或晉王治之間，他也曾猶豫不決。他先傾向於魏王泰，後在長孫無忌等人的影響下立晉王治為太子，可見外界的影響是頗有作用的。至於武則天廢立太子，更是反覆無常，先後四易其子。這些情況，無不說明古代的皇帝在廢立太子的問題上出現反覆是常見現象。既然如此，高祖在這一問題上前後態度不一，也無可非議。

貞觀九年（六三五）五月，高祖去世。十一月，太宗就說：「武德六年以後，高祖有廢立之心而未定，我不為兄弟所容，實有功高不賞之懼。」[49]這段話的主要精神，是說高祖在武德六年以後有廢李建成，立李世民的打算，但猶豫不決，所以李世民在和李建成的鬥爭中提心吊膽。這段話的意思完全符合當時的實際情況。武德六年（六二三）正月，李建成取得了對劉黑闥作戰的最後勝利，在山東一帶發展了相當的勢力，也抬高了自己的聲望。在這種情況下，李世民雖然在統一戰爭中功績卓著，也取得了高祖的好感，但隨著形勢的發展，兩大集團互相攻擊，又各自在高祖面前爭寵，還在高祖的妃嬪中爭取內援。這些因素，都影響著高祖的最後決策。他猶豫不決是很自然的。

本來，李世民對劉黑闥作戰未取得徹底勝利，應該派李世民繼續去完成任務，但高祖卻應李建成的請求，使李建成取得了對劉黑闥作戰的最後勝利。此事本身，就意味著高祖傾向於李世民的態度有所轉變，因為李建成出師山東的目的是無法掩蓋的。因此，李世民在李建成取得了對劉黑闥作戰的功勞以後，自感有更大的威脅，也是不言自喻。從另一方面說，武德六年以後，李世民加緊進行奪取太子地位的準備，到武德九年（六二六）六月，採取果斷措施，達到自己的目的，正說明李世民對高祖已經不再寄託廢立太子的希望了。這又進一步證明武德後期高祖在廢立太子問題上的猶豫不決態度是符合實際情況的。

在高祖去世以後，李世民才說出「武德六年以後，太上皇（高祖）有廢立之心而不定也」[50]，是有其原因的。因為說這話的口氣是埋怨高祖。高祖在世時，雖然李世民內心不滿，但最後還是使其達到了目的，此話是難以出口的。高祖去世後，一面埋怨高祖失信於他，先許立為太子而後又動搖，一面又標榜自己，在「為兄弟所不容」時，被迫果斷行動，取建成而代之。

在《貞觀政要》中，關於這一問題的記載與《資治通鑑》和《舊唐書・蕭瑀傳》略有不同。《貞觀政要》載太宗的話是：「武德六年以後，太上皇有廢立之心，我當此日，不為兄弟所容，實有功高不賞之懼。」[51]所不同者，就是在「太上皇有廢立之心」後去掉了「而未定」或「而不之定也」數字。這是什麼原因呢？眾所周知，吳兢撰《貞觀政要》的目的，是因為「太宗時政化，良足可觀，振古而來，未之有也」。為了使後來的統治者不必「祖述堯、舜，憲章文、武」，只要對唐太宗的政績「擇善而從，則可久之業益彰矣，可大之功尤著矣」[52]。這就決定吳兢只能對太宗歌功頌德，而不可能有任何貶意。他刪去「而未定」或「而不之定」數字，實際上就是掩蓋了太宗對高祖的不滿情緒，同時也說明，太宗以武力奪取太子的地位完全符合高祖的本意。這樣，邏輯的結論，必然是太宗的形象更加高大。但是，有人拋開《資治通鑑》與《舊唐書・蕭瑀傳》的記載，僅根據《貞觀政要》這方面的內容，就斷定這只是李世民的自我標榜，從而忽視了他對高祖的不滿，當然也就忽視了高祖在廢立太子問題上的猶豫不決態度。

高祖的猶豫不決，還反映在封倫的態度上。封倫從隋末到唐初一直是個陽奉陰違的人物，他善於看風轉舵，投人所好。最初，他「數從太宗征討，特顧遇」。後來，「以建成、元吉之故，數進忠款，太宗以為至誠，前後賞賜以萬計」。其實，他並不是真正忠於李世民，而是「潛持兩端，陰付建成。時高祖將行廢立，猶豫未決，謀之於倫，倫固諫而止」。按照引文的語氣，應該是封倫改變了高祖將要廢立太子的主張，但事實不一定如此。因為此事「時人莫知」[53]，是在封倫死後才被太宗發現的。當時治書侍御史唐臨大罵封倫對太宗不忠，罪不容誅。這就決定《實錄》的記載必然要有利於太宗。對封倫的指責，主要是他在高祖猶豫不決的時候沒有堅決站在李世民一邊。

封倫為什麼在高祖猶豫不決的時候沒有堅決站在李世民一邊呢？這是封倫的本性決定的。史載：封倫「資險佞內挾，數刺人主意，陰導而陽合之。外謹順，居處衣服陋素，而交官府，賄贈狼藉。然善矯飾，居之自如，人莫能探其膺肺」。對隋煬帝如此，對李建成、李世民也是如此，對高祖也不會例外。他善於揣摩主子的意圖，迎合於人。隋末，「虞世基得幸煬帝，然不悉吏事，處可失宜。倫陰為裁畫，內以諂承主意，百官章奏若忤旨，則寢不聞；外以峻文繩天下，有功當賞，輒抑不行。由是世基之寵日隆，而隋政日壞矣。」[54]這種當面是人，暗地裡是鬼的本性是難以改變的，唐初依然如故。所以，在高祖對廢立太子的問題猶豫不決的時候，他也必然有一定的傾向性。封倫在揣摩到他這種傾向性以後，才表示態度支持李建成的。史家稱「封倫多揣摩之才，有附托之巧」[55]。原因即在於此。同時，還有李元吉在發揮作用，他「邀請宮掖，厚賂中書令封德彝（封倫），使為遊說，帝遂疏秦王，愛太子」[56]。不難看出，封倫支持高祖不廢李建成而立李世民絕不是偶然的。這正是在封倫死後被李世民集團指責其不忠的原因所在。這件事情，正可說明高祖在廢立太子問題上的猶豫不決態度和外界的影響是有重要關係的。

兩大集團矛盾的激化

在廢立太子的問題上，高祖正在猶豫不決的時候，李建成和李世民都非常擔心自己的命運。李建成擔心失去既有的地位，李世民擔心高祖曾經許他為太子的諾言成為泡影，所以，他們都想借高祖之手壓倒對方。這樣一來，進攻者和反擊者必然進行針鋒相對的鬥爭。

（一）李世民積極進攻

李建成與李世民的鬥爭愈演愈烈。這種鬥爭，持續的時間愈長對李世民愈為不利。武德六年（六二三），高祖已經五十八歲，一旦高祖去世，李建成自然取得皇帝地位，李世民再去直接奪取皇帝的寶座，那就是大逆不道了。所以，對李世民來說，最理想的辦法莫過於假高祖之手更換太子。李世民多次主動請求出兵打仗，屢立戰功，羅致文官武將做為自己的謀臣，又通過長孫氏爭取高祖妃嬪的支持，都是為了這一目的而採取的步驟。

從總的形勢看來，李世民是進攻的一方，李建成是防禦的一方，李世民為了爭取時間，迫不及待地利用一切機會發動攻勢。但在貞觀年間許敬宗奉命修改過的史籍中，處處都把李世民寫成被動挨打的局面，是背離事實的。史載：魏徵「見太宗勛業日隆，每勸建成早為之所。及敗，太宗使召之，謂曰：『汝離間我兄弟，何也？』徵曰：『皇太子早從徵言，必無今日之禍。』太宗素器之，引為詹事主簿。」57所謂「見太宗勛業日隆，每勸建成早為之所」，就是看到李世民對太子的威脅日益嚴重，所以常勸李建成早日動手，除掉李世民。在遭到太宗的指責以後，魏徵直言不諱地說：「皇太子早從徵言，必無今日之禍。」實際上這就是說，魏徵認為，若建成早按他的意見辦事（對李世民下手），絕不會有失敗被殺的下場。這些情況，正說明李世民是主動進攻的一方。李世民對魏徵不加報復，反而重用，正說明他認為魏徵所言是正確的。同時，這也說明李世民無疑承認自己是主動的進攻者了。

（二）李建成反攻奏效

李建成雖然沒有按照魏徵的意見對李世民首先下手，但他面對李世民的步步進逼，也絕不會坐以待斃，所以，他也千方百計地對李世民進行反攻。

李建成為了削弱李世民的力量，不斷用釜底抽薪的辦法去爭取李世民的文臣武將。尉遲敬德是秦王集團的重要戰將，李建成暗中致書於他，並贈以金銀器物一車，希望他倒向李建成一邊。敬德不僅斷然拒絕，而且立即報告世民。李元吉又派人刺殺敬德，也未成功。段志玄，隨高祖於太原起兵後，又隨李世民平東部，戰勝王世充與竇建德，為秦王府右二護軍。在太子集團與秦王集團矛盾激化後，建成與元吉「竟以金帛誘之，志玄拒而不納，密以白太宗，竟與尉遲敬德等同誅建成、元吉」[58]。看來，這種收買手段沒有成功。

除了收買利誘以外，建成還借高祖之手把秦王集團的一些重要成員逐出秦王府。程知節，原是瓦崗軍將領，投唐後，曾隨李世民破宋金剛、俘竇建德、降王世充，以功封宿國公。武德七年（六二四），「建成忌之，構之於高祖，除康州刺史」。程知節立刻告知李世民：「大王手臂今並翦除，身必不久。知節以死不去，願速自全。」武德九年（六二六）六月四日，「從太宗討建成、元吉」[59]。所謂「大王手臂今並翦除」，說明秦王府不少成員被李建成用離間之計驅逐出去了。還有房玄齡、杜如晦，都是李世民的主要謀臣，由於李建成對他們「甚惡之，譖之於高祖。由是與如晦並被驅斥」60。這些事例，都說明李建成也在極力反攻，而且相當奏效。

尉遲敬德、段志玄、程知節，都是玄武門之變的赤膊上陣者；房玄齡、杜如晦，是玄武門之變的密謀策畫者。李建成爭取或驅逐這些人，實際上是挖心戰術，要破壞李世民的核心力量。這對秦王集團當然是極大的震動，不僅李世民本人感到威脅，而且秦王集團的成員也都迫不及待了。

（三）刀兵相見不可避免

李建成的不斷反擊，使李世民感到借高祖之手更換太子的希望愈來愈小，秦王集團的成員，為了在李世民取得太子地位以後自己可為功臣，都極力促使李世民進一步發動攻勢。

尉遲敬德在拒絕李建成的收買以後，馬上鼓動李世民早日動手。他說：「人情畏死，眾人以死奉王，此天授也。若天與不取，反受其咎，雖存仁愛之小情，忘社稷之大計，禍至而不恐，將亡而自安，失人臣臨難不避之節，乏先賢大義滅親之事，非所聞也。」他明確提出，對李建成應「先誅之」。如果李世民不接受他的意見，他就要「奔逃亡命，不能交手受戮」。而且還威脅說：「敬德今若逃亡，無忌亦欲同去。」長孫無忌也乘機煽動道：「王今不從敬德之言，必知敬德等非王所有。事今敗矣，其若之何？」尉遲敬德還進一步激勵李世民說：「王今處事有疑，非智；臨難不決，非勇。王縱不從敬德言，請自決計，其如家國何？其如身命何？且在外勇士八百餘人，今悉入宮，控弦被甲，事勢已就，王何得辭！」另外，「敬德又與侯君集日夜進勸」61，終於促使李世民下定決心。

房玄齡也曾和長孫無忌商議道：「今嫌隙已成，禍機將發，天下恟恟，人懷異志。變端一作，大亂必興，非直禍及府朝，正恐傾危社稷。此之際會，安可不深思也！僕有愚計，莫若遵周公之事，外寧區夏，內安宗社，申孝養之禮。」他認為這就是「為國者不顧小節」。如果「家國淪亡」，必然「身名俱滅」。長孫無忌胸有成竹地說：「久懷此謀，未敢披露，公今所說，深會宿心。」[62]長孫無忌是李世民的妻兄，李世民能做皇帝，他的妹妹就是皇后，他的態度當然是積極的，所以，他立即把房玄齡的主張轉告李世民。由此可見，房玄齡和長孫無忌都是促使李世民下定決心的核心人物。

李建成一方面用挖牆腳的辦法去爭取李世民身邊的將士，一方面也積極擴充勢力，準備應付事變。武德七年（六二四）六月，李建成「擅募長安及四方驍勇二千餘人為東宮衛士，分屯左、右長林，號長林兵（東宮有左、右長林門故名）。又密使右虞侯率可達志從燕王李藝發幽州突騎三百，置宮東諸坊，欲以補東宮長上。為人所告，上召建成責之，流可達志於嶲州」。這是司馬光經過考異，對各種有關資料「擇取其可信者書之」[63]的結果。關於此事，《實錄》所載與此略有不同，所不同的是李元吉多次勸李建成殺害李世民，由於「建成性頗仁厚，初止之；元吉數言不已，建成後亦許之。元吉因令速發，遂與建成各募壯士，多匿罪人，賞賜之，圖行不軌」。但沒有「為人所告，上召建成責之」的內容。

僅從「圖行不軌」四字看來，這完全是修撰《實錄》者投太宗所好的口氣。既然如此，所載「建成性頗仁厚」，最初他不許李元吉殺害李世民應當是可信的。這也進一步說明李建成基本上是被動防禦的一方。另外，《實錄》又為什麼不記「為人所告，上召建成責之」呢？道理不難理解。奉太宗之命修撰《實錄》者，只能對太宗歌功頌德，絕不能揭露其陰謀詭計。按照這個原則，告發李建成者必然是秦王集團的成員。所以，《實錄》不載此事，免得後人據此而看出李世民有加害於太子的意圖。

附帶還要說明一點，司馬光所記既然與《實錄》有差別，而且司馬光還明確表示他是「擇取其可信者書之」，可見司馬光並沒有把《實錄》作為撰寫《資治通鑑》的唯一依據。有人為了說明高祖曾經欲立李世民為太子不可相信，硬說司馬光輕信了貞觀年間許敬宗所修的《實錄》，所以《資治通鑑》中才出現了有關記載。這種看法缺乏有力的證據。

如上所述，李建成組織長林兵「為人所告」的事情，肯定是秦王集團所為，絕不是簡單的推理。因為這時雙方矛盾已經激化，李世民正要利用一切機會發動攻勢，這個機會當然不會放過。況且，當時還有這樣的情況，就是李元吉的「典籤裴宣儼免官，往事秦府，元吉疑事洩，鴆殺之」[64]。裴宣儼既然被李元吉免官，投靠秦王集團，當然要洩漏太子集團的機密，當作進見之禮。再者，裴宣儼為什麼被免官了，很有可能是秦王集團使用離間手段的結果，史書沒有這樣記載，是因為奉太宗之命修撰《實錄》者不能暴露李世民陷害人的陰謀。秦王集團抓住裴宣儼洩漏的機密，告發李建成，是順理成章的，這正是雙方進行激烈鬥爭的具體內容。不過，從後果看，李世民的這次進攻沒有成功，高祖只是「召建成責之，流可達志於巂州」完事。看來，鬥爭還必須繼續下去。欲借高祖之手壓倒對方的計畫不能實現的時候，以刀兵相見也就不可避免了。

（四）李建成與楊文幹造反無關

李世民再次發動攻勢，是借慶州（治所在今甘肅慶陽）都督楊文幹造反一事誣告李建成。這是想置李建成於死地的一招。按照唐律，謀反是十惡之首，「為子為臣，惟忠惟孝」。如果有叛逆之心，「而害於君父者，則必誅之」[65]。既然謀反是死罪難逃，如果這次誣告成功，李建成必然就身首異處了。

關於楊文幹造反的事，司馬光記載的最為詳細。「六月，辛丑（三日），上幸仁智宮（在今陝西宜君縣境內）避暑。壬戌（二十四日），慶州都督楊文幹反」。因為「楊文幹嘗宿衛東宮，建成與之素厚，私使募壯士送長安」。高祖去仁智宮時，李建成留守長安，李世民與李元吉隨從。「建成使元吉就圖世民，曰：『安危之計，決在今歲。』又使郎將爾朱煥、校尉橋公山以甲遺文幹。二人至豳州，上變、告太子使文幹舉兵，使表裡相應；又有寧州人杜風舉亦詣宮言狀。上怒，托他事，手詔召建成，令詣行在。建成懼，不敢赴。太子舍人徐師謩勸之據城舉兵；詹事主簿趙弘智勸之貶損車服，屏從者，詣上謝罪，建成乃詣仁智宮。未至六十里，悉留其官屬於毛鴻賓堡，以十餘騎往見上，叩頭謝罪，奮身自擲，幾至於絕。上怒不解，是夜，置之幕下，飼以麥飯。使殿中監陳福防守，遣司農卿宇文穎馳召文幹。穎至慶州，以情告之，文幹遂舉兵反。上遣左武衛將軍錢九隴與靈州都督楊師道擊之。」[66]

關於這段記載的真實性，曾經有人懷疑。李樹桐先生說：「《通鑑》內有關楊文幹反事連建成案的記載，必與事實不符。」所以，他特地撰寫了〈唐楊文幹反辭連太子建成案考略〉一文[67]，對這一問題進行了深入的研究。筆者參考了李先生的文章，再結合自己對這一問題有關資料的分析，從以下幾方面談談對這一問題的看法。

關於爾朱煥、橋公山「告太子使文幹舉兵，表裡相應」的事，司馬光並未肯定是真實的。他在《通鑑考異》中引用劉餗《小說》中的話說：「人妄告東宮。」劉餗是劉知幾之子，劉知幾修史的態度是「不掩惡，不虛美」[68]。要求如實撰寫歷史。劉餗既是「知名於時」[69]的史學家，必然繼承其父的傳統，他說，「人妄告東宮」，應當可信。

事實證明，楊文幹造反與李建成沒有關係。其一，這時，李建成的政敵是李世民，不是高祖。

李建成為了鞏固自己的太子地位，必須依靠高祖支持。李世民幾次欲借高祖之手取李建成而代之，都沒有成功，正說明高祖還是他的靠山，李建成沒有任何原因去推翻自己的靠山。其二，高祖獲悉楊文幹造反，命錢九隴與楊師道前往鎮壓，甲子（二十六日），又召秦王世民謀之，世民曰：「文幹豎子，敢為狂逆，計府僚已應擒戮；若不爾，正應遣一將討之耳。」高祖道：「不然，文幹事連建成，恐應之者眾。汝宜自行，還，立汝為太子。」[70]這些內容，顯然互相矛盾。楊文幹於二十四日造反，高祖獲悉，立即派錢九隴、楊師道出師征討。同時，為什麼又和李世民「謀之」，而不贊成李世民「遣一將討之」的建議，反而要世民「自行」呢？既然對「遣一將討之」不放心，為什麼先派錢九隴、楊師道出師慶州呢！另外，派錢九隴去鎮壓楊文幹也值得懷疑。因為錢九隴雖然最初曾隨李世民攻取東都，打敗王世充，但最後又隨李建成打敗劉黑闥，而且戰功卓著。史載：他「從隱太子討劉黑闥於魏州，力戰破賊，策勛為最。累封郇國公，仍以本官為苑遊將軍」[71]。前已談過，李建成主動請纓，去和劉黑闥作戰，目的之一就是羅致人才，擴大勢力。錢九隴隨其征戰有功，自然要設法籠絡，為其所用。如果李建成支持楊文幹造反，高祖能放心命錢九隴前往進擊嗎？以上各種矛盾，都說明司馬光「今從實錄」的一段記載背離了事實。其三，從有關此事的記載看，李世民根本不知道李建成與楊文幹造反有關，而是經高祖提醒：「文幹事連建成，恐應之者眾。」李世民才不得不率軍前往的。其實，這是「此地無銀三百兩」的伎倆，是貞觀年間許敬宗為李世民「隱惡」而修撰《實錄》的手段。如果李世民不知李建成與楊文幹造反有關，當然就不應被懷疑為「妄告東宮」者，高祖答應「立汝為太子」也就名正言順了。不過，事與願違，查文幹失敗後並沒有立李世民為太子，可見，高祖所謂「還，立汝為太子」，正是後人為迎合李世民的需要而歪曲歷史的證明。事實證明，「妄告東宮」者正是李世民集團的成員。

在兩大集團正在進行激烈鬥爭的時候，與事無關者是不會陷害太子，為李世民出力賣命的。其四，高祖最後處理此事，是「復遣建成還京師居守。惟責以兄弟不睦，歸罪於太子中允王珪，左衛率韋挺，天策兵曹參軍杜淹，並流於巂州」72。這真是虎頭蛇尾。李建成最初的罪名是造反，造反是針對高祖的。最後的罪名是「兄弟不睦」，這是指和李世民的關係而言。李建成仍然居守京師，太子的地位沒有動搖，可見，李建成與楊文幹造反無關。「兄弟不睦」，李世民顯然也有責任。這是高祖的最後發現，因為「決神機而速若疾雷，驅豪傑而從如偃草」73的高祖，對於太子造反之類的大事，是不會輕信「妄告」的。

總而言之，李建成支持楊文幹造反一事是李世民的「妄告」。這一次李世民對李建成發動的攻勢又失敗了。

玄武門之變

玄武門之變，是太子集團和秦王集團經過長期明爭暗鬥，雙方又都想通過高祖的作用壓倒對方而不能如願以償的時候，必然爆發的武力衝突。李世民蓄謀已久，在其周圍已經麇集了一群運籌帷幄、能征善戰的文臣武將。這些人，無不想通過李世民登上皇帝的寶座而飛黃騰達。所以，在他們的煽動下，李世民正如欲渡河而船來，果斷地發動了軍事政變，奪得了太子地位，進而又做上皇帝。

（一）長孫無忌等人的極力煽動

雙方武力衝突的導火線，是武德九年六月初李建成夜召李世民飲酒。因酒中有毒，李世民心痛而歸。高祖一面批評李建成不應該於夜間召世民飲酒，一面又對李世民說：「吾欲立汝為嗣，汝固辭，且建成年長，為嗣日久，吾不忍奪也。」接著，又提出處理辦法說：「觀汝兄弟似不相容，同處京邑，必有紛競，當遣汝還行台，居洛陽，自陝以東皆主之。仍命汝建天子旌旗，如漢梁孝王故事。」這種辦法，不僅夢寐以求太子地位的李世民不願接受，就是李建成、李元吉也極為不滿。因為在他們看來，「秦王若至洛陽，有土地甲兵，不可復制，不如留之長安，則一匹夫耳，取之易矣」。所以，他們極力勸說高祖，阻止李世民東去洛陽。李世民不願離開長安，建成、元吉阻止其離開長安，不言而喻，高祖緩和矛盾的措施無濟於事。從另一方面說，兩大集團之間的關係已如箭在弦上，一觸即發了。

在這種情況下，房玄齡與杜如晦「共勸世民誅建成、元吉」。長孫無忌、高士廉、侯君集、尉遲敬德等，也「日夜勸世民誅建成、元吉」。面對周圍人的激勵和鼓動，李世民還是非常慎重。他「問於靈州大都督李靖，靖辭；問於行軍總管李世勣，世勣辭；世民由是重二人」[74]。這就是說，在緊要關頭，李世民問計於李靖、李世勣，他們二人都表示不願參與其事。但另有史籍記載與此相反，當雙方矛盾非常尖銳的時候，李靖、李世勣也鼓動李世民道：「大王以功高被疑，靖等請申犬馬之力。」[75]

怎樣看待這兩種截然不同的記載呢？從事實看，前一種記載可信。因為李靖、李世勣都是身經百戰的將軍，但在玄武門之變中他們並沒有像尉遲敬德、侯君集那樣，親自上陣廝殺。可見他們所謂的「請申犬馬之力」不符合事實；很可能是修撰《實錄》者的虛構，企圖以此來表示李世民得到了更多的人，特別是舉足輕重者的支持。李靖在統一長江中下游及江南一帶戰功卓著，李世勣隨李世民多次征戰，戰績輝煌。他們又都在後來對突厥的作戰中取得決定性勝利。所以，在唐初歷史上他們都是頗有影響的人物。如果取得這些人的支持，李世民就具有更為廣泛的代表性了。司馬光在編撰《資治通鑑》時，經過考異，否定了李靖、李世勣對李世民的支持，看來是正確的。再者，從《新唐書》的〈袁朗傳〉中所列的秦王集團的成員中也沒有李靖和李世勣。

正因為李靖、李世勣不像尉遲敬德、房玄齡那樣，死心塌地追隨李世民。所以，李世民對他們也始終不放心。貞觀八年（六三四），李靖要求退休，太宗立即批准，並且讚揚他說：「朕觀自古以來，身居富貴，能知止足者甚少。不問愚智，莫能自知，才雖不堪，強欲居職，縱有疾病，猶自勉強。公能識達大體，深足可嘉，朕今非直成公雅志，欲以公為一代楷模。」[76]這種鼓勵退休的口氣，充分反映了李世民擔心李靖權大位尊以後會形成尾大不掉。這和房玄齡正形成鮮明的對照：「玄齡自以居端揆十五年，女為韓王妃，男遺愛尚高陽公主，實顯貴之極，頻表辭位，優詔不許。」[77]李世民對李靖和房玄齡的不同態度，正說明李靖沒有真正取得李世民的信任。再說李世勣，貞觀二十三年（六四九）四月，太宗臨終前，對太子李治說：「李世勣才智有餘，然汝與之無恩，恐不能懷服。我今黜之，若其即行，俟我死，汝於後用為僕射，親任之；若徘徊顧望，當殺之耳。」[78]這更有力地說明，李世民對李世勣也是不放心的。如果說這都是由於李靖、李世勣在玄武門之變中沒有堅定支持李世民的結果，確是合情合理的。

李世民和李靖、李世勣接觸以後，知道了他們的態度，心中有數了。他們既然不願參與蕭牆之爭，當然不會去幫助李建成。因為，李靖在高祖攻破長安時幾乎被殺，李世民曾為他求過情；

李世勣多次隨李世民征戰，也有相當情誼。所以，他們絕不可能不為李世民出力而倒向李建成一邊。此事本身，儘管李世民沒有爭取到李靖、李世勣的支持，但他掌握了各種人的動態，了解到更多的情況，為他要採取的行動增加了更多把握。

（二）李世民下定決心，組織力量

在李世民即將發動事變的時候，又徵求幕僚張公謹的意見，張公謹「對甚合旨，漸見親遇」，也就是張公謹和李世民的意見頗為一致。但在開始行動前，李世民又「遣卜者灼龜占之，公謹自外來見，遽投於地而進曰：『凡卜筮者，將以決嫌疑、定猶豫，今既事在不疑，何卜之有？縱卜之不吉，勢不可已。願大王思之。』太宗深然其言」[79]。張公謹認為，占卜是為了問吉凶，事實已到了不管吉凶必須行動的時候了，即便是卜之不吉，也不能罷休。勿庸置疑，這是促使李世民立即下定決心。李世民完全同意這種看法，果斷地開始組織力量。

李世民的親信智囊房玄齡、杜如晦被逐出秦王府後，他身邊的得力幹將是長孫無忌、尉遲敬德、侯君集。李世民首先命長孫無忌去召房玄齡、杜如晦。房玄齡的回答是「有敕不許更事王，今若私謁，必至誅滅，不敢奉命」。李世民對此怒不可遏，遂取所佩刀授敬德道：「公且往，觀其無來心，可並斬其首持來也。」房玄齡、杜如晦看到李世民已經破釜沉舟，當然不敢怠慢。尉遲敬德又對長孫無忌說：「王已決計剋日平賊，公宜即入籌之。我等四人不宜群行在道。」[80]於是，房玄齡、杜如晦穿道士服，隨長孫無忌暗入秦王府，尉遲敬德從另一條道至秦王府。這些人都是秦王集團的核心成員。

李世民不僅組織了執行任務的骨幹力量，還從其他方面進行了準備。洛陽與長安，長期以來就是互為依存的，所以，李世民「以洛陽形勝之地，恐一朝有變，欲得保之，乃以行台工部尚書溫大雅鎮洛陽，遣秦府車騎將軍滎陽張亮將左右王保等千餘人之洛陽，陰結納山東豪傑以俟變，多出金帛，恣其所用」81。另外，李世民還專派常何任屯守玄武門之職。常何，是「勇邁三軍」的將軍，曾隨李世民進討東都，又隨李建成打敗劉黑闥，還與李世勣共同進攻過徐圓朗。戰爭結束後，他留鎮洧州（今河南扶溝，鄢陵）。武德六年（六二三），「奉敕應接趙郡王於蔣州（治所在今江蘇南京清涼山）」。武德七年（六二四），「奉太宗令追入京，賜金刀子一枚，黃金卅挺，令於北門（玄武門）領健兒長上……（武德）九年六月四日，令總北門之寄」82。在唐人心目中，京官比地方官可貴得多。李世民把常何從外地調入京師，常何當然是感激的。常何奉命屯守玄武門，無疑是李世民的有意安排。雙方鬥爭陷入劍拔弩張的狀態了。

（三）粉碎太子集團，迫使高祖讓位

一切準備妥當，李世民於武德九年（六二六）六月四日，率長孫無忌、尉遲敬德、侯君集、張公謹、劉師立、公孫武達、獨孤彥雲、杜君綽、鄭仁泰、李孟嘗等人，埋伏於玄武門內，準備乘建成、元吉早朝的機會殺害他們。在這些上陣賣命者臨行之時，李世民的妻子長孫氏還「親慰勉之，左右莫不感激」83。由此可見，李世民動員了所有可以發揮作用的力量，準備非常充分。

建成與元吉至臨湖殿（玄武門內側）時，發覺可疑情況，立即掉轉馬頭，欲東歸宮府。不料李世民等伏兵四起，李世民射殺建成、尉遲敬德射殺元吉。建成、元吉部下聞訊趕來，雙方展開了激戰。

雙方正進行激戰時，高祖正「泛舟於海池」，李世民命尉遲敬德「侍衛高祖，敬德擐甲持矛，直至高祖所。高祖大驚，問曰：『今日作亂是誰？卿來此何也？』對曰：『秦王以太子、齊王作亂，舉兵誅之，恐陛下驚動，遣臣來宿衛。』高祖意乃安」。不難看出，這是李世民強硬控制高祖的手段，然後可以借高祖之口發號施令。事變完全按照李世民的安排發展，「敬德奏請降手敕，令諸軍兵並受秦王處分，於是內外遂定」[84]。李世民通過高祖取得了「諸軍並受秦王處分」的權力，標誌著他已取得了玄武門之變的全面勝利。

玄武門戰鬥結束了，但李建成的餘部仍然據守東宮，打算與秦王集團決戰。秦王派曾為太子左庶子、太子詹事，當時兼檢校侍中的裴矩出面說服他們，李建成餘部才最後散去。這一場兄弟之間的廝殺，不僅李建成、李元吉身首異處，他們的後代也慘遭殺戮，除建成長子承宗早死外，次子安陸王承道、河東王承德、武安王承訓、汝南王承明、鉅鹿王承義，還有元吉五子：梁郡王承業、漁陽王承鸞、普安王承獎、江夏王承裕、義陽王承度，全部被殺，而且還「詔絕建成、元吉屬籍」[85]。這種根絕建成、元吉後代的殘酷無情手段，肯定違背高祖的心願。但高祖無力制止這種皇族內部的自相慘殺，可見高祖的地位也岌岌可危了。清人趙翼說：「謀反者族誅，秦、漢、六朝以來，皆用此法。太宗為秦王時，殺建成、元吉，不過兄弟間互相屠害，其時太宗尚未為帝，不可以反論也。乃建成子安陸王承道……元吉子梁郡王承業……俱坐誅，除其屬籍。是時高祖尚在帝位，而坐視其孫之以反律伏誅，而不能一救，高祖亦危極矣。」[86]

建成、元吉被殺後，秦王府諸將還要盡誅建成、元吉左右百餘人，而且「籍沒其家」，由於尉遲敬德建議：「罪在二凶，既伏其誅；若及支黨，非所以求安也！」這樣一來，才停止大肆屠殺。「是日，下詔赦天下。凶逆之罪，止於建成、元吉，自餘黨與，一無所問。其僧、尼、道士、女冠並宜依舊。國家庶事，皆取秦王處分。」[87]高祖下詔「赦天下」，是尉遲敬德建議的結果。這說明高祖的言行已經不能自作主張了。否則他為什麼不下詔制止其孫被殺呢！四月才下詔「命有司沙汰天下僧、尼、道士、女冠，其精勤練行者，遷居大寺觀，給其衣食，毋令闕乏。庸猥粗穢者，悉令罷道，勒還鄉里。京師留寺三所，觀二所，諸州各留一所，餘皆罷之」[88]。這時又下詔「其僧、尼、道士、女冠並宜依舊」。顯然是針鋒相對，後者否定前者。這絕不是高祖自己的主張。至於「國家庶事，皆取秦王處分」，更是迫使高祖交出權力。高祖這樣處於他人擺布的地位，還有什麼權威呢！

六月七日，李世民被立為太子。同時，高祖下詔曰：「自今軍國庶事，無大小悉委太子處決，然後聞奏。」[89]既然事無大小皆由太子處理，高祖自然就是有名無實的皇帝了。

六月十二日，以宇文士及為太子詹事，長孫無忌、杜如晦為左庶子，高士廉、房玄齡為右庶子，尉遲敬德為左衛率，程知節為右衛率，虞世南為中舍人，褚亮為舍人，姚思廉為洗馬。這些人，都是秦王集團的成員，現在正式任命他們為東宮的官員，也就是使他們名正言順地成為李世民的幫手。

七月六日，以高士廉為侍中，房玄齡為中書令，蕭瑀為左僕射，長孫無忌為吏部尚書，杜如晦為兵部尚書。七日，又以宇文士及為中書令，封德彝為右僕射；又以前天策府兵曹參軍杜淹為御史大夫，中書舍人顏師古、劉林甫為中書侍郎。左衛副率侯君集為左衛將軍，左虞侯段志玄為驍衛將軍，副護軍薛萬徹為右領軍將軍，右內副率張公謹為右武侯將軍，右監門率長孫安業（長孫無忌兄）為右監門將軍，右內副率李容師（李靖弟）為領左右軍將軍[90]。很明顯，這是李世民得寸進尺，進而組成了以秦王集團為核心的新政府。這個政府中，包括秦王集團的主要成員，也有爭取過來的王珪、魏徵（均為諫議大夫）、薛萬徹等原李建成集團的成員。

李建成集團徹底覆滅了，李世民集團全面掌握了國家權力。高祖成了名副其實的孤家寡人。既然失去了皇帝的實際權力和地位，讓位也就成為別無選擇的唯一途徑了。

八月八日，高祖傳位於太子。九日，李世民即位於顯德殿，他就是唐太宗。

（四）高祖在玄武門之變中的態度

玄武門之變是李建成、李世民爭奪太子地位的鬥爭。在這場鬥爭中，高祖的態度是值得注意的。從隋朝的太原留守到唐朝的開國皇帝，高祖偏愛李世民的事例已如前述。他做了皇帝以後，雖然曾經有過立李世民為太子的打算，但在立李建成為太子以後，他就不再輕易動搖了。在統一戰爭中，李世民屢立戰功，又多方面的羅致人才，極力發展自己的勢力，企圖通過高祖的作用，對李建成取而代之。當然，李建成也不會坐以待斃，也千方百計地從各方面鞏固自己的地位。由於他們兩方面都要對高祖施加影響，所以，高祖的態度有所反覆，也不奇怪。不過，當他發現問題的關鍵是「兄弟不睦」時，他就不能不以父子之情希望兄弟和睦。所以，他不是支持一方，打擊一方，而是極力緩和矛盾。

武德七年六月，秦王集團妄告李建成支持楊文幹造反，高祖把大事化小，按「兄弟不睦」進行處理。七月，李建成、李世民、李元吉隨高祖校獵於城南。高祖命三個兒子比賽馳射，建成為了陷害世民，故意將自己喜蹶的胡馬給世民騎。世民乘此馬逐鹿，當馬蹶時，世民躍立於數步之外，馬再起時，世民又復乘之。這樣反覆三次，遂對宇文士及說：「彼欲以此見殺，死生有命，庸何傷乎！」建成把這些話經過曲解，通過高祖妃嬪轉告高祖道：「秦王自言，我有天命，方為天下主，豈有浪死！」高祖怒不可遏，先召建成、元吉，然後召世民，當面責之曰：「天子自有天命，非智力可求，汝求之一何急邪！」[91]按語氣，這是指責李世民，但實際上也是大事化小。因為李世民如果真的要為天子，當然也是謀反，罪不容誅，但高祖只是批評了事。可見，這也是緩和矛盾的措施。

武德九年（六二六）六月，兩大集團的矛盾已經發展到了一觸即發之際，但高祖並沒有意識到問題這麼嚴重，所以還想通過使世民東居洛陽的辦法緩和二者的衝突。不料，兩大集團都不能接受這種辦法。李世民立即發動玄武門之變，正說明他擔心離開京師，失去奪取太子地位的機會。同時，也說明高祖緩和矛盾的辦法徹底失敗了。

正當高祖為緩和矛盾而努力的時候，玄武門之變突然爆發，這對高祖來說，當然是突如其來的襲擊，他不能不感到吃驚。所以，當尉遲敬德挾迫他下詔制止玄武門的激戰時，他立即徵求身邊的裴寂等人的意見。蕭瑀、陳叔達答曰：「建成，元吉不預義謀，又無功於天下，疾秦王功高望重，共為奸謀。今秦王已討而誅之，秦王功蓋宇宙，率土歸心，陛下若處以元良（太子），委之國事，無復事矣！」[92]為什麼這些李世民的支持者都在高祖身邊呢？值得注意。

李世民認為裴寂有「佐命之功」[93]，視蕭瑀為「真社稷臣也」，並賜蕭瑀詩曰：「疾風知勁草，板蕩識誠臣。」[94]陳叔達與李世民的關係不一般，「建成、元吉嫉害太宗，陰行譖毀，高祖惑其言，將有貶責，叔達固諫乃止」。因此，後來李世民很感激地說：「武德時，危難潛構，知公有讜言，今之此拜，有以相答。」[95]所謂「此拜」，就是拜陳叔達為禮部尚書。這些情況，無不說明在玄武門之變爆發時，在高祖周圍布滿了秦王集團的成員。如果說這是李世民在事先的有意安排，應是無可非議的。

總之，高祖欲緩和雙方矛盾的時候，李世民已感到借高祖之手更換太子的陰謀已經破產。於是，他採取果斷措施，周密部署，安排常何屯守玄武門，繼又埋伏其直接上陣的將士，還在高祖周圍安排了親信，促使高祖在不得已的時候，順水推舟，把既成事實合法化。這一點，王夫之倒是看得非常清楚，他說：「太原之起，雖由秦王，而建成分將以響長安，功雖不逮，固協謀而戮力與偕矣。同事而年抑長，且建成亦錚錚自立，非若隋太子勇之失德章聞也，高祖又惡得而廢之？故高祖之處此難矣，非直難也，誠無以處之，智者不能為之辯，勇者不能為之決也。君子且無以處此，而奚翅高祖？」他還更明確地說：「建成以長，世民以功，兩俱有可立之道。」[96]這就是說，在建成、世民矛盾激化的過程中，高祖只能是緩和矛盾，不能更換太子。李世民正是認準了這一點，所以，他放棄了借高祖之手更換太子的途徑，採取了暴力手段，迫使高祖不得不立他為太子。李世民的最後勝利，是隨著形勢的變化不斷改變鬥爭策略的結果。

（五）高祖在廢立太子問題上的經驗和教訓

李世民奪嫡的勝利，使其聰明才智得到充分發揮。他繼承發展了高祖的事業，把唐代的政治、經濟、文化推向了更高的階段，從而形成了「貞觀之治」，為後來歷代統治者視為楷模。除了這些人所共知的以外，在處理宮廷內部的問題上，他認真總結了高祖在廢立太子問題上的經驗，從中吸取了教訓，妥善地處理了貞觀年間（六二七—六四九）的廢立太子問題，避免了玄武門之變的重演。

武德九年（六二六）八月，太宗即位，十月，就立中山王承乾為太子。太子就是候補皇帝，皇子們當然無不嚮往。因此，爭奪太子地位的問題，絕不是武德年間（六一八—六二六）所僅有。太宗即位後，很快也碰到了這個問題。最明顯的是太宗特別寵愛魏王泰，從而刺激了魏王泰奪嫡的私欲。

由於魏王泰好士愛文學，太宗「特令就府別置文學館，任自招引學士。又以泰腰腹洪大，趨拜稍難，復令乘小輿至於朝所。其寵異如此」97。允許其「就府別置文學館，任自招引學士」，這和當年李世民於宮西設文學館，置十八學士如出一轍，都是為了羅致人才，結幫組派。對其行動的特別優待，當然說明太宗的偏愛，承乾患足疾，行動艱難，為什麼未見有所照顧呢！另外，貞觀十年（六三六）十二月，太宗風聞三品以上官員多輕視魏王，致使他大發雷霆。可見，魏王泰的受寵，確實非同一般。

由於魏王泰特別受寵，「承乾恐有廢立，甚忌之，泰亦負其材能，潛懷奪嫡之計。於是各樹朋黨，遂成釁隙」98。這樣一來，一方面是魏王泰為首的駙馬都尉柴令武、房遺愛、黃門侍郎韋挺，工部尚書杜楚客等奪嫡集團；另一方面是以太子承乾為首的漢王元昌、兵部尚書侯君集、左屯衛中郎將李安儼，洋州刺史趙節、駙馬都尉杜荷等反奪嫡集團。兩個集團針鋒相對的鬥爭，和武德末年的形勢基本類似。所不同者，是太宗總結了高祖的經驗，吸取了教訓，採取了果斷的措施，避免了一場兄弟之間的互相慘殺。

李承乾曾暗中使人偽稱魏王府的典籤，向太宗反映李泰的所謂罪狀，企圖陷害李泰，也曾利用刺客欲刺殺李泰，都沒有成功。後來，李承乾因謀反罪被廢，實際上還是因為太子地位的問題。當李承乾被廢，太宗當面斥責他時，他申辯道：「臣貴為太子，更何所求？但為泰所圖，特與朝臣謀自安之道。不逞之人，遂教臣為不軌之事。今若以泰為太子，所謂落其度內。」這種肺腑之言，不能不使太宗有所感動，故而他承認承乾的態度是對的。太宗對侍臣言道：「承乾言亦是。我若立泰，便是儲君之位可經求而得耳。泰立，承乾、晉王（李治）皆不存；晉王立，泰共承乾可無恙也。」由於太宗認識到問題的實質是兄弟二人為爭奪太子地位的問題，所以，他乾脆拋開兩個直接衝突者，另立晉王李治為太子。

太宗為了公開說明他處理這個問題的道理，還特意下詔曰：魏王泰，「朕之愛子，實所鍾心。幼而聰令，頗好文學，恩遇極於崇重，爵位逾於寵章。不思聖哲之誡，自構驕僭之咎，或讒諛之言，信離間之說。以承乾雖居長嫡，久纏痾恙，潛有代宗之望，靡思孝義之則。承乾懼其凌奪，泰亦日增猜阻，爭結朝士，競引凶人。遂使文武之官，各有托附；親戚之內，分為朋黨。朕志存公道，義在無偏，彰厥巨釁，兩從廢黜。非惟作則四海，亦乃貽範百代。」[99]在這個詔書中，太宗承認自己偏愛魏王泰，致使其產生奪嫡之意，承乾「懼其凌奪」，故而雙方「爭結朝士」，形成兩大集團。這和褚遂良的看法完全一致。褚遂良說：「陛下昔立承乾為太子，而復寵愛魏王，禮數或有踰於承乾者，良由嫡庶不分，所以至此。殷鑑不遠，足為龜鏡。」[100]既然褚遂良認為爭奪太子地位的問題是由太宗偏愛魏王所致，所以，他建議太宗不要重蹈前人的覆轍。所謂「殷鑑不遠，足為龜鏡」，其中必然包括玄武門兵變的教訓。這一點，太宗自然十分清楚。正因為如此。他對侍臣們說：「自今太子不道，藩王窺嗣者，兩棄之。傳之子孫，以為永制。」[101]

高祖偏愛李世民，給其提供了發展勢力的機會，故而使其有了奪嫡的力量，最後以武力奪取了太子的地位。太宗又偏愛魏王泰，促使其產生了奪嫡的野心，但太宗據自己的親身經歷，又吸取了高祖處理問題的教訓，制止了武力衝突的發生。勿庸置疑，這是高祖在玄武門之變中的態度對後人有所借鑑的結果。

景雲元年（七一〇），韋后和安樂公主合謀，毒死中宗，另立殤帝，引起宮廷內部的混亂。這時，身為平王的李隆基，又發動政變，誅韋后與安樂公主，迫使殤帝讓位於睿宗。睿宗即位後，在立太子的問題上又十分為難。因為他的長子宋王成器按傳統習慣應為太子，但其第三子李隆基卻因有誅韋后，擁戴自己為帝的功勞，所以，他「疑不能決」。面對這個難題，宋王成器堅決辭讓道：「國家安則先嫡長，國家危則先有功，苟違其宜，四海失望。臣死不敢居平王之上。」同時，「涕泣固請者累日」102。睿宗順水推舟，遂立李隆基為太子。

睿宗優柔寡斷，缺乏政治才幹，他是靠李隆基又一次登上皇帝寶座的。因此，他不能不受李隆基的擺布。但李成器為什麼堅持不為太子，甚至「涕泣固請者累日」呢？簡單說，就是向李隆基表示，他絕無意爭奪太子的地位，以免落得李建成或李承乾的下場。玄武門之變距李隆基為太子是八十三年，李承乾被廢距李隆基為太子是六十七年。這兩次爭奪太子地位的衝突，李成器、李隆基都不會忘記。李成器為了不再重蹈李建成的覆轍，力求自己的安全，所以，盡量使李隆基放心。從李隆基對其不放心的事實中，正可看出李成器的讓步策略是非常有效的。

當睿宗之妹太平公主與太子李隆基發生矛盾時，有人擔心太平公主利用李成器對李隆基有所威脅，於是，姚崇、宋璟等請出李成器為刺史，「以絕謀者之心，由是成器以司徒兼蒲州刺史」103。李隆基即位後，「為長枕大被，與兄弟同寢，諸王每旦朝於側門，退則相從宴飯，鬥雞，擊球，或獵於近郊，遊賞別墅，中使存問相望於道。上聽朝罷，多從諸王遊，在禁中，拜跪如家人禮，飲食起居，相於同之。……成器善笛，范善琵琶，與上更奏之」。李隆基與李成器等兄弟共同吃喝玩樂，既是對兄弟的監視，也是使其意志消沉，打消其政治欲望的手段。這種對李成器不放心的態度，正說明李成器謹慎小心是非常必要的。

李成器看透了李隆基的心態，所以，他「尤恭慎，未嘗議及時政，與人交結；上愈倍重之，故讒間之言無自而入。然專以聲色畜養娛樂之，不任以職事」104。事實證明，一方面是得寸進尺，軟硬兼施，迫使其兄就範；一方面是卑躬屈膝，步步退讓，保全自己。這樣，才使兄弟之間相安無事，避免了玄武門之變的再演。由此看來，如果說睿宗總結了玄武門之變的經驗和教訓，採取了順應時勢的措施，立李隆基為太子；那麼，李成器就是為了不走李建成的老路，盡力妥協讓步，減少了一次宮廷事變。

更能說明問題的是肅宗為平定安史之亂任命天下兵馬元帥的問題。

至德元年（七五六）九月，為了平定安史之亂，肅宗欲以其第三子建寧王倓為天下兵馬元帥。本來，「建寧王倓，性英果，有才略，從上（肅宗）自馬嵬北行，兵眾寡弱，屢逢寇盜；倓自選驍勇，居上前後，血戰以衛上。上或過時未食，倓悲泣不自勝，軍中皆屬目向之」。是合適的人選。但李泌卻持不同意見說：「建寧誠元帥才；然廣平（肅宗長子李俶，即代宗），兄也。若建寧功成，豈可使廣平為吳太伯乎！」肅宗道：「廣平，冢嗣也，何必以元帥為重！」李泌又進一步申述理由道：「廣平未正位東宮。今天下艱難，眾心所屬，在於元帥。若建寧大功既成，陛下雖欲不以為儲副，同立功者豈肯已乎！太宗、上皇（玄宗李隆基），即其事也。」於是，肅宗「乃以廣平王俶為天下兵馬元帥，諸將皆以屬焉」[105]。在肅宗碰到與立太子有關的問題時，李泌一針見血地指出，要他吸取太宗、玄宗奪嫡的教訓，而且更深入地分析道，即便是奪嫡者自己不願取兄而代之，但其周圍的人為了自己飛黃騰達也是絕不甘心的。事實正是如此，尉遲敬德、長孫無忌等人極力煽動李世民；劉幽求、姚崇、宋璟等人全力支持李隆基，都屬於這種情況。這時，距離玄武門之變已經一百二十九年，由此可見，高祖在廢立太子問題上的經驗和教訓，其影響是非常深遠的。肅宗注意了這方面的經驗和教訓，又一次避免了兄弟之間的互相殘殺。

註釋

1《新唐書》卷七九，〈隱太子建成傳〉。
2《新唐書》卷七九，〈巢剌王元吉傳〉。
3《大唐創業起居注》，第一二頁。
4《資治通鑑》卷一九〇，武德五年十一月。
5《隋書》卷二，〈高祖紀下・史臣曰〉。
6《唐鑑》卷一。
7《資治通鑑》卷一八九，武德四年九月—十月。
8《舊唐書》卷六四，〈隱太子建成傳〉。
9《資治通鑑》卷一八八，武德三年七月。
10《資治通鑑》卷一八八，武德三年四月。
11《資治通鑑》卷一八九，武德四年正月。
12《資治通鑑》卷一八九，武德四年三月。
13《資治通鑑》卷一八九，武德四年四月。
14《資治通鑑》卷一八九，武德四年七月。
15《舊唐書》卷六四，〈論〉。
16《新唐書》卷七九，〈隱太子建成傳〉。
17《資治通鑑》卷一九一，武德九年六月。
18《大唐創業起居注》，第一二頁。
19《舊唐書》卷一，〈高祖紀〉。
20《資治通鑑》卷一八五，武德元年正月。
21《舊唐書》卷五五，〈劉黑闥傳〉。
22《新唐書》卷七九，〈隱太子建成傳〉。
23《唐會要》卷四，〈儲君〉。
24《新唐書》卷九九，〈李綱傳〉。
25《資治通鑑》卷一九〇，武德五年十一月。
26《唐會要》卷六四，〈文學館〉。
27《舊唐書》卷六六，〈杜如晦傳〉。
28《舊唐書》卷七二，〈虞世南傳〉。
29《舊唐書》卷七二，〈褚亮傳〉。
30《舊唐書》卷七三，〈孔穎達傳〉。
31《舊唐書》卷七三，〈薛收傳〉。
32《舊唐書》卷七八，〈于志寧傳〉。
33《貞觀政要》卷二，〈任賢〉。
34《新唐書》卷一九八，〈儒學傳序〉。
35《舊唐書》卷一八九，〈儒學傳序〉。
36《新唐書》卷一九八，〈儒學傳序〉。
37《舊唐書》卷五五，〈劉黑闥傳〉。
38《舊唐書》卷六四，〈隱太子建成傳〉。

39《舊唐書》卷六〇，〈廬江王瑗傳〉。
40《舊唐書》卷五六，〈羅藝傳〉。
41《資治通鑑》卷一九一，武德九年七月。
42《新唐書》卷二〇一，〈袁朗傳〉。
43《舊唐書》卷六四，〈巢王元吉傳〉。
44《新唐書》卷七九，〈隱太子建成傳〉。
45《舊唐書》卷六四，〈隱太子建成傳〉。
46《資治通鑑》卷一九〇，武德五年十一月。
47《舊唐書》卷五一，〈文德皇后長孫氏傳〉。
48《資治通鑑》卷一九〇，武德五年十一月。
49《資治通鑑》卷一七四，貞觀九年十一月。
50《舊唐書》卷六三，〈蕭瑀傳〉。
51《貞觀政要》卷五，〈忠義〉。
52〈貞觀政要序〉。
53《舊唐書》卷六三，〈封倫傳〉。
54《新唐書》卷一〇〇，〈封倫傳〉。
55《舊唐書》卷六三，〈史臣曰〉。
56《新唐書》卷七九，〈巢刺王元吉傳〉。
57《舊唐書》卷七一，〈魏徵傳〉。
58《舊唐書》卷六八，〈段志玄傳〉。
59《舊唐書》卷六八，〈程知節傳〉。
60《舊唐書》卷六六，〈房玄齡傳〉。
61《舊唐書》卷六八，〈尉遲敬德傳〉。
62《舊唐書》卷六六，〈房玄齡傳〉。
63《資治通鑑》卷一九一，武德七年六月。
64《新唐書》卷七九，〈巢刺王元吉傳〉。
65《唐律疏議》，中華書局一九八三年版，第六-七頁。
66《資治通鑑》卷一九一，武德七年六月。
67見《唐史考辨》。
68《史通》卷一八，〈雜說下〉。
69《舊唐書》卷一〇二，〈劉子玄傳〉。
70《資治通鑑》卷一九一，武德七年六月。
71《舊唐書》卷五七，〈錢九隴傳〉。
72《資治通鑑》卷一九一，武德七年六月。
73《舊唐書》卷一，〈高祖紀・史臣曰〉。
74《資治通鑑》卷一九一，武德九年六月。
75《舊唐書》卷六四，〈隱太子建成傳〉。
76《舊唐書》卷六七，〈李靖傳〉。
77《舊唐書》卷六六，〈房玄齡傳〉。
78《資治通鑑》卷一九九，貞觀二十三年四月。
79《舊唐書》卷六八，〈張公謹傳〉。
80《舊唐書》卷六八，〈尉遲敬德傳〉。

81《資治通鑑》卷一九一，武德九年六月。
82《常何碑》。轉引自胡如雷：《李世民傳》，中華書局一九八四年版，第七五頁。
83《舊唐書》卷五一，〈文德皇后長孫氏傳〉。
84《舊唐書》卷六八，〈尉遲敬德傳〉。
85《舊唐書》卷六四，〈巢王元吉傳〉。
86《廿二史劄論》卷一九，〈建成、元吉之子被誅〉。
87《資治通鑑》卷一九一，武德九年六月。
88《資治通鑑》卷一九一，武德九年四月。
89《資治通鑑》卷一九一，武德九年六月。
90《資治通鑑》卷一九一，武德九年六至七月。
91《資治通鑑》卷一九一，武德七年七月。
92《資治通鑑》卷一九一，武德九年六月。
93《舊唐書》卷五七，〈裴寂傳〉。
94《舊唐書》卷六三，〈蕭瑀傳〉。
95《舊唐書》卷六一，〈陳叔達傳〉。
96《讀通鑑論》卷二〇，〈唐高祖〉。
97《舊唐書》卷七六，〈濮王泰傳〉。
98《舊唐書》卷七六，〈恆山王承乾傳〉。
99《舊唐書》卷七六，〈濮王泰傳〉。
100《舊唐書》卷八〇，〈褚遂良傳〉。
101《舊唐書》卷七六，〈濮王泰傳〉。
102《資治通鑑》卷二〇九，景雲元年六月。
103《資治通鑑》卷二一一，開元二年五月。
104《資治通鑑》卷二一一，開元二年五月。
105《資治通鑑》卷二一八，至德元年九月。

第十八章　太上皇的歲月

武德九年（六二六）八月，高祖被迫讓位，退居太上皇的地位，到貞觀九年（六三五）五月去世，共做了九年的太上皇。高祖的太上皇生活是很不愉快的，也是淒涼的。

地位一落千丈

高祖做了太上皇，不僅喪失了皇帝擁有的一切權力，而且在生活上也失去了至高無上的享受，被迫遷出太極宮，門前冷冷落落，自己也不能自由出入，同時，還屢遭指責，無可奈何。昔日威風，掃地以盡，地位一落千丈了。

（一）初遭責難

自從秦始皇追尊其父莊襄王為太上皇之後，太上皇的稱號就被沿用下來。秦始皇自稱皇帝，前所未有，追尊其父為太上皇，自然是尊崇的意思。所以，後人解釋這一問題說：「蓋太上者，無上也。皇者德大於帝，欲尊其父，故號曰太上皇也。」[1]這就是說，太上皇是高於皇帝的。

劉邦做了皇帝以後，對其父仍然以家人父子禮相待。有人勸其父道：「天亡二日，土亡二王。

皇帝雖子，人主也；太公雖父，人臣也。奈何令人主拜人臣！如此，則威重不行。」其父感到問題嚴重，在劉邦再來朝拜時，遂跪拜相迎。劉邦大為吃驚，於是下詔說：「人之至親，莫親於父子，故父有天下傳歸於子，子有天下尊歸於父，此人道之極也。」他認為其父也應有個尊號，故而「尊太公曰太上皇」。顏師古注釋這一問題時說：「太上，極尊之稱也。皇，君也。天子之父，故號曰皇。不預治國，故不言帝也。」[2]這就是說，太上皇是皇帝之父，是最崇高的稱號，因其不親自治理國家，故稱皇而不稱帝。

莊襄王是在死後被尊為太上皇的，沒有實際意義。劉邦之父是出乎所料，拾到了天上掉下來的餡餅而為太上皇的，他有得無失，自然感到尊貴之極，榮耀萬分。這和後來的唐高祖為太上皇都不可同日而語。

唐高祖是被人剝奪了皇帝的一切權力，取消了獨一無二的享受，又在聽人擺布中而為太上皇的。他有失無得，在他沒有思想準備的情況下，於突發事件中急轉直下地改變了自己的地位，成為有名無實的偶像。

由於李世民沒有能夠通過高祖廢李建成的途徑取得太子地位，所以他對高祖頗為不滿。他剛剛做了皇帝，就肆無忌憚地對高祖的一些政治舉措大加批評，並且進行改變。例如，高祖為了「強宗室以鎮天下，故皇再從、三從弟（同曾祖為再從兄弟，同高祖為三從兄弟）及兄弟之子，雖童孺皆為王，王者數十人」。李世民於武德九年（六二六）八月做了皇帝，十月就尖銳地向群臣提出：「遍封宗子，於天下利乎？」在他的傾向性非常明顯的時候，封德彝答曰：「前世唯皇子及兄弟乃為王，自餘非有大功，無為王者。上皇敦睦九族，大封宗室，自兩漢以來未有如今之多者。爵命既崇，多給力役，恐非示天下以至公也！」這話自然符合李世民的本意，所以，他立即表示：

「然。朕為天子，所以養百姓也，豈可勞百姓以養己之宗族乎！」於是，他立即「降宗室郡王皆為縣公，惟有功者數人不降」[3]。不難看出，李世民直接指責高祖是：「勞百姓以養己之宗族。」

又如，貞觀元年（六二七）正月三日，李世民宴群臣時，開始「奏《秦王破陣樂》之曲」。同時，又對侍臣曰：「朕昔在藩邸，屢有征伐，世間遂有此歌，豈意今日登於雅樂，然其發揚蹈厲，雖異文容，功業由之，致有今日，所以被於樂章，示不忘本也。」封德彝更投其所好似地說：「陛下以聖武戡難，立極安民，功成化定，陳樂象德，實弘濟之盛烈，為將來之壯觀。文容習儀，豈得為比？」[4]這裡一方面說明李世民開始突出自己，另一方面又說明李世民認為「致有今日」是個人的「功業由之」，毫無繼承父業的意思。由此可見，在李世民的心目中，高祖已經沒有什麼地位了。

貞觀三年（六二九）正月，因有「沙門法雅，初以恩幸出入兩宮，至是禁絕之」，法雅不滿。兵部尚書杜如晦奉命追查此事，牽連到裴寂，裴寂辯解無效，「坐是免官，削食邑之半，放歸本邑」[5]。裴寂是太原起兵的主要參與者，是高祖的親信，當裴寂請求辭職歸還田里的時候，高祖挽留說：「未也，要當相與老爾。公為宗臣，我為太上皇，逍遙晚歲，不亦善乎！」[6]可見高祖對裴寂的感情是相當深厚的。但是，李世民對裴寂卻毫不留情，竟藉故將其「削食邑之半，放歸本邑」。不久，又有狂人聲言裴寂有天分，裴寂恐懼不敢聞奏。於是李世民又以四條罪狀要置裴寂以死罪。四條罪狀是：「位於三公而與妖人法雅親密，罪一也；事發之後，乃負氣憤怒，稱國家有天下，是我（指裴寂）所謀，罪二也；妖人言其有天分，匿而不奏，罪三也；陰行殺戮以滅口，罪四也。」這四條罪狀根本沒有證據，所以，當「議者多言流配」[7]時，李世民不得不把死罪改為流配靜州（今廣西梧州）。這樣對待裴寂，高祖的心情是不會平靜的。

更為甚者，是對高祖指桑罵槐，藉口指責裴寂，實際上貶低高祖的政績。當裴寂被驅逐還鄉時，裴寂請求留在京師。李世民毫不客氣地斥責道：「計公勛庸，安得至此！直以恩澤為天下第一。武德之際，貨賄公行，紀綱紊亂，皆公之由也，但以故歸不忍盡法。」[8]指責武德政事是「貨賄公行，紀綱紊亂」，無疑是對高祖的直接批評。這種批評，後人胡三省也很吃驚，遂對此話加注說：「上皇聞帝此言，其心為如何？」這樣明目張膽地對高祖進行抨擊，仍然居於太極宮的高祖是不可能不知道的。不過，他知道了又有什麼辦法呢？只有忍氣吞聲而已。

（二）被迫遷出太極宮

太極宮是皇帝聽政、生活的地方。其中的東部有東宮，是太子居住的地方；西部有掖庭宮，是宮女的住處，也是犯罪的官員家屬婦女配沒入宮勞動的地方。居其正中的太極殿，就是隋朝的大興殿，武德元年（六一八）改稱太極殿，是皇帝每月初一、十五視朝的場所。太極殿之後，有兩儀殿，是皇帝日常聽政視事的地方。按照這種制度，李世民做了皇帝，仍居東宮，既不便到太極殿、兩儀殿去聽政視事，更不能顯示皇帝的威風。因此，他不能不考慮把高祖遷出太極宮的問題。

貞觀三年（六二九）四月，高祖被迫從太極宮遷往弘義宮，自此，弘義宮改名大安宮。弘義宮位於外郭城內宮城（太極宮）西，建於武德五年（六二二）。當時，高祖因李世民「有克定天下之功，特降殊禮，別建此宮以居之，號弘義宮」[9]。後來，李世民做了太子，遷往東宮，弘義宮自然閒置。李世民即位時，因高祖尚在太極宮，故而他只好於東宮之顯德殿舉行登極典禮。既然做了皇帝，仍偏居於太子的住地東宮，無疑是名實不副。於是，他千方百計地想進入太極殿，會見大臣，舉行大典，以正皇帝之位。

但是，高祖畢竟是太上皇，對太上皇在表面上還要過得去，不能操之過急。所以，他一直等了將近三年，才把高祖遷到弘義宮。從表面上看來，是高祖自願遷居，遷居的理由是：「高祖以弘義宮有山林勝景，雅好之，至貞觀三年四月，乃徙居之，改名大安宮。」[10]這些內容，值得懷疑。弘義宮是當年李世民為秦王時所居，修建的規格，必然在太極宮和東宮之下。貞觀六年（六三二）正月，監察御史馬周曾上疏道：「臣伏見大安宮在宮城之西，其牆宇宮闕之制，方之紫極，尚為卑小。臣伏以東宮皇太子之宅，猶處城中，大安乃至尊所居，更在城（指宮城）外。雖太上皇遊心道素，志在清儉，陛下重違慈旨，愛惜人力；而蕃夷朝見及四方觀聽，有不足焉。臣願營築雉堞，修起門樓，務從高顯，以稱萬方之望，則大孝昭乎天下矣。」[11]從這個上疏看來，大安宮和太上皇的地位極不相稱。同時，也可以說明，大安宮和皇帝居住的太極宮相比，是天上地下，不可相提並論。既然如此，在太極宮生活慣了的高祖，怎能捨高就低，自願遷居當年的秦王府呢！因此，高祖即便是有過遷居的表示，也只能是在李世民軟硬兼施的逼迫之下，不得已而如此。

弘義宮的被軟禁生活

高祖遷到弘義宮後，實際上是被軟禁起來了。他不僅失去了一切自由，而且任人擺布，遭人奚落，無可奈何地度過了一生最淒涼的歲月。

（一）遭人羞辱

李世民為了發洩自己的不滿情緒，說明高祖沒有廢李建成而立他為太子是很大的錯誤，經常藉故標榜自己，奚落高祖。

貞觀三年（六二九）十二月，李世民知道李靖大破突厥的消息後，非常高興地對侍臣道：「往者國家草創，太上皇以百姓之故，稱臣於突厥，朕未嘗不痛心疾首，志滅匈奴，坐不安席，食不甘味。今者暫動偏師，無往不捷，單于款塞，恥其雪乎！」[12]關於高祖未曾稱臣於突厥的問題，在第二章中已有所述。查閱史籍，凡是提到唐高祖稱臣於突厥者，都出之於李世民一人之口，其他隨高祖從太原起兵者均未談到此事。李世民說這話的時間，據《資治通鑑》所載，是在貞觀三年十二月。據《舊唐書・李靖傳》所載，是在李靖破頡利可汗之後；李靖破頡利可汗是在貞觀四年（六三〇）二月。由此可見，李世民說這番話是在高祖被遷出太極宮之後。高祖被隔絕於大安宮，李世民當然可以隨心所欲地解釋一切了，他把高祖的以屈求伸策略歪曲為向突厥稱臣，有誰敢持相反意見呢！

李世民說這番話的目的非常明白，就是要大家知道，高祖辦不到的事他順利完成了。他把高祖對突厥的暫時妥協策略歪曲為向突厥稱臣，而且還更進一步說這種策略使他「痛心疾首」。由於他「暫動偏師，無往不捷」，從而洗雪了奇恥大辱。不言而喻，他做皇帝是可以使國家興旺發達的。

貞觀四年（六三〇）三月，四夷郡長尊李世民為天可汗，突厥頡利可汗被俘到長安。高祖知道這種情況後，「嘆曰：『漢高祖困白登，不能報，今我子能滅突厥，吾托付得人，復何憂哉！』」

按理說，聽到大破突厥的消息應該高興，而高祖是「嘆曰」。顯然這是高祖感到慚愧，自己不如李世民。為此，李世民還專門把高祖請到太極宮，使「上皇召上（太宗）與貴臣十餘人及諸王、妃、主置酒凌煙閣，酒酣，上皇自彈琵琶，上起舞，公卿迭起為壽，逮夜而罷」[13]。凌煙閣在太極宮中，高祖能到凌煙閣會見李世民及貴臣十餘人，還有諸王、妃、主等，無疑是李世民的有意安排。這種安排，實際上是當眾對高祖進行羞辱，也就是要大家知道，不是李世民做皇帝是不可能有當時的盛況的。

貞觀七年（六三三）十二月，李世民從少陵原（長安城南）校獵還宮，他與高祖置酒於西漢保留到當時的未央宮（在今陝西西安西北郊）。高祖命突厥頡利可汗起舞，又命南蠻酋長馮智戴詠詩，然後笑道：「胡、越一家，自古未有也！」接著，李世民又奉觴上壽道：「昔漢高祖亦從太上皇置酒此宮，妄自矜大，臣所不取也。」[14]這更是李世民精心設計的場面，借太上皇之口讚揚他能使「胡、越一家」。他所謂的漢高祖「妄自矜大」是什麼意思呢？

漢高祖九年（前一九八），未央宮建成，「高祖大朝諸侯群臣，置酒未央前殿」。漢高祖起而向太上皇敬酒，同時，奚落太上皇道：「始大人常以臣無賴，不能治產業，不如仲力，今某之業所就孰與仲多？」非常明顯，這是劉邦對其父的譏諷和嘲笑，說明其父鼠目寸光，看不到他能夠成為至高無上的皇帝。正因為如此，「殿上群臣皆呼萬歲，大笑為樂」[15]。這種「皆呼萬歲，大笑為樂」。實際上是為劉邦幫腔助威。劉邦的父親，出身低微，他能夠成為太上皇，完全是劉邦的作為。所以，他即使遭到羞辱，也不會感到難以容忍。

李世民談到此事，用意非常明確。表面看來，他是批評劉邦，而且表示自己與劉邦不同，但實際上是指桑罵槐，含沙射影地指責高祖和劉邦的父親一樣，目光短淺，是非不分，沒有早日使他取代李建成的地位。否則，他為什麼要置酒於八百多年前的未央宮，於故地重提舊事呢？事實上唐高祖與劉邦之父截然不同，唐高祖是被迫離開皇帝的寶座，失去了至高無上的權力和地位，失落感極其嚴重。他聽了這個故事，必然觸景生情，頗為傷感。但對一個喪失一切權力，又失去自由的太上皇來說，除了忍氣吞聲，任人擺布以外，還有什麼自我解脫之計呢？

（二）淒涼的晚年

高祖在大安宮，真夠安定了。沒有大臣去朝見他，他也不能和外人來往，實際上是失去了一切自由，被軟禁起來了。

武德年間，即使在統一戰爭正在進行中，他還是四處遊幸，到處打獵。東到華山（在今陝西華陰），西到稷州（今陝西周至）、好畤（今陝西禮泉），北到宜州（今陝西宜君）、華池（今陝西三原），至於長安城附近，更是不言而喻。但是，做了太上皇就不同了，不僅不能隨心所欲，到處遊玩，就是安心於休閒生活，於炎夏出去乘涼避暑，也不能越雷池一步，擅自離開大安宮了。

貞觀六年（六三二），李世民想去九成宮（在今陝西麟遊）避暑。但他根本沒有考慮高祖是否需要避暑，所以，監察御史馬周上疏道：「臣又伏見明敕，以二月二日幸九成宮。臣竊惟太上皇春秋已高，陛下宜朝夕視膳而晨昏起居。今所幸宮去京三百餘里，鑾輿動軔，嚴蹕經旬，非可以旦暮至也。太上皇情或思感，而欲即見陛下者，將何以赴之？且車駕今行，本為避暑，然則太上皇尚留熱所，而陛下自逐涼處，溫清之道，臣竊未安。然敕書既出，業已成就，願示速返之期，以開眾惑。」[16]這段話有兩點意思，其一，是太上皇年事已高（時年六十七歲），皇帝應當「朝夕視膳而晨昏起居」，不宜遠去；其二，皇帝去避暑，留太上皇在京，不符合「溫清之禮」，所謂「溫清之禮」，就是子對父應該冬溫而夏清（涼）。顯然，這是對李世民的尖銳批評。儘管如此，李世民並沒改變自己的主張，仍然於三月去九成宮。在別人的尖銳批評下，李世民不念父子之情，拋開「溫清之禮」，不允許高祖和他同去避暑。這充分說明高祖已在李世民的嚴格控制之下了。

貞觀七年（六三三）五月至十月，李世民又去九成宮避暑，高祖仍留在大安宮。貞觀八年（六三四）三月，李世民再去九成宮，七月，他才「屢請上皇避暑九成宮，上皇以隋文帝終於彼，惡之」。過去，李世民去九成宮避暑，儘管遭到別人的嚴厲指責，他也未請高祖同往。這時為什麼「屢請上皇避暑九成宮」呢？和下面的事實聯繫起來就知其用意了。「冬，十月，營大明宮，以為上皇清暑之所。未成而上皇寢疾，不果居」[17]。不難看出，高祖這時六十九歲，年老體弱，有病了。貞觀九年五月，高祖去世，史載：「太上皇自去秋得風疾，庚子，崩於垂拱殿。」[18]這裡所謂的「去秋」，自然是指貞觀八年七、八、九月。在高祖有病的時候請他去九成宮避暑，顯然是有意為難。大明宮未能竣工高祖就去世了，可見，修大明宮是為太上皇消暑也是一種假象。否則，在高祖健康的時候為什麼不為他修避暑之所呢？

貞觀九年（六三五）五月，高祖去世，終年七十歲。群臣上謚號曰太武皇帝，廟號高祖。在他病危時，曾經下詔曰：「園陵制度，務從儉約。」[19]但他去世後李世民又「令依漢長陵故事，務在崇厚」。後經眾臣議論，按照房玄齡的建議：「竊以長陵制度（高九丈），過為宏侈，二丈立規，又傷矯俗。光武中興明主，多依典故，遵為成式，實為攸宜。」[20]結果就依光武帝原陵（高六丈）的制度，修建了獻陵。十月，葬唐高祖於獻陵，並以穆皇后祔葬（穆皇后初葬壽安陵，後祔獻陵），加號太穆皇后。

唐高祖安葬後，李世民毫無思念之意。貞觀十年（六三六）六月，文德皇后去世，十一月葬於昭陵，李世民很快就「於苑中作層觀，以望昭陵，嘗引魏徵同登，使視之」。魏徵表示看不見，李世民手指昭陵，魏徵說：「臣以陛下望獻陵，若昭陵，則臣固見之矣。」[21]這對李世民是極大的諷刺，魏徵旁敲側擊，批評李世民只思念其妻，忘了其父。這又證明，唐高祖的晚年生活是非常淒涼的。

（三）獻陵

獻陵的修建是臨時決定的，它不像漢代皇帝那樣，「即位之初，便營陵墓，近者十餘歲，遠者五十年，方始成就」。也不像後來的唐太宗、唐玄宗，預先自己就選定了陵址，而是在高祖死後由太宗倉猝決定修建的。

關於獻陵修建的規格，曾經有過一番爭論。太宗下詔要「準漢長陵故事，務從隆厚」，秘書監虞世南則極力反對厚葬，他以漢、魏歷史為例，充分說明厚葬無益。他批評霍光道：「又漢氏之法，人君在位，三分天下貢賦，以一分入於山陵。武帝歷年長久，比葬，陵中不復容物，霍光暗於大體，奢侈過度。其後至更始之敗，赤眉賊入長安，破茂陵取物，猶不能盡。無故聚斂百姓，為盜之用，甚無謂也。」他又引用魏文帝曹丕的話說：「自古及今，未有不亡之國，無有不發之墓，至乃燒取玉匣金縷，骸骨並盡，乃不重痛哉！若違詔妄自變改，吾為戮屍於地下，死而重死，不忠不孝，使魂而有知，將不福汝。」所以，他認為「以長陵為法，恐非所宜」[22]。在虞世南的大力反對下，太宗才決定以房玄齡的意見為準，按光武帝原陵的規格修建了獻陵。

獻陵在位於關中的十八座唐代皇帝陵中，不算十分宏偉，比起後來的昭陵（太宗墓）、乾陵（高宗與武則天墓）、定陵（中宗墓）、橋陵（睿宗墓），都遜色得多了。但它卻是另一種形制。

唐代的皇帝陵有兩種形制：一種是堆土成陵，即選擇地勢較高的地方，深挖墓穴，然後封土夯築成像土山一樣的土堆；另一種是因山為陵，即選擇地勢優越的山巒，從旁邊鑿石洞為墓穴，成為名副其實的山陵。這種類型，在唐皇帝陵中占多數。

獻陵是堆土成陵的代表。當時為什麼會選擇這種形制呢？前面已經談過，李世民曾經指桑罵槐、含沙射影地把高祖比做劉邦的父親太上皇。漢太上皇陵位於今西安市臨潼區北部的譚家鄉昌平村，該陵就是堆土成陵的覆斗形。獻陵位於今陝西三原縣東北四十三華里荊原上唐朱村，在漢太上皇陵西十五華里，同樣也是覆斗形。兩座形狀相同的陵，相距咫尺之近，陵主又都是太上皇，怎能不使人把他們相提並論呢！如果說這是李世民有意把高祖和劉邦之父類比，甚至是更加羞辱高祖，也絕不是無中生有。

最初，在討論獻陵的規格時，李世民主張仿照劉邦的長陵，虞世南曾提到漢文帝的霸陵（因山為陵），最後決定按照漢光武帝原陵標準修建。原陵位於今河南孟津縣白合鄉鐵謝村，南倚邙山，北臨黃河，近山傍水，顯然是形勝之地。李世民放棄了依照長陵的主張，也不採納像霸陵那樣的因山為陵，所謂的「依原陵之制」，只是按原陵的高度建陵。原陵與獻陵相距千里之遙，在當時的條件下，有誰能拿獻陵去和原陵比較，二者是否完全一樣呢！實際上這是一個幌子。最初他提出「依長陵故事」[23]，也不過是為了撈取忠孝的美名。真實的意圖，是要後人知道，在漢太上皇去世八百多年以後又有一個類似的唐太上皇。否則，為什麼太宗以後的昭陵、乾陵、定陵、橋陵都是因山為陵，而不再堆土成陵呢？口頭上李世民認為因山為陵可以不「勞擾百姓」，「務從儉約」，實際上是為了深埋密封，防止盜挖。因為依山為陵比堆土成陵繁難得多，捨簡就難怎能說是「務從儉約」呢！由此看來，李世民對修建獻陵的態度，正反映了他寄希望於高祖更換太子的願望破滅以後的一貫心情。

獻陵尚未發掘，地面的遺物有大型華表、石犀、石虎。石犀、石虎是頗有特色的。石犀造型巨大碩壯，輪廓清晰，在比例上也很適當，若從寬闊處望去，更加生動威武，很適合陳放在荒郊曠野的陵墓前。石犀的雕工並不追求細巧，卻抓住了犀牛的特徵，如頸部下垂的厚皮，笨重的身軀和姿態，充分顯示了犀牛的形象。這不僅是關中十八座唐代皇帝陵中唯一的以犀牛為題材的藝術佳作，也是全國陵墓石刻藝術中所罕見的[24]。史書載：林邑王於「貞觀初，遣使貢馴犀」[25]。很可能是高祖親自看到過這種動物，非常喜愛，故而於陵前石刻犀牛。

在關中的十八座唐代皇帝陵中，每座陵前都遺存有一批數量不等的精美的巨型雕刻。這些雕刻，一般都是形體龐大，氣勢壯偉，用來守護陵墓門的坐獅。但獻陵則獨具特色，不是坐獅而是石虎。「圓雕石虎，高達二・〇九米，呈走動狀。這種造型在唐代陵墓雕刻中，非常特殊，它純係寫真，不曾有半點守門衛戶的意味。但從其挺拔的形體，威嚴的頭部來看，仍然有很大的震懾感。此虎原來雕刻有八個，分置在獻陵周圍四門之外，現僅存一件，被移置在碑林博物館石刻藝術室內。這一具有紀念碑式的瑰麗雕刻物，從整體的形象結構來看，是非常生動而和諧的，頭部稍傾斜，做出闊步向前搜尋的姿態，正表現了虎特有的性格。無論是作為獨立的雕刻藝術作品來欣賞，還是作為一種威嚴的守護者來要求，都是非尋常可比的。」[26]

由於獻陵前石犀、石虎的獨有特點，故而引起了當代研究古代石刻藝術的學者們特別重視。在李域錚的專著《陝西古代石刻藝術》中，獻陵前的石犀和石虎都占有重要的篇幅。

在獻陵的幾十座陪葬墓中，目前發掘的僅有李鳳墓和李壽墓。李鳳是高祖第十五子，生於武德四年（六二一），卒於上元元年（六七四），享年五十二歲。他所處的時代，正是統一戰爭結束以後，政治、經濟、文化都在穩定發展時期。他過的是貴族生活，其墓中的壁畫大部分是人物、花卉、山石畫。人物畫主要是侍女圖。在隨葬器物中，有二百二十五件陶俑，其中大都是騎樂俑。陶瓷器也主要是些生活日用品。這些內容，正反映了社會在穩定發展時期貴族生活的需求。另外，墓中還有五塊冊書刻石，還有李鳳墓志與李鳳妻劉氏墓志。這些石刻文學，比兩《唐書》對李鳳的記載更為詳細，補充了文獻資料的不足[27]。

李壽墓的情況就大不相同了。李壽，字神通，高祖從父弟。高祖從太原起兵後，他在關中起兵響應。武德元年（六一八）以後，他為山東道安撫大使，先後與宇文化及、竇建德作戰，對唐在山東發展勢力有很大貢獻。所以，貞觀元年（六二七）太宗論功定位，他對房玄齡等人功在他之上很不服氣。他說：「義旗初起，臣率兵先至，今房玄齡、杜如晦等刀筆之人，功居第一，臣且不服。」[28]儘管太宗批評了他，他還被拜為開府儀同三司，賜實封五百戶。貞觀四年（六三〇）卒於長安，享年五十四歲。他所處的時代，是隋末唐初。他從戰亂中起家，最後走入了皇族的行列。他既有戎馬生涯，也看到了社會安定時期生產發展的情況。李壽墓的情況，正反映了這樣的社會背景。

墓中的壁畫，有儀仗出行圖、農耕圖、寺院道觀圖等。

儀仗出行圖，「墓道兩壁的騎馬出行儀仗隊，每邊各有四十二匹馬，四十八人組成。墓主人尚未出現，當為整裝待發的準備出行場面。步行儀仗隊共十二組，每組由八—十人組成。上述兩個儀仗隊的儀衛合計約在二百人以上。規模之大，氣勢之顯赫，當是墓主人生前儀衛的寫照」。李壽不是皇子皇孫，不是依仗血統關係自然得到了榮耀的地位，而是憑自己的戰功取得了高官厚祿。所以，這種場面實際上是讚頌李壽在建立唐朝過程中有豐功偉績。

農耕圖，由牛耕、播種、中耕等畫面組成。牛耕，是兩位農夫各扶一犁，正趕牛耕地。播種，是在新耕過的土地上，一農夫正雙手搖耬，趕牛下種。中耕，是兩位農民正在鋤草。這些場面，正是在安定的社會環境下，農民正常的從事生產活動。另外，還有牧養圖，在庭院的一角有一群雞鴨在啄食，另一處畫有一牧夫把一群牛從牛欄裡趕到田野牧放29。這些情況，如果說反映了李壽晚年的社會生產，生活概貌，是非常合適的。李壽和高祖所處的時代大體相同，因此，也可以說李壽墓壁畫的內容，反映了隋末唐初的社會由戰爭年代向穩定發展年代的轉變。至於寺院與道觀並存的壁畫，也反映了唐初佛道二教在社會上都有相當地位的風尚。

李壽墓中還有墓志，墓志的內容，可補充文獻記載的一些不足之處。例如，在兩《唐書》與《資治通鑑》中，都有關於李神通的記載，但都未提到神通是其字，其名曰壽。墓志則明確說：「王諱壽，字神通。」這一點，至今尚有一些著述還不夠明確，一九九五年出版的《中國歷史大辭典》（《隋唐五代卷》）中，沒有李壽的辭條，在李神通的辭條中也未涉及其名曰壽。

關於李神通的年齡，墓志載：「貞觀四年十二月寢疾，薨於京城延福里第，春秋五十有四。」這是有關的文獻資料都不清楚的。《中國歷史大辭典》（《隋唐五代卷》）中只記其卒年，未記其生年，就是沒有根據他五十四歲的年齡進行推算。

以上數例，都是對了解李神通的生平事蹟很有作用的內容。至於墓志的全部內容，和兩《唐書》的〈李神通傳〉大體類同。這也進一步證明，研究唐代歷史，還應該把兩《唐書》視為最基本的史料，同時，也應該隨時注意新發現的實物資料。把兩者結合起來，是發展史學研究的必由之路。

註釋

1《史記》卷八，〈高祖本紀・集解〉。
2《漢書》卷一下，〈高帝紀下〉。
3《資治通鑑》卷一九二，武德九年十月-十一月。
4《唐會要》卷三三，〈破陣樂〉。
5《舊唐書》卷五七，〈裴寂傳〉。
6《新唐書》卷八八，〈裴寂傳〉。
7《舊唐書》卷五七，〈裴寂傳〉。
8《資治通鑑》卷一九三，貞觀三年正月。
9《類編長安志》，中華書局一九九〇版，第六一頁。
10《唐會要》卷三〇，〈弘義宮〉。
11《舊唐書》卷七四，〈馬周傳〉。
12《舊唐書》卷六七，〈李靖傳〉。
13《資治通鑑》卷一九三，貞觀四年四月。
14《資治通鑑》卷一九四，貞觀七年十二月。
15《史記》卷八，〈高祖本紀〉。
16《舊唐書》卷七四，〈馬周傳〉。
17《資治通鑑》卷一九四，貞觀八年七月。
18《資治通鑑》卷一九四，貞觀九年五月。
19《舊唐書》卷一，〈高祖紀〉。
20《唐會要》卷二〇，〈陵議〉。
21《資治通鑑》卷一九四，貞觀十年十一月。
22《舊唐書》卷七二，〈虞世南傳〉。
23《資治通鑑》卷一九四，貞觀九年七月。
24 魏娉娥：〈獻陵石犀〉，《西安晚報》一九九四年八月二十九日。
25《舊唐書》卷一九七，〈林邑傳〉。
26 李域錚：《陝西古代石刻藝術》，三秦出版社一九九五年出版，第六-七頁。
27〈唐李鳳墓發掘簡報〉，《考古》一九九七年第五期。
28《舊唐書》卷六〇，〈淮安王神通傳〉。
29 引文見陝西省博物館、文管會：〈唐李壽墓壁畫試探〉，《文物》一九七四年第九期，其他內容係參考該文而寫。

第十九章　怎樣看待與高祖有關的歷史文獻

自高祖從太原起兵到他去世的十幾年裡，有關這段歷史的各種文獻，對許多重要事實的記載很不一致，或者背離了事實真相。研究這段歷史，應慎重對待這些文獻。

記載失實或互異的原因

與高祖有關的歷史文獻為什麼會出現一些不能反映事實真相的內容呢？這與玄武門之變密切相關。玄武門之變的發生，使各種政治力量都發生了變化，太子建成被殺，世民由秦王而為太子，繼又做了皇帝，高祖被迫退位等等，都對歷史的進程產生了影響。太宗為了鞏固自己的既得利益，使自己名正言順地載入史冊，勢必要注意修撰有關史書的內容。這樣一來，歌頌李世民，貶低李建成、李元吉，再製造高祖的昏庸來襯托太宗的精明能幹，就成了高祖建唐以及武德年間處理歷史的基本線索。

（一）古代的古書必然帶有偏見

在個體小生產的古代社會裡，由於生產規模的狹小，限制了人們的視野，不可能產生科學的世界觀，故而不能正確地認識歷史。同時，在統治集團中，有人為了自己的利益又往往歪曲歷史，也給人們正確認識歷史製造了困難。這就是說，在古代的史書中帶有一定的偏見是不可避免的。即使是像《左傳》襄公二十五年所載，「崔杼弒其君」的故事，也是有明顯的傾向性的。太史因直書「崔杼弒其君」而被崔杼所殺，太史的兩個弟弟因繼續這樣寫又被殺，另一個弟弟再如是寫，崔杼不敢再殺了。太史兄弟再三再四地堅持一個「弒」字，就是要維護君的地位。站在君的立場上，不問崔杼為什麼殺君，只問其殺君之罪，豈不是很極端的偏見嗎？

從孔子開始的「春秋筆法」，堅持「臣不可言君親之惡，為諱者禮」[1]的原則，正迎合了最高統治者需要。要改變這種情況，必然會遇到很大阻力。這種阻力，當然來自專制獨裁者一邊。所以，劉知幾說：「古來唯聞以直筆見誅，不聞以曲詞護罪。」[2]他還借別人的話說：「直如弦、死道邊；曲如鈎，反封侯。」故而一些史家「寧順從以保吉，不違忤以受害也」[3]。自古以來，史官要想真正公正地撰寫歷史是極其困難的。

在古代社會裡，皇帝有至高無上的權力，他可以隨心所欲地決定一切。誰要敢於指出他的錯誤，改變他的決定，就是觸犯他的權力。任何皇帝都不會容忍別人觸犯自己的權力，所以，敢於指出皇帝錯誤的人是寥寥無幾的。唐太宗是封建社會的開明皇帝，別人不必談起，就是他的親信大臣，也不敢輕易言其過失。例如，貞觀十八年（六四四），唐太宗對長孫無忌說：「人苦不自知其過，卿可為朕明言之。」長孫無忌說：「陛下武功文德，臣等將順之不暇，又何過之可言！」[4]這話的弦外之音，當然是不敢言皇帝有過。聰明的李世民也看清了這一點，所以他說：「朕每思之，人臣欲諫，輒懼死亡之禍，與夫赴鼎鑊，冒白刃，亦何異哉？故忠貞之臣，非不欲竭誠。竭誠者，乃是極難。」[5]顯而易見，在唐太宗這樣為後人大肆推崇的皇帝面前，他的妻兄長孫無忌都不敢有半點越軌之處，他人當然更難觸犯他的尊嚴了。這一切說明，在修撰有關皇帝的史書時，史官是絕不敢掉以輕心的。

不僅皇帝如此，就是統治集團的其他人物，修史者也不是可以毫無顧慮的。劉知幾說：「而近代史局，皆通籍禁門，深居九重，欲人不見。尋其義者，蓋由杜彼顏面，防諸請謁故也。然今館中作者，多士如林，皆願長喙，無聞嘖舌。儻有五始初成，一字加貶，言未絕口，而朝野具知，筆未棲毫，而縉紳咸誦。夫孫盛實錄，取嫉權門；王韶直書，見仇貴族。人之情也，能無畏乎？」[6]劉知幾所談內容，不一定完全符合太宗時的情況，但在古代社會裡，由於各種利害關係，人情影響修史是不可避免的。許敬宗的修史態度就是明顯的例子。

隋末的內史侍郎虞世基，是隋煬帝的寵臣。他對隋煬帝投其所好，阿諛奉迎，所以，當宇文化及發動兵變時，虞世基被梟首示眾，虞世基之弟虞世南在其兄被殺時，「抱持哭泣，請以身代，化及不納，因哀毀骨立，時人稱焉」[7]。與此同時，許敬宗的父親禮部侍郎許善心也被宇文化及所殺，但許敬宗卻哀求得不死，「舞蹈以求生」。這些事實，都為當時內侍舍人封倫所悉知。經封倫散布出去，當然對許敬宗大為不利。於是，許敬宗懷恨在心，在修國史為封倫立傳時就「盛加其罪惡」[8]。

以上事實，無不說明在古代的史書中是不可能沒有偏見的。

（二）太宗對修史的干預

表面看來，唐太宗有別於其他封建皇帝，他能夠認識到「人苦不自知其過」，臣僚們不敢指出皇帝的過失，故而他要求臣僚們盡情極諫，從而也出現了像魏徵這樣的善諫之臣。當然，也必須承認，這確是唐太宗與一般封建皇帝不同而且高明於其他皇帝的地方。但是，在一些重大問題上，特別是像玄武門之變，直接關係到他的聲譽和地位問題上，他是千方百計地文過飾非、掩蓋自己違背嫡長子繼承制度的行為。有關此事，他不但不准臣僚們進諫，而且還要求知情者絕對保守秘密。

唐太宗在和群臣總結歷史的經驗和教訓時，經常指責隋煬帝暴虐無道，好自矜誇，護短拒諫，偏聽偏信等等，但他從來沒有批評過隋煬帝殺兄篡位，謀取權力。道理非常簡單，他和隋煬帝一樣，都是通過陰謀手段對太子取而代之，進而又為皇帝的。他們都不是長子，但都謀害了長子，屬於同一類型的人物，批評隋煬帝當然就是批評了自己。

太宗通過玄武門之變、殺害了李建成，登上了皇帝的寶座，是違背「立嫡以長，禮之正也」的封建秩序的。嫡長子繼承制度在唐代已經成為根深柢固的傳統觀念，所以，連對太宗讚不絕口而且又為其發動玄武門之變進行辯解的司馬光，也不得不很遺憾地說：假使唐「太宗有子臧之節（像春秋時子臧那樣辭曹國而不受），則亂何自而生矣！」雖然他「為群下所迫，遂至蹀血禁門」，但既然殺害其兄，也就只有「貽譏千古」[9]了。

被人視為是「貽譏千古」的事，對唐太宗來說，當然是終生難忘的。所以，他始終不願暴露自己在這方面的陰謀勾當。房玄齡親自參加密謀策畫玄武門之變，他非常理解唐太宗的心情，所以，他對此事的一切情況都滴水不漏，嚴守秘密。正因為如此，在貞觀元年（六二七）太宗論功行賞時，房玄齡是一等功臣。長孫皇后臨死時對太宗說：「玄齡事陛下最久，小心謹慎，奇謀秘計，皆所預聞，竟無一言漏洩，非有大故，願忽棄之。」[10]長孫皇后對房玄齡在玄武門之變中的作用是十分清楚的，因為此事是房玄齡、杜如晦與「文德皇后同心影助」[11]而促成的，正因為在玄武門之變中發揮了重要作用的人為此事保密，所以他們受到太宗的重用。反之，如果有人洩漏了他的機密，不管是哪一方面的，他都要嚴加追究。例如，當他風聞太子「失德」時，就密令中書侍郎兼左庶子杜正倫對太子進行暗中監視，並要求不斷密報太子的「失德」言行。杜正倫為了使太子不失寵於太宗，私自告訴了太子自己所肩負的使命。此事為太宗發覺後，他怒「責正倫漏洩」，並「出正倫為谷州刺史」[12]。以上情況說明，太宗為了自己的權力和地位，不管是殺害其兄弟、還是監視自己的兒子，凡是自己的陰謀勾當，都要嚴加保密。保密的目的是為其文過飾非。

太宗可以運用權力使人們在當時為其保密，文過飾非，但能否使別人為後世的人們永遠掩蓋其不可告人的陰謀勾當呢？太宗必然十分注意這個問題。所以，他要親自過問修史的問題，凡是對他不利的內容，他就要隨心所欲地歪曲歷史。也可以說，太宗為文過飾非而干預修史是不可避免的。

太宗怎樣干預修史

在總結歷史經驗，從中吸取教訓方面，唐人超過了前人。太宗把歷史當做鏡子，他必然也考慮到後人會把有關他的歷史當做鏡子。勿庸置疑，他希望流芳百代，不願遺臭萬年。因此，他不能不考慮史書對他的有關記載，特別是關於玄武門之變他違背嫡長子繼承制度的問題。為了使他的帝位名正言順、遂一再要求親自觀看《起居注》、《國史》。當他發現《實錄》的記載與自己的想法不一致時，他就明確要求史官按照他的願望去修改史書。

（一）太宗要親自觀看《起居注》與《國史》

貞觀三年（六二九），唐朝開始實行宰相監修《國史》的制度。房玄齡剛以宰相的身分監修《國史》，太宗就對他說：「比見《漢書》載《子虛》、《上林賦》，浮華無用。其上書論事，詞理切直者，朕從與不從，皆當載之。」[13]太宗對國史的一般內容如此重視，無疑對有關他本人的內容就更加關心了。所以，他屢次想知道史官們是怎樣把有關他自己的內容，特別是玄武門之變的問題寫進史書的。

貞觀九年（六三五）十月，因為太宗要看《起居注》，故而諫議大夫朱子奢上表說：「今月十六日，陛下出聖旨，發德音，以起居注記錄書帝王臧否，前代但藏之史官，人主不見。今欲親自觀覽，用知得失。臣以為聖躬舉無過事，史官所述，義歸盡善，陛下獨覽起居，於事無失。若以此法傳示子孫，竊有未喻。大唐雖七百之祚，天命無改，至於曾玄之後，或非上智。但中主庸君，飾非護短，見時史直辭，極陳善惡，必不省躬罪己，唯當致怨史官。但君上尊崇，臣下卑賤，有一於此，何地逃刑？……所以前代不觀，蓋為此也。」[14]貞觀九年五月高祖去世，十月太宗就想了解《起居注》有關自己的情況，是完全合乎情理的。因為，高祖在世時，太宗即便是知道了不利於自己的記載，也是不便於公開進行修改的。

貞觀十三年（六三九），褚遂良為諫議大夫，兼知《起居注》。太宗問他道：「卿比知起居，書何等事？大抵與人君得觀見否？朕欲見此注記者，將卻觀所為得失以自警戒耳！」褚遂良說：「今之起居，古之左、右史，以記人君言行，善惡畢書，庶幾人主不為非法，不聞帝王躬自觀史。」太宗又直截了當地問：「朕有不善，卿必記耶？」褚遂良說：「臣聞守道不如守官，臣職當載筆，何不書之。」黃門侍郎劉洎為褚遂良幫腔說：「人君有過失，如日月之蝕，人皆見之。設令遂良不記，天下之人皆記之矣。」[15]太宗當時表示同意這種意見。其實，當他知道史官對他的「不善」之處也一定要寫入史冊的時候，他親自看《國史》的要求反而更為迫切了。不久，就向監修《國史》的房玄齡明確表示，非看《國史》不可。

唐太宗一再想了解《起居注》的內容，其用意是非常明確的。因為皇帝「立子以長、不以有功、以德不以有眾，古之道也」[16]。他以非長子的身分奪得太子地位、進而做了皇帝，是違背「古之道」的。為了使自己違背「古之道」的行為不至於永載史冊，他不得不利用至高無上的權力，強觀《國史》，想方設法歪曲、篡改歷史。

關於太宗向褚遂良了解《起居注》的內容，以及向房玄齡詢問《國史》的情況，究竟在什麼時候，各種史籍記載不完全一樣。關於向褚遂良了解《起居注》的內容問題，《資治通鑑》、《唐會要》等，均記為貞觀十六年（六四二），《貞觀政要》記為貞觀十三年（六三九）。《唐鑑》向房玄齡詢問《國史》的情況，《貞觀政要》記為貞觀十四年（六四〇），《資治通鑑》、《唐鑑》均記為貞觀十七年（六四三）以前。看來，《貞觀政要》的記載是可信的。為什麼這樣說呢？

貞觀十七年，房玄齡、許敬宗所修的《高祖、太宗實錄》送呈太宗是沒有問題的，《資治通鑑》、《唐鑑》、《唐會要》、《舊唐書．許敬宗傳》的記載都是一致的。貞觀十七年修成《高祖、太宗實錄》，其內容必然是貞觀十七年以前的事。根據《唐會要》卷六三〈修國史〉與《冊府元龜》卷四五四〈國史部〉，永徽年間（六五〇—六五五）長孫無忌等人所續修的《貞觀實錄》，是從貞觀十五年（六四一）開始的。這樣一來，房玄齡、許敬宗所修的《太宗實錄》截止到貞觀十四年也就是很自然的事了。據此，可以認為，當太宗提出要看《國史》的時候，房玄齡、許敬宗「遂刪略《國史》為編年體，撰《高祖、太宗實錄》各二十卷、表上之」。[17]在改編過程中，不可能把當時發生的事情立即寫進去，所以截止到貞觀十四年太宗提出要看《國史》的時候。既然貞觀十四年太宗要看《國史》，當然，關於貞觀十六年太宗向褚遂良了解《起居注》內容的記載就不可信了。因此，可以肯定，在這個問題上《貞觀政要》的記載是正確的。

（二）篡改《實錄》的主要內容

貞觀十四年（六四〇），太宗問房玄齡：「朕每觀前代史書，彰善癉惡，足為將來規誡。不知自古當代國史，何因不令帝王親見之？」房玄齡說：「國史既善惡必書，庶幾人主不為非法。止應畏有忤旨，故不得見也。」太宗又說：「朕意殊不同古人。今欲自看《國史》者，蓋有善事，固不須論；若有不善，亦欲以為鑑誡，使得自修改耳。卿可撰錄進來。」既然太宗命其「撰錄進來」，房玄齡當然不敢抗拒，於是，他與許敬宗等人把《國史》刪改為《實錄》，在貞觀十七年完成後送呈太宗。太宗對其他問題沒有表態，唯對有關玄武門之變的記載不滿。因為「太宗見六月四日事，語多微文」。為此，他向房玄齡指出：「昔周公誅管、蔡而周室安，季友鴆叔牙而魯國寧，朕之所為，義同此類，蓋所以安社稷、利萬民耳。史官執筆，何須有隱？宜即改削浮辭、直書其事。」[18]非常明顯，太宗要看《國史》，目的是為了給史官寫玄武門之變定下基調，要史官們把他利用陰謀手段奪取太子地位的宮廷政變，寫成像周公誅管叔、放蔡叔一樣，是「安社稷、利萬民」的正當義舉。也就是說，太宗要求史官必須為他文過飾非而歪曲歷史、篡改《實錄》。另外，太宗還對褚遂良說：「爾知起居，記何事善惡？朕今勤行三事，望爾史官不書吾惡。一則遠鑑前代敗事，以為元龜。二則進用善人，共成政道。三則斥棄群小，不聽讒言。吾能守之，終不移也。鷹犬平生所好，今亦罷之，雖有順時冬狩，不踰旬而返。亦不曾絕域訪奇異，遠方求珍羞，比日已來，饌無兼味。自非膏雨有年，師行克捷，未嘗與公等舉杯酒、奏管弦。朕雖每日兢懼，終藉公等匡翊，各宜勉之。」[19]在這裡，太宗除了明確要求史官「不書吾惡」以外，還唯恐史官忘記他的善行美事，故而一再提醒史官應該記載他可受人讚頌的內容。在這種形勢下，房玄齡、許敬宗必然要歪曲歷史，篡改《實錄》。

關於房玄齡、許敬宗是否篡改《實錄》的問題，王元軍撰有〈許敬宗篡改唐太宗實錄及國史問題探疑〉一文。該文認為：「許敬宗修《太宗實錄》雖有疏誤，卻根本談不上篡改；在他『篡改』國史的系列罪證中，有的也難成立。所謂許敬宗篡改實錄、國史問題必須重新加以認識。」[20]王元軍對傳統的觀點提出新的見解，很值得重視，該文對唐代史學的研究很有幫助。但是，該文所舉事例都與玄武門之變無關。因而我認為，在與玄武門之變有關的問題上，房玄齡、許敬宗奉命修改《實錄》，必須把太宗不滿意的地方修改到他能夠接受的程度。這樣一來，他們必然要歪曲事實，掩蓋某些歷史真相；否則，他們就不能使太宗取得帝位名正言順，心滿意足。也可以說，在這方面篡改《實錄》是奉命執行任務。事實證明，房玄齡、許敬宗是按照太宗的意圖修改了《實錄》的。房玄齡「尋以撰《高祖、太宗實錄》成，降璽書褒美，賜物一千五百段」[21]。許敬宗，「十七年，以修《武德、貞觀實錄》成，封高陽縣男，賜物八百段，權檢校黃門侍郎」[22]。既然得到太宗的褒美和獎勵，當然是《實錄》中體現了太宗的願望。太宗對《實錄》由不滿到「褒美」，必然是房玄齡、許敬宗按照太宗的要求修改了《實錄》。由此可見，在《實錄》中，與玄武門之變有關的人和事必然與其真實情況大有出入。這正是在很長時間裡唐高祖不能取得公正評價的重要原因。

歪曲歷史，篡改《實錄》的後果

由於太宗迫使史官按照自己的意願修改史籍，故而使有關武德年間（六一八—六二六）的歷史籠罩上一層人為的迷霧。因為這層迷霧的作用，太宗歪曲歷史，史官篡改《實錄》的影響是非常深遠的。唐初的《實錄》、《國史》，現在無從查閱了，但根據《舊唐書》還是可以知道其大概的。因為「五代修《唐書》，雖史籍已散失，然代宗以前，尚有紀傳，而庾傳美得之蜀中者，亦尚有九朝實錄。今細閱舊書文義，知此數朝紀傳，多抄《實錄》、《國史》原文也」。根據「舊書回護之多，可見其全用《實錄》、《國史》，而不暇訂正也」[23]。這樣，我們就可以《舊唐書》為根據，舉例說明太宗命史官歪曲、篡改歷史的不良後果。

（一）突出李世民，貶低李建成

大業十三年（六一七），李淵從太原起兵，隋西河（今山西汾陽）郡丞高德儒嚴陣以待，企圖阻止李淵南進。李淵遂命李建成、李世民率眾攻取西河，兄弟二人共同表態說：「兒等早蒙弘訓，稟教義方，奉以周旋，不敢失墜。家國之事，忠孝在焉。故從嚴令，事須稱旨。如惑有違，請先軍法。」[24]他們沿途與士卒同甘共苦，很快攻取西河。但《舊唐書》的記載完全不同。〈高祖本紀〉記為高祖「命太宗將兵徇西河，下之」。〈太宗本紀〉記為：「及義兵起，（太宗）乃率兵略徇西河，克之。」非常明顯，在《舊唐書》裡，兄弟二人的功勞，完全是李世民一個人的了。

六月攻取西河，七月又進兵霍邑（今山西霍縣）。當李淵兵近霍邑時，忽然有劉武周勾結突厥南進太原的傳聞。這時，有人強調太原地位的重要，主張回師太原。李淵徵求兩個兒子的意見，建成、世民共同表示：劉武周與突厥表面上一致，實際上互相猜疑，矛盾很多；如果返師太原，隋軍從南尾隨，劉武周與突厥在北，必然形成腹背受敵的局面。李淵同意這種分析，遂命建成、世民各率數十騎，建成屯東門，世民斷南門，李淵偽退，誘使守城隋將宋老生出城，建成、世民突然出擊，斬宋老生，奪取霍邑。顯然，攻取霍邑，兄弟二人同樣有功。這些事實，在溫大雅的《大唐創業起居注》第二卷中記載的非常詳細。但是，《舊唐書》則完全不同。〈高祖本紀〉記為：「會霖雨積旬，饋運不給，高祖命旋師，太宗切諫乃止。」〈太宗本紀〉記為：「高祖與裴寂議，且還太原，以圖後舉。太宗曰：『……當須先入咸陽，號令天下，遇小雨即班師，將恐從義之徒一朝解體。還守太原一城之地，此為賊耳，何以自全！』」這裡不僅未提建成的名字，而且還認為李淵與裴寂商量，共同主張還師太原。這樣一來，李淵必然不會採納李世民的意見，而要促其還師了。在這種情況下，「太宗遂號泣於外，聲聞帳中」。李淵召問其故，世民對曰：「今兵以義動，進戰則必克，退還則必散。眾散於前，敵乘於後，死亡須臾而至，是以悲耳。」李淵恍然大悟，遂停回師，繼續南進，攻取霍邑。「太宗恐老生不出戰，乃將數騎先詣其城下，舉鞭指麾，若將圍城者，以激怒之。老生果怒，開門出兵，背城而陣。高祖與建成合陣於城東，太宗及柴紹陣於城南，老生麾兵疾進，先薄高祖，而建成墜馬，老生乘之，高祖與建成軍咸卻。太宗自南原率二騎馳下峻坂，衝斷其軍，引兵奮擊，賊眾大敗，各捨仗而去。懸門發，老生引繩欲上，遂斬之，平霍邑。」據此，攻取霍邑完全是世民一人之功，建成不僅無功，還因墜馬而退卻，打了敗仗。

在攻取長安的問題上，也同樣如此。按照李淵的攻城部署，建成負責東面和南面，世民負責西面和北面。雷永吉部首先從景風門附近登城，突進城內。景風門是皇城的東門，屬於建成的進攻範圍，雷永吉應屬於建成部下。由此可見，攻取長安時，建成的戰功大於世民。但是，《唐高祖實錄》把雷永吉改為雷紹[25]，也未明確雷紹的隸屬關係和登城地點，無疑是有意抹殺建成的戰功。

（二）將李世民奪取太子地位合理化

孔子曰：「名不正，則言不順；言不順，則事不成。」[26]嫡長子繼承制在思想領域內占統治地位的時代，李世民以秦王的身分奪取太子的地位是不能容忍的。唐初史學家曾批評隋煬帝說：「上（煬帝）自以藩王，次不當立，每矯情飾行，以釣虛名，陰有奪宗之計。」[27]既然隋煬帝以藩王「陰有奪宗之計」應受指責，李世民殺兄奪取太子地位當然也不例外。後來，宋朝人罵李世民說：「秦王世民殺皇太子建成，齊王元吉，立世民為皇太子，則太宗之罪著矣。」[28]二者異曲同工，如出一轍。李世民正是擔心後人有可能指責他殺兄奪嫡的行為，故而他要強看《實錄》，迫使史官按照他的意圖修改史籍。

李世民要史官們把他利用陰謀手段奪取太子地位的宮廷政變寫成「安社稷、利萬民」的正當義舉，也就是要把他殺兄奪嫡之罪合理化。房玄齡、許敬宗正是遵照這種要求修改《實錄》的。

李世民和李建成的矛盾，是奪取太子地位與保持太子地位的鬥爭。李世民是進攻的一方，李建成是防禦的一方。李世民殺兄奪取太子地位是違背封建秩序的，但《舊唐書》的觀點則完全相反，作者盡力為李世民辯護。〈高祖本紀〉說：「秦王以皇太子建成與齊王元吉同謀害己，率兵誅之。」〈太宗本紀〉說：「皇太子建成，齊王元吉謀害太宗。六月四日，太宗率長孫無忌，尉遲敬德……等於玄武門誅之。」顯然，這都是說建成與元吉要謀害李世民，他才被迫反擊的。

在〈隱太子建成傳〉中，把建成向高祖告世民的狀稱為「譖訴」，把世民向高祖告建成的狀稱為「密奏」；把建成的防禦視為「作亂」，把世民的進攻視為正當的義舉。該〈傳〉的「史臣曰」道：「建成殘忍，豈主鬯之才；元吉凶狂，有覆巢之跡。若非太宗逆取順守，積德累功，何以致三百年之延洪，二十帝之纂嗣？或堅持小節，必虧大猷，欲比秦二世、隋煬帝，亦不及矣。」顯而易見，根據《實錄》、《國史》而來的《舊唐書》，不惜用顛倒是非的手法為李世民歌功頌德，唐朝能有三百年的歷史，完全是李世民一人之功。這樣一來，李世民奪取太子地位，進而為皇帝，無疑是理所當然的了。

在〈隱太子建成傳〉中，還牽強附會地把楊文幹造反和李建成聯繫起來。建成是由高祖立為太子的，他要依仗高祖給他的權力和地位對世民進行鬥爭，他當然不會與楊文幹聯合推翻自己的靠山。但該〈傳〉不僅這樣記載，還有高祖命世民親自去平定楊文幹叛亂，並且表示平叛後要立世民為太子的記載。後來，由於高祖臨時改變主意，世民未能出征平叛。根據這些內容，邏輯的結論，必然是建成早應被廢，世民早應被立；世民強奪太子地位，是因為高祖改變主意的結果。既然高祖出爾反爾，世民還有什麼奪嫡之罪呢？

（三）對其他史籍的影響

唐朝《實錄》、《國史》早已看不到了，《舊唐書》就是後人知道唐朝系統歷史的最早著作，無疑，《舊唐書》對後世的影響是極為深遠的。

北宋歐陽修、宋祁所修的《新唐書》，也和《舊唐書》保持了大體一致的內容。〈太宗本紀〉說：「初，高祖起太原，非其本意，而事出太宗。及取天下，破宋金剛、王世充、竇建德等，太宗功益高，而高祖屢許以為太子。太子建成懼廢，與齊王元吉謀害太宗，未發。」「太宗以兵入玄武門，殺太子建成及齊王元吉。」把建成的防禦措施寫成「謀害太宗」，又說因功高而使高祖屢許以為太子。這就是說，李世民奪取太子的地位，既有正當理由，也符合高祖的本意。

較《新唐書》稍晚一點的《資治通鑑》，也大體如此。司馬光雖然承認「立嫡以長，禮之正也」。但又認為：「高祖所以有天下，皆太宗之功；隱太子以庸劣居其右，地嫌勢逼，必不相容。」[29]這就是說，李世民因其功大，即可與其兄爭奪太子地位。顯然這是為李世民進行辯護。因為既然「立嫡以長，禮之正也」，建成即便是「庸劣」，世民也不能強奪其位。歐陽修、宋祁和司馬光，在編撰《新唐書》和《資治通鑑》的過程中，必然參考《舊唐書》，在同一個問題上的完全一致，不能不認為是後者受了前者的影響。這幾部史書，是後來人們研究唐代歷史的主要依據。在這幾部史書的影響下，高祖缺乏果斷處事的能力，李建成庸劣無能，李世民功德卓著，幾乎成了婦孺皆知的常識。由此可見，李世民為了文過飾非而歪曲歷史，篡改《實錄》的影響多麼深遠。

（四）必須糾正錯誤

根據太宗迫使房玄齡、許敬宗修改《實錄》的實際情況，房玄齡、許敬宗必然按照太宗定下的基調篡改《實錄》。《實錄》是根據《國史》改編而成，二者內容也必然大體一致。否則，為什麼照抄《實錄》、《國史》原文的《舊唐書》，在有關玄武門之變的問題上和太宗的要求完全一致呢？

關於《舊唐書》的不實之處，前面已舉多例。所舉事例，主要是根據《舊唐書》與《大唐創業起居注》互相對照而提出的。如果要問為什麼應當相信《大唐創業起居注》，這是有其原因的。《大唐創業起居注》的作者是溫大雅。李淵從太原起兵後，溫大雅是大將軍府記室參軍，專掌文翰，對當時的情況非常熟悉，不會弄錯。同時，溫大雅在撰寫該書時，還不存在建成與世民兩大集團的對立，故而，不可能有厚此薄彼的思想傾向，態度是客觀的。再者，溫大雅頗受世民的信任，例如，在玄武門之變前夕，世民「以洛陽形盛之地，恐一朝有變，欲出保之，乃以行台工部尚書溫大雅鎮洛陽」[30]。不難看出，溫大雅在玄武門之變中是秦王集團的成員。處於這種地位的溫大雅，在撰寫李淵建唐的歷史時，當然不會貶低李世民，抬高李建成。因此，《大唐創業起居注》的內容應該是可信的。

另外，新發現的文物也是應當重視的。例如，一九七一年發現的〈尉遲敬德墓志銘〉，就與玄武門之變有關。尉遲敬德是玄武門之變的重要參與者，兩《唐書》與《資治通鑑》對此事都記載甚詳，敬德不僅勸世民早除建成、元吉，而且還親手殺害元吉。因此，「及論功，敬德與長孫無忌為第一，各賜絹萬匹，齊王府財幣器物，封其全邸，盡賜敬德」[31]。由此可見，參與玄武門之變在敬德個人的歷史上是一件光榮的大事。但是，〈尉遲敬德墓志銘〉對此事卻隻字未提。志文編者的按語說：「不知何故，志文於此事隻字未及。」[32]無疑，這是一個值得考慮的問題。

關於玄武門之變，在唐初的統治集團中本來就存在著不同的觀點。因為，儒家的傳統觀念早已深入人心，孔子的學生有子曰：「君子務本，本立而道生。孝悌也者，其為仁之本與！」[33]既然儒家把孝和悌相提並論，當然，李世民不管以什麼理由來殺兄奪位，都和這種觀念格格不入。所以，貞觀年間編撰的《隋書》，就從這方面對隋文帝大加指責。該書認為：隋文帝「聽哲婦之言，惑邪臣之說，溺寵廢嫡，托付失所。滅父子之道，開昆弟之隙，縱其尋斧，剪伐本枝」[34]。顯然，魏徵等唐初的史學家，對隋文帝廢楊勇、立楊廣是持否定態度的。這和魏徵對待李世民與李建成的態度完全相同。在太子集團與秦王集團矛盾激化時，魏徵曾為建成擴大勢力出謀畫策，繼又勸建成早除秦王。這就是說，魏徵是維護嫡長子繼承制度的。

魏徵的觀點，絕不是絕無僅有，而是傳統觀念的反映。當時，肯定有相當多的人與魏徵持有同樣的觀點。但是，太宗已是至高無上的皇帝，他們只能敢怒不敢言而已。在這種情況下，〈尉遲敬德墓志銘〉的撰文者，為了表示自己不贊成玄武門之變，故而在志文中隻字不提此事。實際上這就是說，尉遲敬德參與玄武門之變根本不是功勞，不值得稱讚。

總而言之，研究與唐高祖有關的歷史，不僅要分析辨別有關的文獻資料，還要隨時注意新發現的實物資料。其目的是要撥開人為的迷霧，還原歷史的本來面目。

註釋

1 《史記》卷六七，〈仲尼弟子列傳〉。
2 《史通》卷七，〈曲筆〉。
3 《史通》卷七，〈直書〉。
4 《資治通鑑》卷一九七，貞觀十八年八月。
5 《貞觀政要》卷二，〈求諫〉。
6 《史通》卷二〇，〈忤時〉。
7 《舊唐書》卷七二，〈虞世南傳〉。
8 《舊唐書》卷八二，〈許敬宗傳〉。
9 《資治通鑑》卷一九一，武德九年六月。
10 《舊唐書》卷五一，〈文德皇后傳〉。
11 《舊唐書》卷六六，〈房玄齡傳〉。
12 《資治通鑑》卷一九七，貞觀十七年六月。
13 《資治通鑑》卷一九三，貞觀三年三月。
14 《唐會要》卷六三，〈史館雜錄上〉。
15 《貞觀政要》卷七，〈文史〉。
16 《唐鑑》卷一，武德五年。

17《貞觀政要》卷七，〈文史〉。
18《貞觀政要》卷七，〈文史〉。
19《唐會要》卷六三，〈史館雜錄上〉。
20王元軍：〈許敬宗篡改唐太宗實錄及國史問題探疑〉，《中國史研究》一九九六年第一期。
21《舊唐書》卷六六，〈房玄齡傳〉。
22《舊唐書》卷八二，〈許敬宗傳〉。
23《廿二史劄記》卷一六，〈舊唐書前半全用實錄國史舊本〉。
24《大唐創業起居注》，第一二頁。
25《資治通鑑》卷一八四，義寧元年十一月。
26《論語・子路》。
27《隋書》卷四，〈煬帝紀下〉。
28《唐鑑》卷二，武德九年。
29《資治通鑑》卷一九一，武德九年六月。
30《資治通鑑》卷一九一，武德九年六月。
31《舊唐書》卷六八，〈尉遲敬德傳〉。
32《昭陵碑石》，三秦出版社一九九三年版，第一四三頁。
33《論語・學而》。
34《隋書》卷二，〈高祖紀下・論〉。

後記

一九九七年初春，人民出版社陳鵬鳴先生來信，約寫《唐高祖傳》。經過再三考慮，我接受了這項任務。

在寫作過程中，我得到了很多友人的支持與幫助。老朋友韋建培、馬馳、徐興海、魏全瑞、王雙懷、王七一、賈雲、邱子渝等先生，都從不同方面提出了有益的建議。曲阜師大歷史系李季平教授、陝西歷史博物館魏娒娥副研究員，為我提供了重要的參考資料。還有陝西師大唐史研究所、古籍整理研究所、歷史系等單位資料室的同志們，都為我查閱資料提供了極大的方便。另外，介永強等同志在最後定稿謄抄方面也發揮了重要作用。如果說這本書中包含著以上諸位先生和同志們的勞動是千真萬確的。

當今天下午三時半，我寫完最後一個字的時候，我不能不向支持與幫助我的朋友們、同志們表示衷心的感謝。

牛致功

一九九七年十二月二十四日

附錄　唐高祖大事年表

中國紀年	西元	大事紀	世界大事紀要
北周武帝天和元	五六六	唐高祖李淵生於長安，七歲時，父親李昞去世，世襲唐國公。	
五	五七〇		伊斯蘭教創始人穆罕默德在世（五七〇—六三二）。
隋文帝開皇　三	五八三	突厥分裂為東西兩部分	
九	五八九	李建成出生，後死於玄武門之變。	
一八	五九八	李世民出生，即唐太宗。	
二三	六〇三	李元吉出生，後死於玄武門之變。	
隋煬帝大業　二	六〇六		印度戒日王朝時期，統一恆河流域（六〇六—六四七）。

三	六〇七	隋煬帝命人探訪流求。	日本建成法隆寺，為世界現存最古的木構建築。
七	六一一	竇建德參加農民起義軍。	穆罕默德創伊斯蘭教。
九	六一三	八月，隋煬帝召李淵赴行在，李淵稱病未往，隋煬帝對李淵甥王氏咒罵李淵。 八月，楊玄感起兵反隋，兵敗被殺。李密參加楊玄感推翻隋煬帝的軍隊，失敗後改加入瓦崗軍。後李密大敗隋軍，張須陀被殺。	
九	六一三	年底，杜伏威、輔公祏起兵反隋。	
一一	六一五	四月，李淵為山西、河東撫慰大使，並鎮壓當地反隋軍。突厥圍困隋煬帝於雁門（今山西代縣）。	
一二	六一六	隋煬帝命李淵與馬邑（今山西朔州）太守王仁恭反擊突厥的進攻。大敗隋軍，斬首郭絢，威望提高。 五月，李淵殺了王威、高君雅，起兵反隋。 七月，隋煬帝離開洛陽，到江都（今江蘇揚州）。 十月，林士弘隨操師乞起義反隋，後操師乞中箭而死，林士弘率領其眾。 十二月，林士弘自稱皇帝，國號楚，建元太平。	

一三	六一七	初，李淵為太原留守。 竇建德自稱長樂王。 蕭銑起兵反隋，先自稱梁公，後改稱梁王。 二月，劉武周殺馬邑太守王仁恭叛亂，臣附於突厥。 李密稱帝，拜翟讓為上柱國、司徒、東郡公，以單雄信、徐世勣為左右武侯大將軍。 梁師都自稱大丞相，對北聯絡突厥。 三月，梁師都自稱皇帝，國號梁，改元永隆。始畢可汗封梁師都為解事天子。突厥立劉武周為定揚可汗，劉武周自稱皇帝。 四月，薛舉與其子薛仁果反隋，自稱西秦霸王。 六月，李淵建大將軍府，以李建成為隴西公、左領軍大都督，以李世民為敦煌公、右領軍大都督。 七月，薛舉稱帝。 李淵以李元吉為太原郡守，親率大軍三萬人，向關中進發。 八月，李淵攻取霍邑。 十一月，李淵攻克長安，迎代王侑即帝位。 十二月，劉文靜大敗隋將屈突通於潼關。

唐高祖武德　元　六一八

高開道自立為燕王。

隋將屈突通歸附唐朝。

正月，命李建成、李世民率軍十餘萬人進軍洛陽。

三月，宇文化及縊殺隋煬帝，另立秦王浩為帝。

四月，蕭銑自稱皇帝。

五月，隋煬帝被殺消息傳到洛陽，越王侗即帝位。

五月二十日，越王侗讓位，李淵即帝位，國號唐，改元武德，並立李建成為太子。

六月，李神通封為永康王，不久，又改為淮安王。

八月，薛舉病亡。

九月四日，高祖下令「置社倉」，是為了遇到水旱災荒時救災而設置的，名義上是賑荒濟貧，實際上則是國家的正式稅收。

九月，宇文化及鴆殺秦王浩，自稱皇帝，國號許。

瓦崗軍與王世充軍作戰失敗，李密投靠李淵，魏徵隨李密降唐。

十月，高祖遣李神通為山東道安撫大使，進兵關東。

十一月，頒布「五十三條格」。

薛仁果兵敗降唐。

		十二月，李密密謀叛唐，兵敗被殺。 冬，李軌稱帝於河西。
二	六一九	李軌兵敗被俘。 李孝恭被授為信州總管。第二年，改信州為夔州。 二月，秦叔寶、程知節降唐。 始畢可汗率軍南渡，梁師都發兵與之會合，欲進攻太原，恰值此時，始畢可汗死去，處羅可汗繼位，進攻暫時停止。 初定租庸調法。 四月，王世充迫使越王侗讓位，即皇帝位，國號鄭，改元開明。 六月，劉武周進逼太原。 八月，杜伏威向唐投降。 梁師都與突厥合兵進攻延州。 九月，李元吉棄太原逃往長安，劉武周占據太原，長驅南下，威脅關中。 李子通占據江都，自稱皇帝，國號為吳，改元明政。 西突厥曷薩那可汗歸附唐朝，東突厥派人到長安強迫高祖殺死曷薩那可汗。 十月，王行本響應劉武周反唐。

		竇建德攻陷黎陽，俘虜了李神通、李世勣的父親李蓋、魏徵、高祖妹同安公主。 十一月，李世民奉命征討劉武周。
三	六二〇	幽州總管羅藝降唐。 正月，王行本兵敗被殺。 二月，竇建德擒殺宇文化及。 處羅可汗立楊政道為隋王。顯然，這是突厥有意向唐示威。 六月，劉武周、宋金剛先後被突厥所殺，李世民消滅劉武周勢力。 七月，高祖命李世民率軍東征王世充。 梁師都又引突厥南進唐境。 十二月，李子通攻打沈法興，沈法興戰敗，跳江自盡。
四	六二一	正月，李靖向李孝恭提出了平定蕭銑的十條策略。 李建成奉命去討伐稽胡。 高祖下詔鑄「開元通寶」錢。 二月，李世民領軍圍攻洛陽城。 三月，竇建德率軍十餘萬，號稱三十萬，增援王世充。

四月，突厥進攻并州。
五月，竇建德援洛失敗被俘，王世充走投無路，降唐。
七月，竇建德被殺於長安，劉黑闥起兵反唐。
八月，徐圓朗舉兵響應劉黑闥叛唐。
九月，高祖下詔巴、蜀兵東下，以李孝恭為荊湘道行軍總管，李靖攝行軍長史，統兵東下圍攻蕭銑。
十月，蕭銑自感大勢已去，遂降唐。
因秦王李世民攻取洛陽，平定王世充有功，特制天策上將，位在王公之上。之後成立文學館，招納十八學士。
十一月，杜伏威派兵進攻李子通，李子通戰敗投降。
十二月，高祖命秦王李世民和齊王李元吉率軍征討劉黑闥。

五	六二二	高祖下詔修撰《藝文類聚》，七年九月由歐陽詢奏上，全書一〇〇卷。 正月，劉黑闥自稱漢東王，改元天造，定都洺州。 二月，劉黑闥攻下洺水，擒殺羅士信。 七月，李子通打算重返江東，捲土重來，被唐朝官吏逮捕殺害。

		八月，頡利可汗舉兵入雁門，進攻太原，同時遣使請求和親。 十月，林士弘被唐軍擊敗戰死，統一長江中游與嶺南。 十一月，魏徵勸李建成主動請求出征，去鎮壓劉黑闥起義軍。	穆罕默德率眾遷徙麥地那，伊斯蘭教紀年開始。
六	六二三	正月，劉黑闥被屬下諸葛德騙入城，執劉黑闥投降唐軍，最後被殺於洺州。同時，李神通和李世勣對徐圓朗發動攻擊，徐圓朗孤立無援，遂突圍出城，於出走途中被人殺害。 三月，高祖下《簡徭役詔》。四月，又下《禁止迎送營造差科詔》。六月，又下《勸農詔》。 八月，輔公祏起兵反唐，在丹陽稱帝，國號宋。高祖即派李孝恭、李靖沿江東下，鎮壓輔公祏起義，統一長江下游與東南一帶。 十月，頡利可汗進攻馬邑，但頡利可汗為了和親，又把馬邑歸還了唐朝。	
七	六二四	傅奕上疏建議滅佛，高祖接受這個建議，後因玄武門之變發生，才未能徹底實施。 二月，高祖舉辦學校，以儒家經書為主要教學內容。	

		杜伏威被鴆殺於長安。 三月，輔公祏兵敗被殺。 四月，頒布《武德律》。 春，高開道部將張金樹逼使高開道自殺，後向唐投降。 完善租庸調法，恢復均田制度。 十二月，當時為太上皇的李淵與太宗李世民置酒未央宮，高祖命突厥頡利可汗起舞，又命南蠻酋長馮智戴詠詩，既而笑道：「胡、越一家，自古未有也！」太宗立即恭維道：「今四夷入臣，皆陛下教誨，非臣智力所及。」
八	六二五	四月，西突厥統葉護可汗遣使請婚，高祖同意。
九	六二六	六月四日，發生玄武門之變，李世民射殺建成、尉遲敬德射殺元吉。六月七日，高祖下詔立李世民為太子。 八月八日，高祖讓位，退居太上皇，李世民即位，改元貞觀。 八月，在梁師都的鼓動下，頡利、突利二可汗合兵十餘萬，大舉南進。

唐太宗貞觀 二	六二八	突厥內部發生政亂，突利可汗欲聯唐攻擊頡利可汗。 四月，梁師都的從父弟洛仁殺了梁師都，舉城投降，終於完成全國統一。	
四	六三〇	李靖大敗突厥，楊政道降唐。	穆罕默德的信眾打回麥加，穆罕默德幾乎統一阿拉伯半島，大食國建立。
九	六三五	五月，高祖去世，終年七十歲，廟號高祖。	

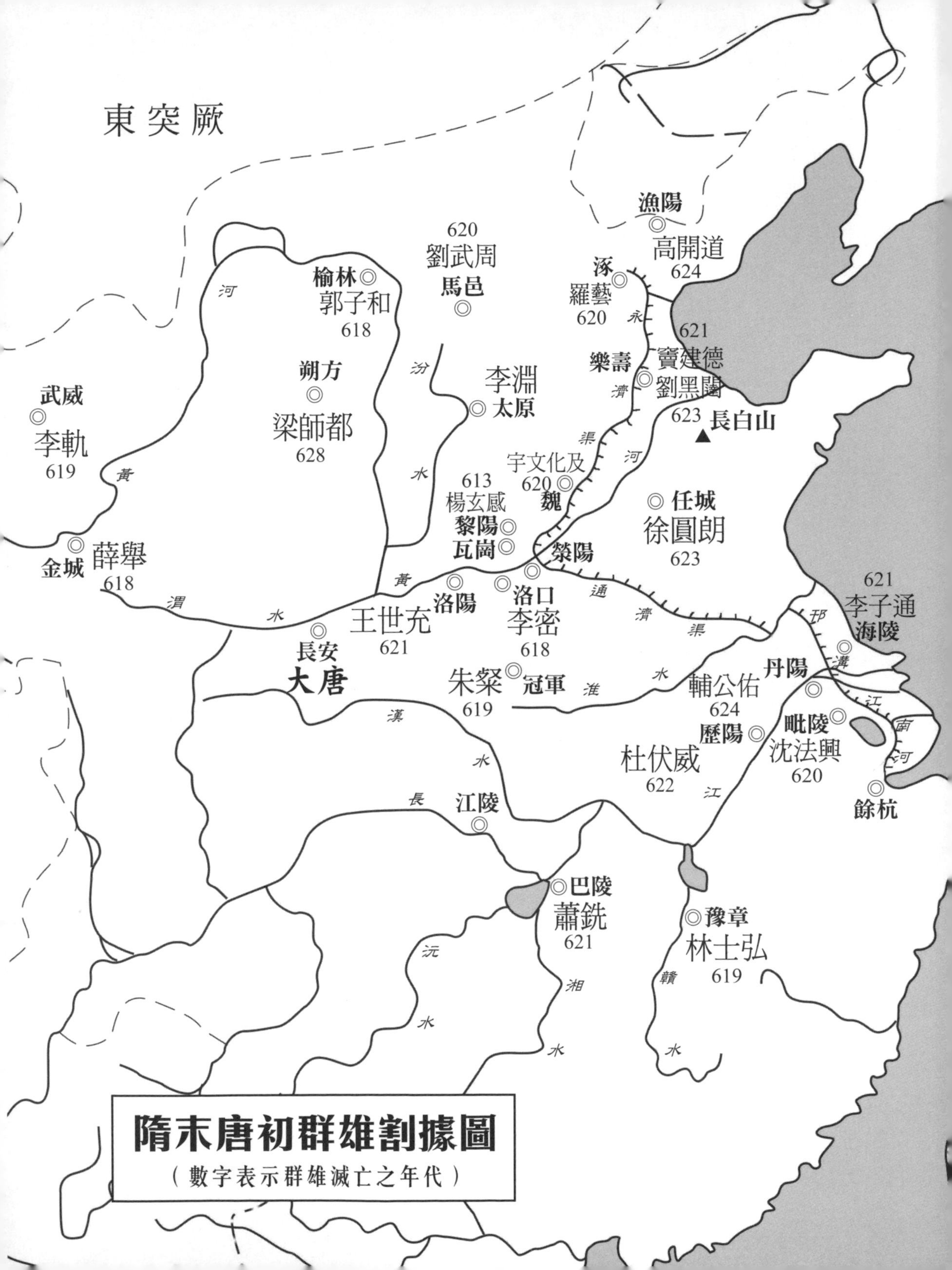

隋末唐初群雄割據圖

（數字表示群雄滅亡之年代）

歷史，
中國史

唐高祖傳

作者　牛致功
發行人　王春申
編輯指導　林明昌
營業部兼任編輯部經理　高　珊
責任編輯　徐　平
封面設計　吳郁婷
封面題字　侯吉諒
校對　趙蓓芬
印務　陳基榮
出版發行　臺灣商務印書館股份有限公司
地址　23150 新北市新店區復興路43號8樓
電話　(02) 8667-3712　傳真：(02) 8667-3709
讀者服務專線　0800056196
郵撥　0000165-1
E-mail　ecptw@cptw.com.tw
網路書店網址　www.cptw.com.tw
網路書店臉書　facebook.com.tw/ecptwdoing
臉書　facebook.com.tw/ecptw
部落格　blog.yam.com/ecptw

局版北市業字第 993 號
臺一版一刷：2005 年 7 月
臺二版一刷：2015 年 6 月
定價：新台幣 500 元

本書由人民出版社授權臺灣商務印書館出版發行，僅限中國大陸以外地區銷售

ISBN 978-957-05-2998-2

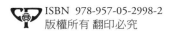

唐高祖傳 / 牛致功 著 , -- 臺二版 . -- 新北市 :
臺灣商務 , 2015.06
面； 公分 . -- （歷史 中國史）

ISBN 978-957-05-2998-2（精裝）

1. 唐高祖　2. 傳記

624.11　　104004963

長安城平面示意圖
（唐肅宗時期）

西元六一八年，李淵建立唐朝，定都長安。自大唐立朝後近一個半世紀裡，國勢日盛，國威遠揚，長安亦日臻繁榮，成為世界上最大、最繁華的大都市。唐長安城位於現在的西安市城區、東郊、西郊的小部分以及南郊的較大部分，面積達八十三．一平方公里，是現在西安城牆內面積的十倍。城市按中軸對稱布局，由外郭城、宮城和皇城組成。外郭城牆上開十二座城門，南面正門的明德門為正門。宮城位於郭城北部正中，有皇宮太極宮，皇城位於宮城以南，分布著中央官署和太廟、社稷等祭祀建築。

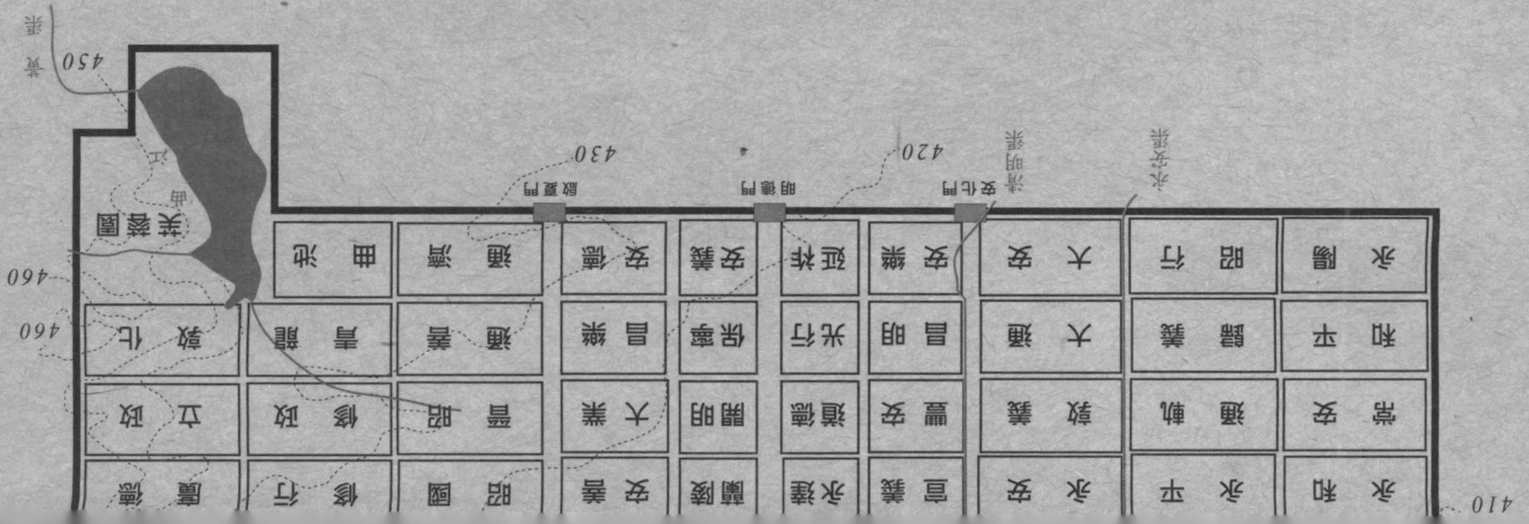